消费者行为学

主　编 ⊙ 罗淑云　刁爱华　申珺凯

副主编 ⊙ 严金才　朱　徽　黄　妩　黄海琳

　　　　　苏　琼　侯逸婕　侯婵怡

参　编 ⊙ 李　娜　赵广明

中南大学出版社
www.csupress.com.cn
·长沙·

前　言

　　人人都是消费者，我们在生活中几乎每时每刻都在进行着某种消费行为。对消费者行为进行研究不仅对企业的生产、营销有着至关重要的影响，而且可以帮助我们了解自己是什么样的消费者、为什么我们会喜欢买某些东西、为什么选择在某种场所购买、我们的消费行为受到什么因素的影响等。

　　本书由五大模块组成：绪论与方法篇、决策与评价篇、个体影响篇、环境影响篇和营销应用篇。具体地讲，本书在阐明消费者行为学的研究趋势及重要意义之后，便从分析消费者的购买决策入手，全方位地剖析了影响消费者购买决策与购买行为的诸多因素。随着移动互联网时代的到来，各种商业模式、商业形态层出不穷，中国的市场环境和消费环境都发生了前所未有的变化，企业面临着许多新的挑战和机遇。为反映互联网时代消费者行为学理论与实践的新发展，本书在每个项目中都尽可能地融入了与互联网技术相关的最新研究、实践和实例。

　　本书主要有以下特点：

　　1. 思政教育与专业知识传授相融合。本书深入挖掘教学中的思政元素和资源，将知识传授与价值引领有效融合，较好地解决了思政教育和专业教育"两张皮"的问题，努力实现育人目标。

　　2. 重实践、重综合能力的培养。本书在项目开始、任务内、项目后设置了不同类型的案例。案例在选择和内容上具有创新性，采用的是近几年的营销案例，努力体现本土化思想，具有时效性、实践性；设置同步业务，强化学生分析问题和解决问题的能力；设置课堂延伸版块，推荐相关的优质案例、视频、文章等，提升学生的自学能力，拓展知识。

　　3. 知识体系完整。本书设计了学习目标、学前思考、思政案例、思政导言、思政学习园地、理论精讲、同步思考、同步案例、同步业务、教学互动、要点巩固、即学即用、课堂延伸等版块，构建了较为完整的知识体系，强调学生的参与和互动。

1

本书由广西机电职业技术学院的罗淑云、刁爱华、严金才、朱徽、黄妩、黄海琳，南宁职业技术学院的申珺凯、苏琼、侯逸婕、侯婵怡，广西经贸职业技术学院的李娜和北京华唐中科科技集团有限公司西南区负责人赵广明共同完成。罗淑云负责教材设计、统稿及项目一的编写，严金才编写项目二，刁爱华编写项目三、四，侯逸婕编写项目五，侯婵怡编写项目六，黄海琳编写项目七，黄妩编写项目八、九，苏琼编写项目十，申珺凯编写项目十一，朱徽编写项目十二、十三，李娜负责收集素材，赵广明参与教材设计、研讨并提供素材。

本书是广西教育科学规划 2021 年度广西财经素养教育研究专项一般课题"多元价值观背景下财经素养教育对大学生消费心理引导的路径研究"（编号：2021ZJY981）及"'多维互动'提升高职院校财经素养教育促进学生形成正确财富观研究与实践"（编号：2021ZJY977）的研究成果。

在编写过程中，我们查阅了众多的文献，并将其引用、融入本书之中，在此向所有的作者表示感谢。还要向支持和帮助此书出版的中南大学出版社的编辑致以衷心的谢意。

编者水平有限，书中的不足之处在所难免，敬请同行和读者不吝赐教，以使其更加完善。

编者

2022 年 7 月

目　录

绪论与方法篇

第一模块

项目一　初探消费者行为学

学习目标

*职业知识目标：
1. 掌握消费者、消费者行为等概念及消费者行为的基本特征；
2. 掌握消费者行为学的研究内容；
3. 了解研究消费者行为对营销决策的意义及其他价值；
4. 掌握研究消费者行为的传统方法和大数据智能方法；
5. 探究感官营销、体验营销及数字营销等新兴营销方式。

*职业能力目标：
1. 具备进行市场营销和进行管理决策的思维习惯和思维能力；
2. 具备运用消费者行为学的研究方法来分析和预测消费者行为的能力；
3. 具备运用市场细分的有关知识对特定产品进行市场细分的能力，以及在此基础上为企业制订相应的营销战略的能力。

学前思考

经常有人说顾客是上帝，顾客永远是对的，作为消费者，你有做上帝的感觉吗？

思政案例

爱国情怀引领假期消费新风尚

国庆假期期间，借着国庆主题的东风，红色电影、红色景点的人气持续高涨，国潮、国风也成为消费市场新时尚的代名词。可以说，爱国情怀引领了整个国庆假期消费市场的时尚走向。

各类爱国主义教育景点成为假期的打卡热点，重温红色记忆、参访革命遗址、学习红色历史……红色旅游吸引了越来越多的年轻人。与此同时，《长津湖》等红色电影的票房也一路走红。以国潮、国风为代表的消费产品的人气不断攀升，以莲花、凤凰等国风元素设计的古法黄金首饰成为黄金市场上的香饽饽。国货运动品牌的整体销量增长达到15%，其中回力同比增长250%，鸿星尔克同比增长85%，李宁同比增长50%。

材料来源：https://baijiahao.baidu.com/s？id=1713289071490584735&wfr=spider&for=pc，有改动。

思政导言

爱国情怀引领了国庆假期消费市场的时尚走向。"爱国消费"的崛起不仅有利于推动我国国民经济的增长，而且有着重要的教育意义，潜移默化地影响着每个中国人。但企业要理性地对待爱国情怀，把握好度，不过度消费国人的爱国情怀。

思政学习园地

扫码阅读《国务院办公厅关于以新业态新模式引领新型消费加快发展的意见》。

二维码

理论精讲

任务一　走进消费者行为学

随着经济的不断发展，人们的消费结构变得越来越多样化。人们在日常生活中对美好生活的愿景会具体落实在更好的衣、食、住、行、康、乐、教等方面。随着"互联网+"与移动互联网时代的到来，各种商业模式、商业形态层出不穷，中国的市场环境和消费环境都发生了前所未有的变化。因此，在新的环境、新的需求下，研究和了解消费者行为及影响消费者行为的各类因素，无论对消费者个人来说，还是对企业和营销从业人员来说，都有着十分重要的意义。

一、与消费者行为有关的概念

（一）消费

消费是指利用社会产品来满足人们各种需要的行为和过程。消费的概念有广义与狭义之分，广义的消费包括生产消费和生活消费。生产消费是指人们使用和消耗各种生产要素、进行物资资料和劳务生产的行为和过程。生活消费是指人们日常的衣、食、住、行、用，也就是人们消耗生活资料、接受服务或享受体验，以满足生活需要的行为和过程。狭义的消费专指生活消费，本书论及的消费一般指的是狭义的消费。

（二）消费者

消费者是指为了满足生产或生活的需要，获取、使用、消耗各种商品与服务的个人或组织。消费者可分为狭义的消费者和广义的消费者。狭义的消费者是指购买、使用各种商品与服务的个人或家庭。广义的消费者是指购买、使用各种商品与服务的组织。在本书中，主要研究狭义的消费者。

（三）消费品

消费品是用来满足人们物质、文化和精神生活需要的那部分社会产品，也可以称作消费资料、生活资料或消费对象。根据消费者的购买行为和购买习惯，消费品可以分为便利品、选购品、特殊品和非寻求品四类。

1. 便利品

便利品指消费者要经常购买、反复购买、即时购买、就近购买、惯性购买，且购买时不用花时间比较和选择的商品，如柴米油盐、清洁用品、文具等。

2. 选购品

选购品指消费者对实用性、质量、价格和式样等基本方面要进行认真权衡比较的产品。例如家具、电子产品、服装等。选购品分为同质品和异质品。购买者认为同质选购品的质量相似，但价格却明显不同，所以有选购的必要。销售者必须与购买者"商谈价格"。但对顾客来说，在选购服装、家具等异质品时，产品的特色通常比价格更重要。比如服装，不同的消费者就会对不同的式样有不同的喜好。

3. 特殊品

特殊品指特定品牌或独具特色的商品，或对消费者具有特殊意义、特别价值的商品，如具有收藏价值的名人字画、结婚戒指等。

4. 非寻求品

非寻求品指消费者不熟悉，或虽然熟悉，但不感兴趣、不主动购买的商品，如环保产品、人寿保险以及专业性很强的书籍等。销售人员总是尽力地接近那些潜在的消费者，因为消费者大多不会主动地去寻找这类产品。

（四）消费者心理

人类的一切行为都是由心理作用支配的，消费心理是消费者行为的基础。消费心理是消费者的所思所想，是指消费者在购买、使用商品与服务的过程中所发生的一系列心理活动。

【教学互动 1-1】

互动问题：阿里巴巴公布的数据显示，2021 年天猫"双十一"成交额达 5403 亿元，再次创下新高。"双十一"一天内的成交额这么大，这反映了消费者什么样的消费心理？

（五）消费者行为

消费者行为是指人们为了满足需要而寻找、选择、购买、使用、评价及处置商品和服务的行为过程。随着对消费者行为研究的深化，人们越来越深刻地意识到，消费者行为是一个整体，是一个过程，获取或购买只是这一过程中的一个阶段。

二、消费者行为的基本特征

(一) 多样性

不同的消费者在年龄、性别、民族、宗教信仰、生活方式、文化水平、经济条件、个性和所处的社会环境等方面的主客观条件千差万别，由此形成了多种多样的消费需要。消费者行为的多样性表现为不同消费者在需求、偏好及选择产品的方式等方面各有侧重、互不相同；同一消费者在不同的时期内、在不同的情境中、在选择不同的产品时，均呈现出很大的差异性。

(二) 复杂性

消费者行为的复杂性，一方面可以通过它的多样性、多变性反映出来；另一方面也体现在它受很多内外部因素的影响，而且其中很多因素既难识别，又难以把握。

从另一个角度来说，由于市场竞争日趋激烈，不同企业提供了众多的相同种类的商品，消费者购买商品时具有明显的选择性，这主要表现在两个方面：一是追求自身利益的最大化。消费者购买商品的目的是用最少的钱买到最值得的商品，最大限度地满足自身的需要。二是逃避风险。每次消费都存在风险，消费者购买商品时首先要考虑商品的质量，同时要考虑商品出现质量问题时能否及时地得到上门维修服务等。消费者购买时付出的成本越高，相应感受到的风险就越大，在采取购买行为时就会越谨慎。因此，消费者在购买商品，尤其是贵重商品时，往往要经过反复对比、慎重选择的心理过程。

(三) 可诱导性

人们在对消费者行为的研究中发现，消费者的行为是可以调节和诱导的。也就是说，通过企业营销活动的努力，人们的消费需要、消费行为可以发生变化和转移。大多数消费者在购买商品时，一般是凭感觉和印象进行购买的。他们对商品缺乏专业性的了解，一些消费者在购买商品时会出现犹豫不决的情况，有些消费者有时对自己的需要并未清楚地意识到。除了店堂环境、商品陈列等因素外，很重要的影响因素是营业员的仪表、神态、言语，即营业员的诱导；同时，商品的广告、包装、促销方式和服务质量对顾客的购买行为也会产生积极影响，使消费者的心理向购买的方向发展。

任务二　研究消费者行为的重要性

一、消费者行为学的研究内容

消费者行为学是研究消费者在消费的过程中所发生的心理活动和行为规律的科学，其研究内容包括影响消费者行为的环境因素、内在因素和消费者的决策过程。我们把消费者行为学的研究内容概括为以下三个方面：

（一）消费者的需要和动机

心理学研究表明，人的行为的出发点和原动力是人的需要。所谓需要就是个体缺乏某种东西时的主观状态。要了解消费者的行为，首先应该研究消费者的需要与动机，需要、动机与行为的关系如图1-1所示。

图1-1 需要、动机与行为的关系图

（二）消费者的购买决策

消费者行为学要解决的根本问题是探究"消费者是如何做出购买决策的"。假如我们能够了解消费者做出购买决策的过程及其影响因素，就可以通过影响这些因素来影响消费者的购买行为，从而达到提高营销绩效的目的。消费者的决策过程主要包括确认需要、信息搜寻、方案评估、购买决策及购买后的行为。

（三）影响消费者决策的各种因素

当消费者确立了购买意向以后，其购买行为仍然是不确定的，因为在众多内外因素的影响下，消费者的购买行为会发生很大的变化。影响消费者决策的因素是很多的，从大的方面来说，一般包括个人因素和社会因素。而物质环境和企业的营销因素也能对消费者的购买决策产生影响。因此，影响消费者决策的因素可分为三个方面：个体因素、环境因素及营销因素，如图1-2所示。

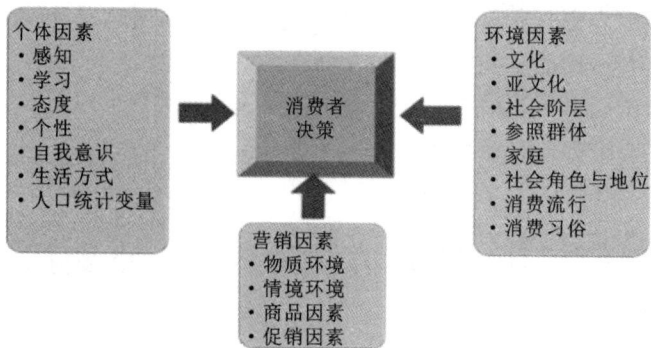

图1-2 影响消费者决策的主要因素

二、研究消费者行为对营销决策的意义

世界著名的管理学大师彼得·F.德鲁克认为：赚钱是企业的一种必需，但不是目标。为了在竞争激烈的环境中求得生存，企业必须充分了解消费者的需求，比竞争者更多地提供让消费者满意的产品。为了做到这一点，企业所提供的产品必须满足消费者的需求，甚至超过消费者的预期，这要求企业在观测消费者需求和消费者的反应上比竞争者做得更好。所以说，对消费者行为的研究是做出营销决策、制订营销策略的基础，它与企业的营销活动是密不可分的。

(一) 认识营销策略制订过程中的消费者问题

企业在制订营销策略时涉及的与消费者有关的主要问题见表1-1。几乎没有哪一个企业在决策时可以不考虑消费者的行为。对消费者的了解越多，制订出的营销策略成功的可能性越高。

表1-1　制订营销策略时涉及的与消费者有关的主要问题

策略要素	消费者问题
市场细分	哪些消费者是我们产品的主要市场 我们应该根据哪些消费者特性来细分产品市场
产品	消费者目前使用什么产品 消费者从这一产品上可以获得哪些利益
促销	哪些促销手段可以影响消费者购买和使用我们的产品 对我们的产品来讲，哪些广告最有效
定价	在不同目标市场中，价格对消费者的重要程度如何 价格调整对购买行为有哪些影响
分销	消费者在哪里购买这一产品 不同的分销系统是否可以改变消费者的购买行为

材料来源：J.保罗·彼德《消费者行为与营销战略》，东北财经大学出版社，2000。

【同步案例1-1】

2020年养老需求激增！您关注过养老模式吗？

数据显示，2019年末，我国60周岁及以上人口达到25388万人，占总人口的18.1%，其中65周岁及以上人口17603万人，占总人口的12.6%。2018年末，我国60周岁及以上人口24949万人，占总人口的17.9%，其中65周岁及以上人口16658万人，占总人口的11.9%。中国人口老龄化增速世界第一！预计到2030年，中国将成为全球人口老龄化程度最高的国家；2050年，我国将进入深度老龄化阶段，60岁以上人口占比超过30%。

随着老龄化程度的加深，老年人对养老服务的需求更加多元化。政府和市场也在根据老年人的需求，不断推出新型养老模式，为养老带来更多的解决方案。目前，全球比较热

门的养老模式有居家养老、社区式居家养老、机构养老、CCRC 照料社区、金融机制养老、乡村养老、房车旅居养老。

材料来源：http://www.yidianzixun.com/articlc/0PTFTlAU，有改动。

问题：从事养老行业的前景如何？从事养老的企业应如何做？

提示：我国确实已经进入了老龄化社会迅速发展的阶段，这给养老行业带来了契机。这时，哪个企业最能切实地接近客户、理解客户，它就能在新的竞争中取胜。

（二）研究消费者行为对营销决策的意义

1. 市场机会分析

消费者的需求是广泛存在的。市场机会是由消费者尚未满足的需求形成的，是对企业的经营发展相对有利的时机与条件。通过对消费者行为的分析和对市场营销环境的监测、研究来识别、评价和选择企业的市场机会，是企业营销人员的首要任务，也是企业市场营销管理过程中的基本和首要任务。通过分析消费者的生活方式、收入水平的变化等，可以揭示消费者现实的和潜在的需求，在此基础上，企业可以发现种类繁多的市场机会。

【同步案例 1-2】

曾经风靡全球的诺基亚和摩托罗拉

巅峰时刻："左手一个诺基亚，右手一个摩托罗拉。"在功能机时代，诺基亚和摩托罗拉占据了半壁江山。诺基亚的市值曾位居全球上市公司之首，并且占据了全球手机市场40%的份额。摩托罗拉曾是世界通信三巨头之一，制造了全球第一款商用手机、第一款GSM 数字手机、第一款双向式寻呼机、第一款智能手机、第一个无线路由器。

没落原因：2007 年，iPhone 问世的时候，诺基亚依旧对塞班系统恋恋不舍，新机型推出的速度缓慢，其高管错估了行业发展趋势，低估了移动互联网的颠覆性。

摩托罗拉的没落是从狂妄自大开始的，他们认为自己的技术优势可以包打天下，陷入了"技术创造需求"的幻觉，没有发现技术供给已经超过需求，竞争基础已经发生了变化。在移动互联网时代，更应该重视客户的需求。

杀回中国市场：2021 年二季度，华为手机的全球销量约为 980 万台，市场份额为 3%左右，排名第八。而联想旗下的摩托罗拉的销量为 1060 万台，市场份额约为 4%，超过了华为，排名全球第七。摩托罗拉重新杀了回来，并在上海举办了新品发布会，正式发布了两款新机。

材料来源：1. http://www.ittime.com.cn/news/news_3239.shtml，有改动；

2. https://www.163.com/dy/article/GGVJ4E8D05119JRD.html，有改动。

问题：分析诺基亚和摩托罗拉两个手机品牌兴衰的原因。

提示：诺基亚和摩托罗拉通过不断的技术革新，推出了更加先进、更加强大的新产品，保持着技术上的领先，占据了大量市场。而后它们认为自己的技术优势可以包打天下，陷入了"技术创造需求"的幻觉，没有发现竞争的基础已经发生了变化。从巅峰到没落，到今天重新杀回中国市场，充分了解消费者的需求、重视对市场机会的分析是至关重要的。

2. 产品定位

产品定位就是在消费者头脑中为产品确立某种地位或树立某种形象，使其与同类的竞争产品相区别。这种形象由一系列关于产品或品牌的信念、情感及联想等组成。产品独到的个性形象应该从哪个属性中进行提炼？除了要考虑竞争对手的产品属性外，还要充分研究目标消费者购买产品时最重视的是什么属性。很多产品属性不一定是目标消费者在购买时特别看重的属性。要恰当地进行产品定位，准确识别目标消费者所重视的产品属性是关键的步骤。

【同步思考1-1】

问题：在全球拥有超过32000家门店的星巴克是世界上首屈一指的专业咖啡烘焙商和零售商，为什么星巴克不开到小县城或小镇上？

提示：星巴克定位的目标消费者是注重享受、休闲的城市白领。在消费者的心目中，星巴克已成功地确立了自己的位置。当然，消费升级的趋势已经蔓延到了下沉市场，小镇青年也有"轻奢"的想法，当他们"有钱有闲"时，品牌大店开到小县城或小镇上也是有可能的。

3.市场细分

所谓市场细分是指依据消费者的需要和欲望、购买行为和购买习惯等方面的差异，把某一产品的整体市场划分为若干个子市场的过程。显然，如果不同消费者之间不存在需求的差异，那么市场细分就是没有意义的。

（1）市场细分的四个基本形式

①按人口统计变量细分

以人口统计变量（如年龄、性别、家庭规模、家庭生命周期、收入、职业、教育程度、宗教、种族、国籍等）为基础细分市场。这是一种最普遍的消费者市场细分方法。消费者的欲望、喜好和使用频率与人口变量相关，而且人口变量比其他变量更容易测量。比如，几乎所有奶粉企业都将奶粉划分为婴儿奶粉、幼儿奶粉、成人奶粉、中老年奶粉。

②按地理变量细分

按照消费者所处的地理位置、自然环境（如国家、地区、城市规模、气候、人口密度、地形地貌等）将整体市场分为不同的小市场。处在不同地理环境中的消费者有不同的习惯和文化背景，对于同一类产品往往有不同的需求与偏好，他们对产品的价格、广告宣传等市场营销手段也有着不同的反应。比如，中国的北方人喜欢味道偏重的菜肴，而南方人则偏爱清淡的食物，因此，要根据不同地区消费者的偏好推出不同味道的食品。

③按心理变量细分

根据购买者所处的社会阶层、生活方式、个性特点等心理因素细分市场。不同的亚文化群、社会阶层、职业的消费者有不同的生活方式。生活方式不同的消费者对商品有不同的需要。单个消费者的生活方式一旦发生变化，也会产生新的需要。心理变量可以更好地解释消费者的行为。

④按行为变量细分

根据消费者对产品的了解程度、态度、使用情况及反应等将他们划分成不同的群体。许多人认为，行为变量能更直接地反映消费者的需求差异，因而是市场细分的最佳起点。消费者购买某一产品总是为了解决某一问题、满足某种需要。很多时候，产品提供给消费者的利益往往并不是单一的，而是多方面的。消费者对这些利益的追求有所侧重。

（2）市场细分的四个步骤

①识别与产品相关的"需要域"

企业的第一项任务是识别企业有能力满足的"需要域"。这里的需要域强调的不只是一种需要，例如：小汽车除了满足基本的出行需要之外，还可以满足消费者追求、显示地位的需要等。

【同步思考1-2】

问题：鸿星尔克是一家拥有近3万名员工的大型服饰企业。这家公司成立于2000年6月，总部位于我国福建省厦门市，在全球拥有7000余家店铺。从2020年的财报上可以看出，鸿星尔克净利润亏损2.2亿。2021年7月22—23日两天，无论是线上直播，还是线下门店，鸿星尔克的营业额都增长了50多倍。鸿星尔克为什么火了？

提示：鸿星尔克的产品在某段时间内的销量突然上升，源于媒体对它为灾区捐款的报道。

②将具有类似需要域的消费者归入一个细分市场

市场细分的第二步是将具有类似需要域的消费者归入一个细分市场。在这一阶段，通常需要进行消费者调查，也可以依据对消费者行为的了解做出某些合理的推断。例如：价格中等、新颖、运动型的汽车，其买主多是单身的年轻人、没有小孩的年轻夫妇，或是小孩已成人并离开家庭的中年人。虽然这些人在人口统计特性上的差别很大，但在设计汽车特征或制订汽车形象时，可以把他们并入一个细分市场。

③对每一群体或细分市场进行描述

识别出具有类似需要域的消费者之后，应当依照人口统计变量、生活方式、媒体使用特征等对这一细分市场的消费者进行描述。只有在完全了解的基础上，才能正确识别消费者的需要域。

④选择一个或几个有吸引力的细分市场作为目标市场

在对每一个细分市场做了评估，对其有充分的了解之后，企业必须选择目标市场。所谓目标市场就是企业准备进入并集中精力为之服务的某个或某几个细分市场。目标市场的选择取决于企业是否有能力为所选取的目标顾客提供超越竞争品的价值并获得利润。

4.市场营销组合

市场细分的目的或结果是形成企业的目标市场。企业对于不同的目标市场，都要制订不同的营销策略，形成具体的营销组合计划。所谓营销组合是指产品、定价、分销、促销的相互搭配。

（1）产品

从营销心理学的角度来说，消费者所追求的是需要的满足，而不是具体形态的物质特性。可见，只有满足顾客需求的产品才是好产品。如果顾客不接受，即使产品再好，企业也只是在做无用功。了解消费者的需求与欲望、消费者对各种产品属性的评价之后，企业可以据此开发新产品。可以说，消费者行为研究既是新产品构思的重要来源，也是检验新产品属性能否被接受的重要途径。

（2）定价

价格是消费者为获得拥有、使用产品的权利而必须支付的资金的数量。在营销组合中，价格是唯一能创造收入的因素，其他因素只能增加成本。产品的定价如果与消费者的承受能力或消费者对产品价值的认识脱节，再好的产品也难以打开市场。在不同的目标市场中，消费者的价格敏感程度如何，价格调整对购买行为是否有影响、有何影响，对于特定的价格调整消费者会做何理解等，都需要企业在决定价格前进行研究。

（3）分销

分销就是生产者通过市场把产品分别销售出去，转移到消费者手中，成为现实的消费品。分销实际上是让顾客在需要的时候能买到产品，它是连接厂商和消费者的桥梁，对企业的经营成败至关重要。分销策略是市场营销活动的起点，是产品进入市场的入口。为此，市场营销人员应该考虑这样的问题：消费者希望从哪里购买我们的产品？目前他们是从哪里购买的？他们去购买时是否方便？

（4）促销

企业为了取得营销活动的成功，需要采取适当的方式促进产品的销售。促销就是企业通过与消费者的信息交流来引起人们的兴趣，并说服他们购买其产品的活动。这是企业销售活动中最外显的领域，也是试图打入消费者决策过程的最积极有效的手段。充分研究消费者的行为，才能了解他们获得信息的途径，了解他们对促销行为的态度，从而制订出合理、有效的促销策略。

三、研究消费者行为的其他价值

(一) 为国家宏观经济政策与法律的制定提供参考

国家宏观经济政策的制定必须以市场供给和消费需要的实际状况及发展趋势为依据。只有透彻地了解消费者的购买行为与购买心理的规律性，把握影响消费者购买行为的各项因素，准确地预测消费需要的变动趋势，才能制定正确的财政政策、金融政策、投资政策、工商管理政策和各项法律，实现商品供应与商品需求的平衡，促进国民经济健康、协调地发展。

(二) 有助于引导消费者树立正确的消费观念，做出明智的购买决策

随着人们生活水平的普遍提高，消费结构趋向多样化，消费观念更为开放。但与此同时，某些畸形、愚昧和落后的消费观念和消费方式也在蔓延，并给消费者和社会造成了严重的危害。对消费者自身来说，研究消费者行为，了解消费者的心理和行为规律，可以使自己成为一个理性的、精明的消费者，有利于消费者做出明智的购买决策，提高消费者的消费水平和自我保护能力。

(三) 为消费者权益保护提供依据

随着经济的发展和各种损害消费者权益的行为的不断增多，消费者权益保护正成为全社会共同关注的话题。消费者作为社会的一员，拥有自由选择产品与服务、获得安全的产品、获得正确的信息等权利。通过研究消费者的行为，政府可以清楚地知道，应当制定什么样的法律，采取何种手段保护消费者的权益。

【资料1-1】

消费者的权利

1. 安全权：消费者在购买、使用商品和接受服务时，享有人身、财产安全不受损害的权利。

2. 知悉真情权：消费者享有知悉商品真实情况的权利。

3. 自主选择权：消费者享有自由选择商品或服务的权利。

4. 公平交易权：消费者在购买商品或接受服务时，有权获得质量保障、价格合理、计量正确等公平交易条件，有权拒绝经营者的强制交易行为。

5. 求偿权：消费者在购买、使用商品或接受服务受到人身、财产损害时，享有依法获得赔偿的权利。

6. 结社权：消费者享有依法成立维护自身合法权益的社会团体的权利。

7. 获得有关知识权：消费者享有获得有关消费和消费者权益保护方面的知识的权利。

8. 人格尊严和民族风俗习惯受尊重的权利：消费者在购买、使用商品和接受服务时，享有人格尊严、民族风俗习惯得到尊重的权利。

9. 监督权：消费者享有对商品和服务以及保护消费者权益工作进行监督的权利。有权检举、控告侵害消费者权益的行为，有权对消费者保护工作提出批评、建议。

任务三　研究消费者行为的主要方法

一、研究消费者行为的传统方法

研究消费者行为的方法是多种多样的，我们主要介绍几种传统的方法。

（一）观察法

观察法是指在购买现场及日常消费活动中，有目的、有计划地观察消费者的动作、表情、语言等外部表现，分析其原因与结果，从而揭示行为规律的方法。有些消费者行为通常在公开的场合、在很短的时间内发生，消费者本人容易发生记忆错误，事后很难精确地复制或回忆其行为过程，只能通过现场的观察才能记录其行为。观察法可分为以下几种类型：

1. 公开观察和隐蔽观察

前者是明确告知消费者正在被感兴趣的人观察。若人们知道正在被观察，其行为可能会和自然状态下有所不同。后者是不告知消费者而观察他们的行为，消费者没有意识到有人在观察自己。

2. 直接观察和痕迹观察

直接观察也称现场观察，是在现场对消费者当前的行为或状况进行观察。痕迹观察是对消费者留下的行为痕迹进行观察和记录。例如：从废弃的饮料包装上了解什么牌子的饮料销售得最好，从损坏的玩具中辨认玩具的哪些部分最容易被损坏等。

3.自然观察和模拟观察

前者在完全自然、未经人为设计的环境中，对消费者进行观察。后者是在人为设计的环境中对消费者进行观察。

4.结构观察和非结构观察

结构观察，指事先制订观察计划和观察调查表，并严格按照规定的观察项目、内容和程序进行观察和记录。结构观察具有系统化、标准化和定量化的特点，其观察结果比较客观、准确，可对资料进行定量分析。非结构观察则指事先没有设计好的观察表格，依观察现场的实际情况，观察者决定观察什么、记录什么。人们的日常观察大多属于这种情况。非结构化观察比较灵活，能够抓住一些重要现象或问题进行深入研究。

5.参与观察和非参与观察

参与观察指观察者为了深入了解情况，加入所要研究的群体之中，以内部成员的角色参与被观察者的活动，收集第一手资料。如企业的业务员以商场售货员的身份从事柜台销售工作，观察消费者购买本企业产品和竞争产品的情况，了解消费者的意见和建议。参与观察能够洞察被观察者的行为动机，获得深入详细的资料。但观察者必须遵守原则，保持中立和客观态度，不能干扰被观察者的活动。非参与观察是在"局外旁观"，观察者以旁观者身份置身于调查群体以外，观察事物发生、发展的情况。非参与观察比较客观、真实，但获得的资料容易表面化。

6.人员观察和机器观察

人员观察即观察调研人员进行的观察。机器观察即借助于机器或设备进行的观察。机器观察比人员观察的效率更高、结果更精确。如可以用收银机收集数据，然后通过后台数据处理系统输出实时数据报表。分析数据之后，可以帮助门店管理者观察门店的经营状况，发现存在的问题，掌握消费者的需求情况。

【同步思考 1-3】

问题：通过观察消费者的行为，你有可能获得哪些信息？

提示：通过观察，你可能会获得以下信息：人的语言行为、特殊关系、时间数据、语言文字信息等。

（二）调查法

调查法是指研究人员通过口头或书面的形式，向被调查者了解情况，以揭示其行为规律的方法。此类方法是研究消费者对产品或服务的态度、需要、感知及消费者的个性、社会阶层、文化层次等特点时特别有用的工具。调查法有标准化、操作容易、能揭示"隐性"问题、易于制表和统计分析以及容易反映子群的差异性等优点。调查法根据形式的不同可分为访谈法和问卷法。

1.访谈法

访谈法是通过调查者与被调查者之间的口头交流来获得资料的调查方法，一般分为结构式访谈和无结构式访谈。

（1）结构式访谈。结构式访谈是访谈者根据访谈的目的，事先拟好调查项目，有顺序地依次发问，受访者逐一回答，以收集所需要资料的一种形式。此方法的优点是调查者能够控制访谈的目的和过程，比较节省时间。但此方法易使受访者感到拘束、产生顾虑，并且受访者始终处于一种被动地位。

（2）无结构式访谈。无结构式访谈是通过访谈者与受访者之间自由交谈的方式进行的。它不限形式、时间，有利于发挥受访者的主动性、创造性，在不知不觉中吐露自己的真情实感，从而获得较深层的资料。此方法费时、费事，要求访谈者有较高的访谈技巧和丰富的访谈经验，还要善于取得受访者的信任。

2. 问卷法

问卷法就是把事先拟好的问卷交给受测者，让受测者做出书面回答以收集资料的方法。问卷法适宜于了解消费者的动机、态度、个性和消费观念等。问卷法的用途非常广泛，可以用它来测量或衡量过去、现在或将要发生的行为。问卷法的优点是可以同时进行大规模的调查，主动性强，信息量大，经济省时，简便易行，结果易于统计分析；其缺点是问卷回收率低，问卷答案的真伪较难判断，因为有些回答者可能并没有认真对待问卷。问卷法的关键是设计一份科学、符合实际的问卷。

（三）实验法

实验法是指研究人员在人为控制或预先设定的条件下，有目的地通过刺激而引发消费者的某种反应并加以分析和研究的一种方法。运用实验法研究消费者行为，可以按照预定的研究目标来设计整个实验过程，控制实验环境及相关变量，分析和探索变量之间的因果关系，揭示消费者的心理活动和行为规律。根据实验场所的不同，实验法可分为实验室实验法和自然实验法。

1. 实验室实验法

实验室实验法是指在实验室里借助各种仪器进行研究的方法。运用这种方法得出的结果一般比较准确。

2. 自然实验法

自然实验法是指在各类消费环境中，有目的地创造某些条件或变更某些条件，给消费者的心理和行为活动施加某些刺激和诱导，以此了解消费者的消费心理和行为的方法。这种方法具有主动性的特点。使用这种方法能够按照一定的研究目的取得比较准确的材料。但现实的营销环境十分复杂，对某些变量难以实施有效的控制，不可避免地会影响实验结果的准确性和可靠性。

（四）投射法

可以用投射法来测量消费者在一般情况下不愿或不能披露的情感动机或态度，它是一种"根据无意识的动机作用来探询人的个性的方法"。常用的投射法测试有很多，如造句测验、角色扮演法等。例如，在角色扮演法中，实验者向被试描述某种情景，然后让被试充当情景中的某一角色，观察被试在该情景中的反应，从而取得实验结果。这是一种间接调查的方法，可以让被试在不知不觉中自然地流露出自己的真实动机和态度。

【同步业务1-1】

某汽车品牌想了解品牌的广告效果，应该选择什么样的调查方式？要如何进行调查？

业务分析：

实验法在研究广告效果时是一个比较常用的方法。广告效果评估的项目主要包括知名度、理解度、偏好度和可看度等。

业务流程：

第一，选择适当的实验环境；

第二，确定要运用的音像、图片和文字等广告元素；

第三，确定参与实验的、具有代表性的消费者；

第四，观察消费者对不同广告的反应，或是询问消费者对哪一则广告的印象更深刻。

二、研究消费者行为的大数据智能方法

2010年前后，大数据和智能终端技术开始广泛应用，智能化地记录、识别、分析消费者得以实现。研究消费者行为的大数据方法的实质是"让消费者自己告诉你"，它既包括消费者网上信息的搜集整合，也包括对消费者全方位、精准、实时的分析。大数据技术被广泛地应用到各个行业、各个领域，带来了商业变革、管理变革和思维变革。营销分析、客户分析和内部运营管理是大数据技术应用最广泛的三个领域。对消费者的决策过程和购买过程中的海量数据进行分析，具有很高的价值，能够解决营销工作中的很多问题。

然而，新华网刊登的文章《被收集、被共享、被利用……谁动了我的"网络痕迹"？》引起了大家的反思。互联网平台根据采集到的消费者信息和"网络痕迹"，能够掌握消费者的身份特征、消费习惯、消费水平、兴趣爱好等，进而可以实施精准营销，向消费者推荐个性化的产品和服务。而在一些流行App的用户隐私协议中，几乎无一例外地都提到将对收集的部分信息进行商业利用，多数情况是用于个性化服务、推送信息、广告等。从协议授权到商业利用，使用消费者"网络痕迹"的过程中存在着侵权之嫌和安全风险。在这一过程中，消费者是弱势群体，完全是被动的。企业应自觉保护消费者的信息安全，妥善保护其"网络痕迹"。同时，有关部门要加强技术监督，查处"手拿钥匙"的平台滥用信息数据等违法行为。

任务四 消费者行为的新兴研究领域

一、感官营销

(一) 感官营销的定义

感官营销是指企业经营者在市场营销时，利用人体的视觉、听觉、触觉、味觉与嗅觉，开展以"色"悦人、以"声"动人、以"味"诱人、以"情"感人的体验式情景销售，其目标是创造知觉体验，让消费者参与其中并有效调动消费者购买欲望的一种营销模式。

（二）感官营销的运用

1. 视觉营销：以"色"悦人

视觉营销是通过视觉刺激的方式达到销售目的一种营销方式，在市场中被运用得淋漓尽致。它包括陈列设计、卖场 POP 设计和店铺设计等。陈列设计灵活多变，对服装造型和色彩组合的影响很大，在视觉营销中占有重要的地位。在塑造品牌时，企业需要具有视觉营销的思维。产品的包装不仅要保护产品、促进销售和提供便利，还要体现出不同的品牌个性。消费者总能在众多可乐产品中识别出可口可乐与百事可乐的产品形象，可见视觉营销是它们成功的关键因素之一。

2. 听觉营销：以"声"夺人

听觉营销，指利用美妙或独特的声音，吸引消费者的听觉关注，并在消费者的心目中形成独特的声音。听不仅能帮助我们识别事物，还会影响到我们的情绪。我们可以把不一样的声音一次又一次地传到消费者的耳中，帮助消费者"因声识物"，得到美好的视听体验，提升消费兴趣。服装店里轻快的音乐展现了其休闲、轻松的特征；咖啡店里低沉的音乐与其内部灯光的配合为消费者提供了聊天、享受生活的场所。

3. 嗅觉营销：以"香"袭人

嗅觉营销，指用特定气味获得消费者的关注、认同，并最终形成对企业品牌的忠诚。我们进入商场时总能闻到一股香味，淡淡的香味如同标签一样，让消费者一闻就想起特定的品牌。科学研究证明，人的鼻子可以识别出一万种味道，而嗅觉记忆的准确度比视觉要高出一倍，所以不少品牌抓住了气味这个营销武器。

4. 味觉营销：以"味"诱人

味觉营销，指以特定气味吸引消费者的关注、认同，并最终形成消费的一种营销方式。味觉营销多用于食品行业，特别是在食品的终端销售环节。商家常常会为消费者提供免费品尝的机会，刺激消费者的味觉。

5. 触觉营销：以"妙"感人

触觉营销，指通过在触觉上为消费者留下难以忘怀的印象，宣传产品的特性并刺激消费者的购买欲望。触觉是最本质的，也是最直接的。许多人在买东西时很注重"手感"，手感只是触觉的一种。触觉营销要做的是为消费者留下舒适或兴奋的触觉感受。

【教学互动 1-2】

互动问题：宜家集团在全球共有 388 家商场，遍及 31 个国家和地区。自 1998 年进入中国市场以来，宜家在中国大陆地区共开设了 33 家商场、2 家城市店、2 家体验中心以及 5 家荟聚购物中心，拥有会员 3800 万人，还有近 3000 万社交媒体粉丝。根据你对宜家家居的了解，从营销模式方面说说宜家家居的成功之道。

材料来源：https://www.thepaper.cn/newsDetail_forward_14174396，有改动。

二、体验营销

(一)体验营销的定义

体验营销就是通过看、听、用、参与的手段，充分调动消费者的感官、情感、行动等感性因素和理性因素，推动其做出购买决定的一种营销方法。其核心观念是："不仅为消费者提供满意的产品和服务，还要为他们创造有价值的体验。"体验营销以满足消费者的个性需求为出发点，以向消费者提供有价值、有意义的体验为主旨，通过满足消费者心理和情感上的需求来吸引顾客，并使其产生购买行为。

(二)体验营销的模式

1.感官式体验营销

感官式体验营销可以通过视觉、听觉、触觉与嗅觉建立感官上的体验。它的主要目的是创造知觉体验，引发消费者的购买动机，增加产品的附加值等。

2.情感式体验营销

情感式体验营销，指在营销过程中触动消费者的内心情感，创造情感体验。情感式体验营销需要真正了解什么刺激可以引起某种情绪，以及如何使消费者自然地受到感染并融入情景之中。

3.思考式体验营销

思考式体验营销，指创造性地让消费者获得认识和解决问题的体验。在高科技产品的宣传过程中，思考式体验营销被广泛使用。

4.行动式体验营销

行动式营销，指通过名人来激励消费者，使其生活形态发生改变，从而实现产品的销售。

5.关联式体验营销

关联式体验营销是感官、情感、思考和行动等营销方式的综合。关联式体验营销特别适用于化妆品、日常用品、私人交通工具等产品的营销。

(三)体验营销的运用

我们经常会看到这样的现象，如果服装店不让顾客试穿的话，有很多顾客会马上离开；在购买品牌电脑时，如果不能亲自试试性能，感觉一下质量，大多数消费者会对质量表示怀疑；在购买手机时，如果销售人员不太愿意让消费者试用，消费者马上就会扬长而去……消费者在购买很多产品的时候都需要有体验的过程，体验是消费者最终决定是否购买的关键。

"体验式营销"的威力在于使客户以个性化的方式参与其中，通过体验对品牌产生情感寄托，从而成为品牌的忠诚客户。新的市场形势下，打造新的体验式营销，是企业转型的契机。

【同步案例 1-3】

体验式文化消费——正在崛起的文化新业态

2021 年春节假期，实景游戏体验馆呈现出一票难求的火爆场面。调查显示，2019 年中国实景游戏体验馆消费人次达到 280 万，门店超过 1 万家，市场规模逼近 100 亿元。再加上《明星大侦探》等热播综艺节目的助推，真人实景游戏成为文化消费新风口。与桌面游戏和电子游戏不同，在实景游戏体验馆中，人们扮演着不同角色，沉浸式的体验让参与者可以更充分地融入故事，切身感受"第二人生"。

材料来源：https://baijiahao. baidu. com/s? id = 1692475460943832809&wfr = spider&for =pc，有改动。

问题：为什么体验式文化消费这么火？

提示：随着人们生活水平的提高，文化需求正在发生新的变化，更具个性、参与性和互动性的文化活动受到人们的欢迎，体验经济应运而生。体验式文化消费的卖点是提供新奇有趣的文化娱乐体验，实景游戏、VR 游戏、陶艺手工、民俗文化游、沉浸式戏剧等都属于体验式文化消费。

三、故事营销

(一)故事营销的定义

故事营销，指在产品相对成熟的阶段，在塑造品牌时采用故事的形式注入情感，形成品牌的核心文化，并在产品营销的过程当中，通过释放品牌的核心情感能量，辅以产品的功能、概念，以此打动消费者的内心，从而促进产品的销售。

(二)故事营销的运用

在移动互联网时代，信息泛滥，人们没有理由自动关注某个产品。但是他们愿意倾听故事并为之买单，有故事才能深入人心。特别是昂贵的奢侈品，故事营销更是起着非常特殊的作用，因为一个品牌的魅力会营造出一种独特的氛围，而这种独特的氛围会吸引某一类目标消费群体的关注与共鸣。

四、绿色营销

(一)绿色营销的定义

绿色营销观念认为，企业在营销活动中，要顺应可持续发展的要求，注重生态环境的保护，促进经济与生态环境协调发展，以实现企业利益、消费者利益、社会利益及生态环境利益的协调。

(二)绿色营销的运用

绿色营销是适应新的消费需要而产生的一种新型营销理念，也就是说，绿色营销还不能脱离原有的营销理论基础。可以说,绿色营销是在人们追求健康、安全、环保的基础上所发展起来的营销方式。

五、移动互联网营销

移动互联网营销,指基于手机、平板电脑等移动通信终端,利用互联网技术和无线通信技术,在企业和消费者之间交换产品及服务信息的过程,它通过在线活动创造、宣传、传递价值信息,并且对消费者关系进行可移动的系统管理,以达到一定的营销目的。移动互联网营销有短信、wap、App、二维码等形式,具有灵活性强、精准性高、推广性强、互动性强等特点。

六、虚拟现实营销

(一)虚拟现实营销的定义

虚拟现实营销,指让消费者沉浸到商家设定的环境中,帮助消费者去触碰真实场景,与消费者产生互动,最大限度地展现产品的魅力,引发消费者的购买行为。虚拟现实可以在一定程度上激发消费者的好奇心理。

(二)虚拟现实营销的应用

虚拟与现实的碰撞跨界,不再局限于虚拟现实广告的投放,它突破了虚拟现实用户量少、分发渠道有限,以及在拍摄技术、观看设备等方面的阻碍。虚拟现实技术的出现让营销这一传统行业有了无限的可能性。

如今,不少汽车公司推出了 VR 展厅,消费者能在虚拟空间内行走,观看各种款式的汽车,甚至能够进行试驾。在电影和游戏界,在产品的预售阶段,厂商经常推出虚拟现实的应用来让消费者提前感受到产品的震撼效果。

【同步案例 1-4】

2021 年的中国数字营销

报告显示,与企业整体营销恢复高增长一致,2021 年,中国数字营销预期增长率为20%,较 2020 年 16%的实际增长率上涨明显,不确定性较高的疫情并没有影响企业数字营销的信心。

其中,28%的广告主数字营销预算增幅超过 30%,较 2020 年实际上升 5 个百分点,50%的广告主数字营销预算增幅在 30%以内,减少投入的广告主仅为 5%。

材料来源:http://www.199it.com/archives/1173605.html,有改动。

问题:受到新型冠状病毒肺炎疫情影响,线下营销表现低迷,为什么数字营销反而呈现出上升的趋势?

提示:突如其来的疫情对许多行业来说是冲击,是考验。线下实体行业大都处于比较麻烦的"冰封"状态。但对于在线娱乐、线上教育、云办公、通信等行业来说,其冲击不大。做数字营销的企业可以在线运营,在家办公,因此影响不会太大。

七、数字营销

(一)数字营销的定义

数字营销,指借助于互联网、电脑通信技术和数字交互式媒体来实现营销目标的营销方式。数字营销尽可能地利用先进的计算机网络技术,可以最有效、最省钱地开拓新的市场、挖掘新的消费者。

(二)数字营销的运用

营销人员可以在有效搜索客户资源的基础上,分类整理客户信息,针对各种类别的客户发布个性化的邮件或短信。在所有的邮件、短信中,都可以利用 HTML 代码来编写精美的和具有个性的网页,并加入超级链接、链接追踪,让营销人员可以很好地确定广告投放的成功率。数字营销可以确保最合适的客户在最合适的时间收到最个性化的信息。数字营销实现了企业与客户的一对一专属营销,精准性高,不易被竞争对手察觉和模仿。

要点巩固

一、单选题

1. 研究人员通过口头或书面的形式,向被调查者了解情况,以揭示其行为规律的方法属于(   )。

A. 观察法　　　　B. 投射法　　　　C. 实验法　　　　D. 调查法

2. (   )是营销组合中最不确定、最抽象的。

A. 产品　　　　B. 价格　　　　C. 分销　　　　D. 促销

二、多选题

1. 消费者行为的特征主要表现在(   )。

A. 多样性　　　　B. 可预测性　　　　C. 可诱导性　　　　D. 复杂性

2. (   )是影响消费者行为的个体因素。

A. 文化与亚文化　　B. 消费者的需要与动机

C. 消费者的态度　　D. 消费者的知觉、学习与记忆

3. 根据消费者在购买行为中扮演的角色,可以将消费者分为(   )和使用者等几种类型。

A. 决策者　　　　B. 倡导者　　　　C. 影响　　　　D. 购买者

4. 影响消费者行为的因素可分为(   )三个方面。

A. 个人因素　　　　B. 物质因素　　　　C. 营销因素　　　　D. 环境因素

5. 按照一般的分类方法,消费品可以分为几种类型,包括(   )。

A. 便利品　　　　B. 选购品　　　　C. 特殊品　　　　D. 非寻求品

三、简答题

1. 简述消费者行为学的研究内容。

2. 研究消费者行为的主要方法有哪些?

3. 简述研究消费者行为对营销决策的意义。

4. 研究消费者行为的大数据智能分析法与传统的研究方法对比,有哪些优劣之处?

5. 简述消费者行为学的新兴研究领域有哪些。

即学即用—能力提升

一、案例分析 1

2020 年十大消费新趋势:智能化、多元化、宅经济、体验感

全球市场调研公司 Euromonitor 发布了 2020 年全球 10 大消费趋势报告,报告总结了 2020 年新兴的消费趋势:(1)超越人类(人工智能技术正在成为主流);(2)信息触手可及 (用更短时间获取更多内容);(3)行动无碍;(4)兼容并包,多元审美;(5)注重满足心理 需求;(6)宅经济;(7)追求定制化体验,也注重隐私保护;(8)钟情本地,走向全球;(9) 再利用革命;(10)环保主义。

材料来源:https://www.sohu.com/a/405153970_99902814,有改动。

问题:以 2021 年的十大消费趋势与上述趋势进行对比,有什么样的变化?

二、案例分析 2

江小白——成功靠的仅仅是文案?

2012 年 3 月 21 日才在成都正式发布的"江小白"品牌,自诞生之日起就备受关注。江 小白的核心产品是"表达瓶""三五挚友""拾人饮",现在在做调味基酒,这种产品结构很 能向消费者展现场景感。在设计江小白卡通形象的时候,江小白的创始人陶石泉给设计师 提了一个要求:必须是一个 80 后、90 后的一个大众脸,任何人看了都觉得像自己。一张 大众脸再加上江小白风格的语录,一个文艺青年的形象就跃然"瓶"上了。"我就是我,我 站在这里,我就是江小白,你喜欢就喜欢,可以参与进来;不喜欢就不喜欢,我也不去讨好 你。"这恰恰是 80 后、90 后的内心独白。

问题:1. 江小白运用了哪种体验营销的方式? 此种方式有什么优势?

2. 如何运用此种方式抓住消费者的心?

3. 如果江小白仅用此种方式,它可以稳定地立足于市场吗? 为什么?

三、运用所学知识,对大学生的网络消费行为进行调查分析。

四、结合你印象最深刻的一次消费体验,运用所学知识分析影响你进行这次消费的各 种因素。

课堂延伸

扫码阅读《八大消费趋势新主张显现 市场活力不断释放》。

二维码

決策与评价篇

第二模块

项目二　消费者购买决策的过程

学习目标

*职业知识目标：

1. 了解消费者购买决策理论；
2. 掌握消费者购买决策的内容及原则；
3. 熟悉消费者购买决策的过程及消费者购买行为的类型；
4. 了解数字化消费者决策理论知识及数字化消费者决策模型的改变；
5. 认识数字化时代影响消费者决策的因素；
6. 了解消费者满意与消费者忠诚的概念及两者之间的关系；
7. 认识影响消费者满意与消费者忠诚的因素；
8. 掌握提升消费者满意度与消费者忠诚度的策略。

*职业能力目标：

1. 具备在特定情境中分析和评价消费者决策过程的能力；
2. 能够制订营销策略，以保证消费者的满意与忠诚。

思政案例

消费者还满意吗？测评报告来了！

2021年3月13日，中国消费者协会在北京召开线上新闻通报会，正式发布《2020年100个城市消费者满意度测评报告》。测评结果显示，2020年全国100个城市消费者满意度综合得分为79.32分，总体处于良好水平，并连续呈现稳步上升态势。

中国消费者协会负责人表示，鉴于受到国际国内消费环境的不确定性和疫情的冲击，消费者满意度有这样的结果实属不易，今后中国消费者协会将持续开展100个城市消费者满意度测评工作，同时鼓励各地结合实际开展相关调查评价工作，促进城市消费环境持续改善。为进一步做好消费者满意度提升工作，结合连续四年满意度测评结果，中国消费者协会建议各地政府及有关部门：

一是准确洞察需求，着力改善消费供给，推动高质量发展，激发消费活力动力；

二是坚持目标导向，全面优化消费环境，推进消费提质升级，共建共享消费友好型社会；

三是抓住关键问题，切实强化风险管控，全力保障消费安全；

四是补齐维权短板，增强消费维权供给，提高维权效率，提振消费信心；

五是注重宣传引导，培育消费领域经营主体的社会责任，让消费更温暖；

六是面向"十四五"新阶段，倡议将提升消费者满意度纳入城市发展建设的规划与纲领，擦亮城市名片。

材料来源：https://baijiahao.baidu.com/s？id＝1694137044227574066&wfr＝spider&for＝pc，有改动。

思政导言

高度重视消费者满意度的提升

我们从《2020 年 100 个城市消费者满意度测评报告》看到，虽然受到国际国内消费环境的不确定性和疫情的冲击，消费者的消费需要、消费决策和消费信心均有所波动，但消费者对我国消费供给、消费环境和消费维权都给予了高度认可。国家先后出台《中共中央 国务院关于完善促进消费体制机制 进一步激发居民消费潜力的若干意见》等一系列文件，着力营造良好的市场秩序，改善消费环境建设，注重消费者权益保护，为扩大内需、拉动消费增长等提供明确指引，做出重大部署。面对越来越激烈的市场竞争和发展环境，企业应以新技术、新产品、新模式、新业态支撑消费供给创新，不断优化消费供给质量，为市场注入新活力，为消费者提供优质的服务，提高消费者的满意度和忠诚度。这对于营销者的服务水平提出了更高要求——不仅要通晓业务，提供优质服务，还要秉承顾客至上的原则，当好参谋，引导消费者做出正确的决策。

思政学习园地

扫码阅读：(1)《中共中央 国务院关于完善促进消费体制机制 进一步激发居民消费潜力的若干意见》；(2)《国务院办公厅印发〈完善促进消费体制机制实施方案(2018—2020年)〉》。

二维码

理论精讲

任务一　消费者购买决策

一、消费者购买决策理论

(一)消费者购买决策的含义

消费者购买决策是指消费者为了满足某种需求,在一定的购买动机的支配下,在可供选择的两个或两个以上的购买方案中,经过分析然后选择最佳购买方案,以及在购买之后进行评价的活动过程。

(二)消费者购买决策过程的参与者

对于某些产品来说,确认购买者是比较容易的,比如男人选择剃须刀,女人购买口红。但随着社会的发展,越来越多的产品所涉及的决策成员往往不止一个人。比如,家用电脑的选择,可能首先是爷爷提出要给孙子买一台电脑,某同事推荐某种品牌或型号,妈妈决定第二天去电子商场,爸爸负责选择、付款,孙子使用买来的电脑。一般来说,购买决策过程会涉及 5 种参与角色:

首倡者,首先提出购买某个产品或服务的人;

影响者,其观点或建议对决策有影响的人;

决策者,对购买决策的某个方面(包括是否买、买什么、如何买、何处买)做出决定的人;

购买者,实际进行购买的人;

使用者,实际消费或使用所购产品或服务的人。

正确辨认消费者购买决策过程中的参与者,有助于将营销活动有效地指向目标消费者,制订出正确的促销策略。

二、消费者购买决策的内容及原则

(一)消费者购买决策的内容

消费者行为是消费者决策和行动的综合。虽然不同消费者的购买决策有着较大的差异,但消费者购买决策的内容几乎相同,主要包括以下七个方面,即 5W+2H。

1. 为什么买(why),即购买目的或购买动机

消费者购买某种商品的目的是满足某种需求或解决某种问题。购买动机是多种多样

的，对同一种商品，不同的人有不同的购买动机。消费者为什么购买某特定产品？为什么买A而不买B？例如，同样是购买一辆汽车，有的人只是将汽车作为一种交通工具；有的人则将其作为身份和地位的象征。营销人员要了解的是消费者所追求的产品利益点究竟是什么。

2.买什么（what），即确定购买对象

当明确了购买原因之后，消费者的购买对象就成了购买决策的核心问题。能够满足消费者同一需求的产品是多种多样的。如，天气寒冷，一个消费者想买件冬装，可以买羽绒服、呢子大衣或保暖内衣等，消费者可依天气情况与自己的喜好进行决策。同时，消费者要对所购商品的品牌、性能、质量、款式、颜色、价格等做出选择和决策。

3.在哪买（where），即确定购买地点

购买地点的决定受多种因素的影响，如路途的远近，商家的信誉，购物环境，可挑选商品的品种、数量、价格以及商店的服务态度等。消费者决定在哪里购买与其买什么的关系十分密切。常用的或急用的商品选择近距离购买，考虑的是购买效率。高档的贵重商品对购买地点的要求较高，考虑的是商品的质量、性价比、售后服务的质量等。

4.什么时候买（when），即确定购买时间

购买时间的确定同样受很多因素的影响，如消费者的闲暇时间、消费者的购买力、促销活动等，其中最主要的可能是需要的迫切性。如果消费者急需某种产品，当然很快就会进行购买，以消除自己的不安和紧张。这种购买的迫切感一般是由消费者自身确实需要而引起的，但企业可以通过有针对性的营销活动让消费者产生这种迫切感，让其尽快做出购买行为。

5.由谁买（who），即确定购买主体

不同的购买者对商品的要求不同，其鉴别能力也有差别。女性消费者对家庭的日常生活用品有较强的挑选能力，男性对电子商品等更具有选择能力。当然，消费者使用的商品并非都是亲自购买，同样，消费者购买的商品并非都由自己使用。

6.买多少（how many），即确定购买数量

购买数量取决于消费者的实际需要、支付能力及市场供应能力、商品的性价比等因素。如果某种产品在市场上供不应求，价格有上涨的趋势，消费者即使目前并不急需或支付能力不强，也可能负债购买；反之，一种商品市场供给充裕或供过于求，价格稳定，消费者就不会急于购买，购买数量就少。

7.怎样买（how），即确定购买方式

购买方式的选择受消费者的个性、受教育程度、职业、年龄、性别等因素影响，购物方式趋于多样化，主要有直接购买、网络购买、电话与电视购买，还有函购、邮购等。购买时的支付方式也多种多样，有现金支付、刷卡支付、微信支付、支付宝支付等。

（二）消费者购买决策的原则

1.最大满意原则

消费者总是力求通过方案的选择、实施，取得最大效益，使某方面需要得到最大限度

的满足,这就是最大满意原则。

2. 相对满意原则

消费者在购买商品的过程中,对所选择的品牌并不十分满意,总觉得所要购买的商品还有不满意的地方,只能在几种商品中选择一种。这种购买决策符合相对满意的原则。消费者在大多数情况下所购买的商品是在相对满意的情况下购买的,主要原因有三:一是不同的消费者有不同的个性,对商品的要求也有差别。商品生产商不能完全满足所有消费者的期望。二是消费者在做出购买决策时很难收集全部的信息,处理这些信息需要大量时间,这给做出购买决策带来了很大的难度。三是消费者在购买过程中,所选择的几种品牌不一定在同一商店中销售,甚至不在同一地区,这给商品的挑选带来了困难。因此,消费者只能利用有限的信息,在精力允许的条件下,选择相对满意的商品。

3. 最小遗憾原则

消费者的任何决策方案都不可能达到绝对的满意,不同程度地存在着遗憾。消费者不仅考虑哪个品牌的商品能给自己带来最大的满足,同时也希望这种商品所带来的遗憾最小。遗憾最小原则的作用是降低风险,缓解消费者因不满意而造成的心理失衡。

4. 风险最小原则

消费者在购买商品的过程中,不但要付出金钱,而且要投入精力,消费者在做出购买决策之前,要权衡商品的使用价值、价格等因素,以风险最小的原则来选购商品。

三、消费者购买决策的过程及类型

(一)消费者购买决策的过程

消费者购买决策的过程是消费者在特定心理的驱动下,根据一定程序发生的心理过程和行为过程。一般来说,它可以分为 5 个阶段:需要认知、信息收集、方案评价、购买决策和购后评价。

1. 需要认知

需要认知是消费者购买决策过程中的第一阶段。需要认知始于消费者对某一问题或需要的察觉,消费者意识到自己的某些欲望和需要亟待满足。当人们缺乏某种东西时,心理上就会产生某种紧张或不安的感觉,便会产生解除这种紧张和不安的需求。这就产生了对商品或服务的需求,完成了由"缺乏感"到"需求感"的转变。"缺乏感"到"需求感"的转变构成了消费者产生购买动机的基础。消费者对需要的认知取决于以下因素:

(1)消费品的缺乏

当消费者使用的一种商品必须补货时,需要认知就出现了。此时做出购买决策通常是一种简单的和惯例的行为,经常通过选择一个熟悉的品牌来解决这个问题。

(2)不满意

需要认知产生于消费者对正在使用的产品或服务的不满意,如消费者认为他的手机已经过时了。

（3）新需要

消费者生活中的变化经常导致新的需要产生。如，当你进入大学时，就可能需要重新购置手机或一些生活用具；当你升职时，就可能需要买一些更高档的服装以使自己显得更体面些。

【资料2-1】各个年代大学新生"大三件"变化

60后	70后	80后	90后	00后	
钢笔	CD机	手机	智能手机	老三样	新三样
收音机	随身听	MP3	笔记本电脑	手机	电子书
手表	BP机	台式电脑	单反相机	电脑	按摩仪
				平板	平衡车

材料来源：https://baijiahao.baidu.com/s? id＝1643437312568122203&wfr＝spider&for＝pc，有改动。

（4）相关产品的购买

需要认知也可以由某种产品的购买激发起来。如购买电脑会推动对某种软件程序或软件升级的需求。

（5）新产品

市场上出现了新产品，而且这种新产品引起了消费者的注意，也能成为需要认知的诱因。

（6）营销因素

企业可以通过各种促销方式，如改变包装和广告宣传等，提供产品的相关信息，刺激消费者的购买欲望，从而帮助消费者确认需要。

许多因素都可以激发人们的需要认知，因此，企业可以通过广告来激发人们对新产品的需要，从而使他们放弃那些老的产品。

【同步思考2-1】

问题：营销人员应如何"找寻"消费者，促使消费者认识到他的需要？

提示：要先了解消费者的需要，然后告诉消费者，他们能够提供某些产品，可以满足其需要，还要加强满足需要的"时间迫切感"。

2. 信息收集

如果消费者需要的目标明确、动机强烈，了解商品的性能、质量、价格及售后服务等信息，就会很快地形成购买决策，采取购买行动。在多数情况下，消费者对所需求的商品并不十分了解，需要进一步广泛收集可靠、有效的信息，才能更好地对各种备选产品进行广泛而深入的比较。一般来说，消费者的信息来源主要有四个方面：个人来源、商业来源、公共来源和经验来源。

（1）个人来源，包括家人、朋友、邻居、同事等。

（2）商业来源，包括广告、店内信息、产品说明书、宣传招贴、推销员、经销商、展览等。

（3）公共来源，指大众传播媒体（电视、电台、报纸、杂志等）、政府机构、消费者评审

29

组织。

(4)经验来源，指消费者自己通过参观、试用、实际使用、联想、推论等方式所获得的信息。

这些信息来源对消费者的影响程度取决于消费者所要购买的商品类型、消费者自身特点、搜集资料的方式等。消费者在广泛搜集信息的基础上，对所获得的信息进行适当的筛选、整理、加工，然后探索满足需求的多种方案。消费者搜集的信息量越大，所了解的实际情况就会越准确、真实，所做出的购买决策就越合理。

3. 方案评价

由于价值观、所处的环境、地位、经济状况等因素存在差别，不同的消费者对购买商品有不同的决策方案。如经济条件较差的消费者讲究实惠，对商品的价格敏感，喜欢购买优惠价、处理价、降价的商品；经济条件好的消费者追求名牌，一般到高档商场购物，对价格较高的商品感兴趣，认为价格高，质量一定会好。

消费者进行评价时，一般分三个步骤进行：首先，全面搜集有关信息，获得商品的性能、质量、价格、款式、售后服务等方面的信息；其次，综合比较相近价格的同类商品的优缺点；最后，根据自己的情况和爱好，确定购买对象，选择购买方案。

在消费者进行商品比较分析的过程中，营销人员应尽量向消费者提供建议，突出本品牌的优点。

4. 购买决策

消费者对各种产品的性能、价格、品牌、售后服务等信息进行分析之后，会对某种品牌形成偏爱，从而形成购买意图。在购买价格较低的急需商品时，消费者会迅速做出购买决策并实现购买行为。在购买贵重商品(如商品房、高档轿车等物品)时，消费者有了购买意图也并不一定马上采取购买行动，而是想进一步进行探索，并征求其他人的意见。

5. 购后评价

购后评价是指消费者购买产品后，在使用商品或服务的过程中，对所购商品或服务进行评价的过程，也是对购买决策正确与否的评价。消费者对商品的评价包括商品的性能与质量评价、商品的形象评价、送货等服务评价。消费者的购后评价影响着以后对产品的态度，对以后的购买行为将产生重要影响，同时也影响着他人的消费行为。企业应该重视消费者购物后的消费体验，以消费者满意作为工作的中心，加强与消费者的沟通，生产消费者满意的产品，做好售后服务工作。

【教学互动 2-1】

互动问题：分析一对年轻夫妇购买汽车的决策过程。

互动要求：小组讨论 5 分钟，小组代表发言，对学生发言进行点评。

(二) 消费者购买行为的类型

1. 根据消费者购买目标的确定程度划分

(1)确定型

消费者在购买之前，已有明确的购买目标，对所要购买商品的种类、品牌、价格、性能、质量、型号、样式、颜色等都有明确而具体的要求。消费者进入商店后，能有目的地选择商品,并主动提出各项要求,一旦商品合意,就会毫不犹豫地买下商品。整个购买过程都是在非常明确的购买目标的指导下进行的。

(2)半确定型

消费者在购买之前已有大致的购买意向和目标。但是,这一目标不很具体、明确。在实际购买时,消费者仍需要了解、判别,需要反复比较、选择之后才能确定购买的具体对象。这类消费者易受他人观点的影响,成交时间较长,一般需要提示或介绍。营销人员可见机行事,巧妙诱导,以坚定其购买决心。这类消费者为数众多,是营销服务的重点对象。

(3)不确定型

这种类型的消费者没有明确的购买目的,他们可能只是由于顺路、散步而进入商店。若商品能唤起消费者的需要,便有可能发生购买行为。这类消费者对商品的需求处于"潜意识"之中,见到满意的商品便会购买。对这类消费者,营销人员应主动热情地服务,尽量激发其购买欲望。

2. 根据消费者购买的态度划分

(1)习惯型

消费者因以往的购买经验和使用习惯,长期光顾某个商店,或长期购买某品牌的商品,对某商店或商品十分信任、熟悉,形成了习惯性的购买行为。这种行为不会因年龄的增长或环境的变化而变化。这类消费者在购买商品时,其目的性很强,不受消费时尚的影响,决策果断,成交迅速。

(2)理智型

这类消费者购买商品时较为理智,感情色彩较少。他们在购买前已经广泛收集所需的信息,了解市场行情,深思熟虑后才做出购买决定。在购买时,他们会仔细、认真挑选商品,不易受他人或广告宣传的影响,在整个购买过程中表现出很强的自主性,始终以理智来支配行动。

(3)经济型

这种类型的消费者有经济头脑,计划性强,选择商品的能力也比较强。这类消费者选购商品时多从经济观点出发,对商品的价格非常敏感,以价格高低作为选购标准。他们往往对同类商品中的价格低廉者尤感兴趣,削价、优惠价、折扣价等对他们有着很强的吸引力。

(4)冲动型

这类消费者没有明确的购买计划,对外界的刺激敏感,会凭直观感觉迅速购买。他们在购买商品时往往容易受感情支配,富于联想,依感情需要进行购买。

(5)疑虑型

这类消费者性格内向,在购买前优柔寡断,购物谨慎、细致,犹豫不决、挑来挑去,拿不定主意。

(6)从众型

这类消费者容易受人影响,只要众多人购买,自己也去购买。这类消费者缺乏主见,对所购商品一般不去分析、比较,这种消费者比较常见。

(7)想象型

这类消费者在购买时容易受感情支配,易受购物环境和营销人员的诱导,往往因此而心血来潮,发生购买行为。这类消费者感情丰富,想象力强,常常因商品的款式、颜色、包装等特点而产生联想。

(8)随意型

这类消费者缺乏消费经验,购物过程中没有主见,对商品的性能、质量缺乏了解,对购买的商品不做认真比较和分析,没有固定的购买品牌。在购买商品的过程中,这类消费者希望得到营销人员的提示和帮助,对商品不挑剔,随意性强。

3.根据消费者购买时的情感反应划分

(1)温顺型

这类消费者对外界刺激不敏感,很少受外界环境的影响。在购买过程中,他们对销售人员的意见和建议较为信任,购买迅速,很少亲自检查所购商品。因此,对这类消费者营销人员要具有良好的服务态度,认真、如实地介绍商品,这样才能达到较好的营销效果。

(2)反抗型

这类消费者与温顺型消费者相反,具有较强的敏感性。在购买过程中,他们不相信他人的介绍和建议,具有很强的主观意志。

(3)沉着型

这类消费者较为平静,比较沉着。在购买过程中,他们受外界环境的影响较小,感情不外露,一经做出购买决策,就不容易改变。

(4)激动型

又称傲慢型或冲动型,这类消费者情绪容易激动,情绪变化迅速而强烈,自控能力差。在购买过程中,他们容易受环境的影响,对商品和营销人员要求苛刻,经常发生矛盾。

(5)活泼型

又称健谈型,这类消费者热情开朗,兴趣爱好广泛,能适应各种环境。在购买过程中,他们活泼、健谈,会主动征求营销人员的意见,有时也会主动征求其他购物者的意见。

任务二　数字化消费者决策

一、数字化消费者决策概述

(一)数字化消费者及数字化消费者行为的概念

2009年,著名消费者行为学者 M. R. 所罗门在他的著作《消费者行为学》中提出"数字化消费者行为"的概念。"数字化消费者",指在互联网时代下以个人消费为目的而购买、使用商品和服务的个体社会成员。它区别于传统的消费者,有其独特的特点和未来发展趋势,并将随着互联网技术和移动互联技术的不断发展而发展、变化。数字化消费者行为,指移动互联网时代或数字时代的消费者行为。

(二)数字化消费者的特征

1. 信息获取途径更广,更加及时、有效、充分

互联网从根本上改变了信息环境,为消费者获取相关信息提供了全新的平台和工具,成为最方便、最快捷、效率最高且成本最低的信息源。消费者想了解某类物品,可以直接在搜索引擎或购物网站上搜一搜;想买某特定物品,可以拍一拍找相似、找同款。从不对称的不完全信息状态进入高度透明的几乎完全的信息状态,消费者变得更加自由了。

2. 受虚拟消费者社群的影响大,参与度高

Web2.0带来了社交网络,QQ、微信等网络社群的崛起让高效率的多方互动成为现实。网络社群所具有的能量使得虚拟消费者社群成为消费行为的主体。

3. 注重节约时间成本,强调便捷消费方式

网络购物的兴起在一定程度上源于当下生活节奏之快、日常工作之忙碌。消费者的时间压力越来越大,他们会通过各种手段来寻求便利性以节约时间。

越来越多的人不愿意花费大量的时间逛超市、逛商场,亲自挑选商品。他们对各类能加快生活步伐的产品或服务青眼有加。

4. 追求个性化,独特性需求增加

在技术进步和需求升级的大环境下,消费者实现个性化消费的条件日渐充分。消费者会寻找同类或相似商品间的细微差异,并将这种微小的差异延伸为个人的独特性。

个性化定制越来越经常地出现在人们的生活中,成为一种消费潮流。对独特性需求的增加意味着消费者对商品的某一方面提出特别的要求,甚至希望亲自参与设计以增强自身与产品的关联性。

5. 线上线下融合模式大受欢迎

在移动互联网环境中,一些传统零售企业创新发展出O2O模式,大受数字化消费者欢迎。消费者可以线上了解优惠信息,线下在实体店消费;可以扫码比价,方便做出选择和购买决策;消费者可以在线下单,然后到距离最近的门店自提所购货物。线上线下结合的购物体验更能赢得数字化消费者的喜欢。

6. 全球化消费观深入人心

伴随着经济全球化的浪潮,全球消费的趋同性日益凸显。通过移动互联网,消费者了解和购买海外商品的成本大大降低。消费者从全球性消费和服务中感受到了"消费的世界大同境界"。

(三)数字化消费者决策过程中的新概念

在消费者决策过程的每一个阶段,互联网和智能终端都有着新的概念和新的工具,迅速改变了传统的购物方式。表2-1归纳了在购买决策的各个阶段,社交媒体、消费者虚拟社群和智能终端所带来的新概念和新工具。

表 2-1　数字化消费者决策过程中的新概念和新工具

决策阶段	新概念和新工具
识别问题	网站广告 网上问题搜索 社群朋友的主题分享 优惠信息推送
搜寻信息	网上搜索 网上广告、商家推介 网上的评分与评论 在社交网络内部咨询网上产品与价格信息 网上促销信息、优惠信息 愿望清单
评估备选方案	条码扫描/价格比较 消费者虚拟社群内的咨询讨论 网上商家引荐 地理位置促销
购买	网上购物、手机购物 网上支付、手机支付 电子优惠券礼品卡
购后	在社交网络和消费者虚拟社群中分享购后体验，包括文字、照片、视频等 在购物网站上进行评分与评论 在社交网站和虚拟社群中发表评论

材料来源：所罗门《社会化媒体营销》，中国人民大学出版社，2014。

在所有可能影响消费者购买行为的信息中，网上的评论是最常见的。消费者更加信任网上其他消费者提供的信息，而不太信任电视、杂志、广播及来自销售人员的推荐信息。

二、数字化消费者决策模型的改变

随着移动互联网时代的到来，数字化消费者的信息环境完全不同了，数字消费者社群成为消费者行为的主体，出现了数字化口碑。最重要的是，数字化的购买行为和决策模式与传统的购买行为和模式有很明显的不同。

(一)漏斗模型

在传统的漏斗模型[图 2-1(左)]中，一开始，消费者的脑子里有许多品牌。当消费者筛选候选品牌时，备选项目开始慢慢减少，最后，消费者确定了一个品牌。企业可以遵循漏斗模型，对能够接触到消费者的点进行系统的管理，在每个阶段都向消费者进行推销，以此提高最后被选中的可能性。

(二) 双环模型

数字化消费者的决策进程不再是逐步地缩小选择范围,数字化决策的进程是环状循环往复的,由"购买环"和"品牌忠诚环"两个环组成,包括考虑、评估、购买、享受、推介和建立纽带六个关键阶段[图2-1(右)]。

数字化消费者的决策模式与传统消费者的决策模式形成了鲜明的对比,极大地改变了传统的购买行为。

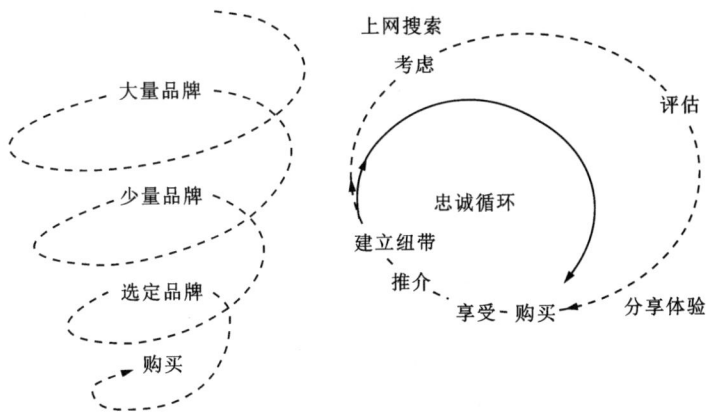

图2-1　漏斗模型(左)和双环模型(右)

任务三　提升消费者满意度与消费者忠诚度

消费者购买产品之后,就会对产品进行使用和评价,这是整个购买过程中非常重要的一个环节。

一、消费者满意度

(一) 消费者满意度的概念

消费者满意度是消费者对所购产品或服务所期望的功效与实际功效进行比较后所形成的一种感受。消费者在购买某种产品或服务之前,会对这种产品或服务具有一定的期望,而在使用过程中或使用完毕之后,消费者会形成一种对比。消费者是否满意就取决于最初的期望水平和实际感知水平之间的比较。

(二) 消费者满意的意义

1. 消费者满意是消费者重购的基础

一般来说,满意将会促使消费者重复购买,并对品牌形成偏好与忠诚,而不满则会导致抱怨、投诉、转换品牌和不利的信息传播。

2. 消费者满意有助于形成良好的口碑

消费者通常会与他人讨论自己的消费经历，交换消费体验。满意的消费者不仅会积极重购，而且会积极向他人推荐感到满意的产品。这种交流更加可信，也更容易为他人所接受。

3. 消费者满意是提高企业获利能力的重要途径

有研究表明，获取一位新顾客的成本是留住一位老顾客的成本的 5 倍。企业如果能将顾客流失率降低 5%，其利润就能增加 25%～85%。而要有效地留住顾客，最有效的办法就是提高顾客的满意度。

正是因为消费者满意度具有如此重要的意义，很多公司都以让消费者满意作为自己的经营哲学。海底捞提供的是"地球人拒绝不了的服务"，这种服务征服了绝大多数的顾客，消费者会乐此不疲地将在海底捞的就餐经历发布在网上，越来越多的人被吸引到海底捞来。

（三）影响消费者满意度的因素

1. 消费者的期望

消费者对产品的期望受产品自身因素、促销因素、其他产品及消费者的个人特性的影响。

（1）产品自身因素

消费者以前使用产品时所获得的体验、产品的价格及产品的特性都会影响消费者对产品的期望。因此，如果产品以往的性能很好，或产品的价格高于同类产品的平均价格，那么消费者通常会对该产品形成比较高的期望。例如，相对于国内家电，进口家电的价格一般要高一些，人们对于进口家电的性能和质量的期望也会相应地提高。

（2）促销因素

企业如何宣传产品也会影响消费者的预期。一般来说，营销人员往往都会强调本企业的产品质量或服务好，这种强调会导致消费者形成比较高的预期，而产品或服务有可能并不能满足这种期望，此时就容易导致消费者的不满。特别需要指出的是，企业切勿夸大宣传，否则不但容易导致消费者购买后的强烈不满，还有可能触犯法律，受到政府相关部门的查处。

（3）其他产品

消费者对产品功效的预期还要受到他们在使用其他类似产品或服务时的经验的影响。例如，影响消费者对航空服务质量的评价的一个主要因素是航班能否正点到达。而乘客对于某一航班正点到达的预期，不仅受他乘坐航班的经验的影响，还受他乘坐火车等其他交通工具的经验的影响。如果消费者乘坐的火车等其他交通工具一般都会正点到达，那么他对于飞机正点到达的期望也会比较高。

（4）消费者的个人特性

对于同一产品，一些消费者的期望会比另一些消费者的期望更高，在使用之后进行评价时也更容易产生不满的情绪。例如，面对航班延误这一状态，那些对航班正点到达期望较高的乘客可能会提出投诉、索赔等抗议；而那些期望较低的乘客则有可能觉得航班延误是一种正常现象，司空见惯，不足为奇。

2. 消费者的实际认知

消费者的实际认知，指的是消费者在使用产品的过程中对产品实际品质的主观评价。

(1)消费者对物质产品的实际认知

一般来说，消费者对物质产品实际品质的认知是围绕以下几个方面进行的：

①性能，关于产品基本操作特征的属性。

②特色，补充基本特征的属性。

③可靠性，产品性能保持前后一致的程度。

④耐久性，产品有效使用的寿命。

⑤可服务性，企业解决与产品有关的问题的能力。

⑥美感，产品给人在感官上的印象。

⑦兼容性，产品与文献或产业标准相符合的程度。

⑧声誉，人们对产品过去的表现和性能的评价。

(2)消费者对服务类产品的实际认知

服务类产品具有无形性、不可分割性、易变性和易消逝性等特点，因此其品质具有高度的不确定性。要对服务类产品的品质进行认知，通常需要一套不同于物质产品的评价标准，包括以下5个方面：

①有形因素，设备、设施及服务人员的表现。

②可靠性，服务人员令人信赖地、准确地进行工作的能力。

③响应性，服务人员及时地为消费者提供服务的意愿与表现。

④承诺性，员工所具有的知识与能力以及由此使消费者产生的信任与信心。

⑤移情能力，员工对于消费者所表现出来的在意、关怀与注意。

随着网上购物的不断发展，一些学者专门针对电子商务的服务进行了研究，并提出了电子商务服务评价的标准。

3. 对公平性的认知

消费者对产品是否感到满意，不仅取决于期望功效与实际功效的比较，而且还取决于消费者对公平性的感知。所谓公平，指的是某人所感知到的投入与产出之比与别人的投入与产出之比处于一种平衡状态。公平又可以分为三类：分配公平性、程序公平性与互动公平性。分配公平性指的是报酬和成果在交易的参与者之间进行公平的分配。程序公平性指的是进行交易时所遵循的顺序和规则是公平的。互动公平性指的是消费者被营销人员公平地对待。任何一种公平性遭到破坏，都有可能导致消费者的不满。

4. 消费者的归因

消费者的归因，指消费者对于产品功效不佳的原因的了解或推测。如果某一产品的功效不佳，消费者就会试图确定原因。如果消费者将原因归结到产品或服务身上，就可能会感到不满意。

（四）如何提升消费者满意度

现代企业实施消费者满意战略的根本目标是提高消费者的满意度，创造忠诚的消费者，实现企业的长期发展。而要真正做到这一点，则必须实施一系列措施。

1. 塑造顾客导向型的经营理念

"以客为尊"的企业经营理念是引导企业决策、实施企业行为的思想源泉。从其基本内涵上来看，顾客导向型的经营理念大致有三个层次："客户至上""客户永远是对的""一切为了客户"。顾客导向型的经营理念不仅要在企业的高级管理层中加以强调，更重要的是要使之深入人心，使企业的全体人员都明确这一理念的重要性。

2. 塑造消费者满意的企业文化

企业的价值观和企业文化会影响消费者的满意度。例如，鸿星尔克为何会突然引发消费者的"野性消费"？这是因为这家企业"连微博会员都没有买"，但是却在河南赈灾时捐赠了巨额的善款，并且非常低调，没有宣传。这便立刻在消费者心中产生了好的印象，提高了消费者满意度、喜好度，从而促使消费者做出了购买决策。

【资料2-2】"张瑞敏先生砸冰箱"的故事

1985年，海尔从德国引进了世界一流的冰箱生产线。一年后，有用户反映海尔冰箱存在质量问题。海尔公司在给用户换货后，对全厂的冰箱进行了检查，发现库存的76台冰箱虽然制冷功能没有问题，但外观上有划痕。时任厂长的张瑞敏决定将这些冰箱全部当众砸毁，并提出"有缺陷的产品就是不合格产品"的观点，在社会上引起极大的震动。从此，这个大锤为海尔品牌名誉全国、走向世界打下了铁一样的基础。消息传播开来，提高了消费者对海尔品牌的好感。提出"真诚到永远"口号的海尔，用实际的行动表达了对消费者的态度。

"张瑞敏先生砸冰箱"的故事体现了企业及员工对待消费者的价值观——企业如果以市场为中心，以消费者为中心，重视消费者的利益，重视国家民族的利益，就能提升消费者对产品的满意度。

3. 从产品出发，实施整体营销策略

（1）开发令消费者满意的新产品（新服务）

对于企业而言，要提高品牌的消费者满意度，首先要保证不把消费者不满意的新产品（新服务）推向市场。企业往往要做很多的市场调研，以确定自己开发的新产品（新服务）是否能令消费者满意。

（2）提高消费者在购买产品（服务）过程中的体验感

售前。有些品牌由于"广告翻车"或"代言人翻车"，会引发消费者的不满。所以广告代言应该是企业重点关注的部分。

售中。在销售过程中，导购人员要为消费者着想，不能仅仅为了销售业绩而欺骗消费者。

售后。优秀的售后服务能消除消费者因产品（服务）存在问题造成的不满意。做好售后服务工作能收集到有用信息，帮助产品（服务）的改进。

（3）定期开展满意度调查

企业要定期开展消费者满意度调研。企业可以根据调研的结果，进一步地改进产品，以保持品牌在消费者心中的好印象。

4.培养优秀的员工

高素质的、充满活力和竞争力的员工，比好的硬件设施更能创造顾客满意，进而创造出优异的业绩。企业要为员工提供培训，授权员工做有利于提高消费者满意度的事情，并将此作为员工绩效评价的重要标准。

5.倾听消费者的意见

企业要建立一套消费者意见分析处理系统，收集能够反映消费者想法、需求的数据，等用科学的方法倾听消费者的意见。

6.与消费者加强沟通

加强沟通是使消费者满意的一个重要环节，只有加强与消费者的沟通，才能与消费者建立和谐的关系。企业要保证渠道畅通、反应快速，定期开展消费者关怀活动。

【资料2-3】

广汽 Honda 的"主动关怀"

广汽 Honda 推出了"客户经理制"，为每一位客户提供一对一的专业、专属服务，保证客户全程都能享受到广汽 Honda 的主动关怀。这个专属服务是由一个专属服务团队完成的，团队中的客户经理、专属销售顾问、专属客服专员、专属理赔顾问、专属续保专员、专属维修技师等，随时为客户提供服务，为客户排忧解难。

从客户进店的那一刻起，广汽 Honda 专属服务团队便开始搭建与客户沟通的纽带，让客户享受到专属、尊贵的服务体验。客户买完车，会享受隆重且有特色的交车仪式；客户有任何疑惑或车辆需要问诊，可以通过专属微信群得到最真挚最有效的解答；客户给爱车做保养或维修时，预约后即可享受专属接待和车位，不需要排队等待；专属服务顾问会根据客户爱车的使用情况，提示车主需要注意的事项。从看车到选车，从买车再到用车，广汽 Honda 为每一位客户量身定制了差异化的尊贵服务，无形中提升了客户对品牌的满意度和忠诚度。

二、消费者忠诚

（一）消费者忠诚的概念

消费者忠诚是指消费者由于对某一品牌或供应商持有强烈的正面态度而产生的对品牌或供应商的承诺行为，其表现形式为持续性地重复光顾和购买。消费者忠诚度是一个量化概念，指由于质量、价格、服务等诸多因素的影响，消费者对某一企业的产品或服务产生感情，形成偏爱并长期重复购买该企业产品或服务的程度。

（二）消费者满意与消费者忠诚的关系

消费者购买产品或服务感到满意后，不一定就会再次购买。消费者满意一般是一次性的，而消费者对某种品牌或企业由满意发展到忠诚后就会重复购买同一品牌的产品。另外，消费者忠诚对企业及其产品具有情感上的联系，而消费者满意则不存在这种联系。

消费者满意和实际购买行为之间不一定存在直接联系，满意的消费者并不能确保始终对企业忠诚。满意的消费者也并不总是比不满意的消费者更多地购买或更加忠诚。因此，消费者满意不等于消费者忠诚。

（三）影响消费者忠诚度的因素

1.产品或服务的质量

产品或服务的质量对消费者忠诚度有直接的影响。消费者对品牌的忠诚在一定意义上是对其产品质量的忠诚。只有过硬的高质量产品，才能真正在人们的心目中树立起"金字招牌"，从而受到人们的爱戴。

2.消费者满意

消费者满意是消费者忠诚的前提和基础。消费者的满意程度越高，则该消费者越会购买该公司的产品，对公司及品牌的忠诚越长久。

3.顾客让渡价值

顾客价值是顾客忠诚的最终驱动因素，是顾客忠诚的内在原因。消费者对于任何品牌、产品产生忠诚和信任的根本原因是消费者认为其价值高于自己所花费的成本。企业只有提供超越消费者期望的价值，消费者才会感到愉悦，才会表现出对品牌及产品的忠诚。

4.转换成本

转换成本，指消费者从一个供应商转向另一个供应商时所要付出的成本或代价。较高的转换成本构筑了较高的转换壁垒，会员制、积分返还等是目前企业常用的构筑转换成本、提高消费者忠诚度的重要手段。

5.购物的便捷性

购物的便捷性会影响人们对品牌的忠诚度。比如，很多人会长期而固定地选择一家超市进行购物，原因仅仅就是这家超市的距离很近。我们将这种由于方便或惰性而形成的忠诚称为惰性忠诚。但这种忠诚并不牢固，一旦用户发现了更加方便或更为满意的目标之后，这种忠诚也就随之减弱、消失了。

除此之外，经济实力、购物环境、社会因素、教育程度等因素也在不同程度上影响着消费者的忠诚度。

【教学互动 2-2】

来自客户忠诚调查的一组数据：一个不满意的客户至少要向另外 11 个人诉说不满。忠诚的客户能给企业带来源源不断的新客户：一个忠诚的老客户可以影响 25 个消费者，诱发 8 个潜在客户产生购买动机，其中至少有一个人会产生购买行为。如果客户忠诚度下降 5%，企业利润则将下降 25%。

互动问题：根据上面这组数据，说说你有什么想法。

(四)如何提升消费者忠诚度

1. 深刻了解消费者的价值取向及需求

要提高客户的忠诚度，首先要知道哪些因素将影响客户的价值取向。企业为了提高客户的忠诚度，要了解客户需求的变化，通常可以采取满意程度调查的办法。但在科学技术发展、竞争日益激烈的今天，除了了解客户的物质需求外，更应寻求了解客户的其他需求。

2. 从产品质量、价格等方面吸引消费者

(1)产品质量

产品质量的优劣对消费者忠诚的建立起着至关重要的作用。一个产品质量不可靠的企业是没有发展前途的，也是不被消费者所信任的。产品质量是消费者忠诚的基础。

(2)价格

合理的价格是消费者接受产品的前提。为了吸引更多的消费者，提高消费者的忠诚度，企业要建立科学灵活的价格机制。企业要准确把握市场行情，适时调整价格，减少竞争对手的价格诱惑对消费者忠诚度的影响。

(3)服务

从服务的角度来讲，消费者满意心理的形成源于消费者感知到了服务质量。要把满意落实到每次的服务过程中，与消费者建立起长期的互利合作关系。同时，为消费者提供满意的服务，并不意味着要为消费者提供一成不变的服务，可以在服务流程中做一些令消费者兴奋的"小文章"，开展一些特色服务。

要点巩固

一、单选题

1. 消费者的购买决策过程一般分为五个阶段，第一个阶段是( )。

A. 需要认知　　　　B. 信息收集　　　　C. 方案评价

D. 购买决策　　　　E. 购后评价

2. 2009 年，著名的消费者行为学学者( )提出了"数字化消费者行为"的概念。

A. 菲利普·科特勒　B. 尼葛洛庞帝　　　C. 杰罗姆·麦卡锡

D. 迈克尔·R. 所罗门

3. ( )消费者没有明确的购买计划，对外界刺激敏感，凭直观感觉从速购买。

A. 经济型　　　　　B. 冲动型　　　　　C. 疑虑型

D. 从众型　　　　　E. 想象型

二、多选题

1. 根据消费者购买目标的确定程度划分，消费者购买行为类型分为( )。

A. 确定型　　　　　B. 半确定型　　　　C. 不确定型

D. 理智型　　　　　E. 经济型

2.对服务产品的品质进行认知，通常需要一套不同于物质产品的评价标准，这套标准包括(　　)。

A. 有形因素 B. 可靠性 C. 响应性

D. 承诺性 E. 移情

三、简答题

1.大学新生购买电脑时用的是哪些信息源？

2.根据所学知识，分析自己购买手机的决策过程及购后感受。

3.数字化消费者行为有哪些特征？

4.如何提升消费者满意度？

5.如何提升消费者忠诚度？

即学即用

一、案例分析1

相信去过海底捞的小伙伴都会发出这样的感叹："服务真的是太贴心了!"是的，海底捞作为一家火锅品牌能一步步走进消费者的内心，靠的就是"服务"两个字。即使是一个人去吃也不会感到尴尬，全程随叫随到，还会贴心地为顾客讲解食材的由来和历史。用餐的过程中完全解放双手，服务员会帮你下好菜，顾客只需要吃就是了，更会细心地提醒你什么菜煮多久就可以吃了。除此之外，还免费提供擦鞋和美甲服务，让男士和女士都体验到暖心的服务，让顾客有一种宾至如归的感觉。

问题：1.海底捞如何做到了让顾客满意？

2.海底捞的案例对企业经营有何启示？

二、案例分析2

鸿星尔克、蜜雪冰城、老乡鸡、汇源……似乎一夜之间这些品牌掀起了一场"国潮"，网红品牌、国产品牌开始迅速崛起。这里不仅有传统品牌，很多新晋品牌也很快家喻户晓。今天的消费者只需要一部手机就可以实现对一切的"掌控"，他们正是国潮品牌崛起的推动者。

"未来的十年里大家将共同经历全场景、全链路的数字化，人们获取的80%以上的信息都来自手机、电脑这些线上的链路。"80后、90后、95后，是中国消费的生力军，也是数字化消费者的主流，他们喜欢在"618"和"双11"购买东西，也喜欢消费价格昂贵的潮牌，他们是情绪复杂、思想多元、情感丰富的群体。

材料来源：https://www.sohu.com/a/484302769_664354？scm = 1002.2715008b.0.SHARINGAN_PC_FINANCE，有改动。

问题：试用所学知识分析数字化消费者的购买决策过程。

个体影响篇

第三模块

项目三 影响消费者行为的心理因素

学习目标

*职业知识目标：

1. 了解消费者认识过程、情感过程和意志过程的内容和三者之间的关系。
2. 了解感觉和知觉的含义、分类。
3. 理解错觉和知觉风险的产生和降低知觉风险的途径。
4. 了解情绪情感的内容和特点，理解情绪情感的意义和效能。

*职业能力目标：

能够根据消费者的情绪表现来分析其心理特点。

学前思考

为什么直播间里的围观者看到带货主播就忍不住刷单？

思政案例

中国包子铺开到哈佛门口 老美排长队等 几周销售破 2 亿！

中国包子风靡北美，位于美国波士顿剑桥镇的哈佛广场的 Tom's BaoBao 在当地已经成了现象级食品，美国人称其为一种独特的中式三明治。

一个包子 40 元，每天还要排长队购买，甚至还吸引了《波士顿环球报》《今日美国》等主流媒体轮番为其报道，就连哈佛市长也亲自来为它站台！这就有点厉害了，这家包子店的老板童启华到底是怎么做到的？

2016 年 7 月，童启华终于将 Tom's BaoBao 包子店开到了美国，简约大气、略带中国风的装修，操作台完全对外敞开，采用玻璃窗，供人观赏整个制作过程，从视觉上满足了消费者对于包子的好奇。短短几周时间，Tom's BaoBao 的销售额就突破了 2 亿，成绩出乎意料地喜人。

由于很多外国朋友不了解包子，所以童启华还专门为他们准备了三份说明，一份是菜单，一份是关于包子的工艺解说，还有一份是有关包子的四种感觉：视觉、触觉、味觉、嗅觉。

材料来源：http://cnews.chinadaily.com.cn/2017-01/06/content_27880017.htm，有改动。

思政导言

唯有匠心不死，方能做出好产品，才能吸引消费者。怀着复兴中国传统包子文化的志向，用一颗匠心做包子的包子店老板童启华，从视觉、触觉、味觉、嗅觉等角度让客户感知和了解到了中国的包子。除了包子，还有很多中国本土小吃红遍了大江南北，成为国际爆款。童启华成功的案例说明了企业在注重产品质量的同时，还要唤起消费者的情感需求，这样才能抓住消费者。

理论精讲

任务一　消费者的心理活动过程

消费者的心理过程是指消费者在购买过程中产生和变化着的心理现象。心理活动是消费者行为的基础，是影响其行为的首要因素。根据心理活动过程的不同形态和对消费者行为的不同影响作用，消费者的心理过程可分为认识过程、情感过程和意志过程。它们是统一的、密切联系的三个方面。

【同步案例 3-1】

克拉克奶球糖的销售奇迹

国外有一个有名的案例，那就是史哲维·克拉克奶球糖的销售奇迹。奶球糖最佳的潜在消费者是略微懂事的儿童，他们在购买糖果方面显得机灵、谨慎和多疑。"为了买糖果，我的零花钱总是用不了太久。""不是我吃得越来越快，而是糖果变得越来越小。"因此"耐吃"正是小朋友们购买糖果时的重要考虑因素。于是，克拉克奶球糖公司将糖果装在了盒子中，而不是包装纸中，一盒有 15 颗，小朋友们可以慢慢地一颗一颗地吃，一盒奶球糖比其他的糖吃得更久。相应地，克拉克奶球糖的销量也就迅速增加了。

问题：克拉克奶球糖公司的成功说明了什么？

提示：克拉克奶球糖公司对消费者的心理进行了深入理解和运用。

一、消费者的认识过程

认识是消费者心理活动的初始阶段，是消费者心理过程的起点，也是消费行为的基础。消费者对商品或服务的认识，通常经过由现象到本质、由简单到复杂的一系列过程。认识过程包括认识的形成阶段和认识的发展阶段。

1. 认识的形成阶段(感性阶段)

消费者通过对外界信息进行接收、整理、加工、贮存，从而形成对商品或服务的各种认识，这一过程就是认识的形成阶段。消费者认识的形成阶段是消费者认识形成的起点和第一阶段。

【同步思考3-1】

问题：你为什么选购某款产品？消费者通常会说："我经过了对比啊！我发现这款产品适合我。""为什么你觉得这款适合你呢？"消费者在绕了一大圈后回答："因为我就喜欢啊！"

提示："我就喜欢"本质上是感性的。

2. 认识的发展阶段(理性阶段)

在认识的形成阶段之后，消费者将感性认识发展到理性认识，从而形成消费者认识的完整体系。消费者的理性认识阶段的心理机能包括注意、记忆、思维、想象、联想等。

【同步案例3-2】

疫情防控离不开消费者的理性力量

疫情防控处在关键阶段，为凝聚你我力量、共渡抗疫难关，中国消费者协会向广大消费者发出倡议：科学防疫，理性购物，依法维权，主动监督，为打赢这场疫情防控的人民战争贡献一份力量。

中消协的这一倡议很必要也很及时。在新型冠状病毒肺炎疫情肆虐的当下，人们的生活、工作都受到了很大影响，口罩等防疫物品也暂时出现了短缺，一些消费者焦虑惊惶，纷纷抢购口罩、消毒液等商品。

这也给了不法商家以可乘之机，他们利用公众的恐慌情绪，销售假冒伪劣产品，或是哄抬物价，发"疫情财"，扰乱了消费市场的正常秩序，影响了防疫工作的开展，甚至会增加消费者感染的风险，破坏公众防疫抗疫的信心与勇气。

材料来源：https://www.cca.cn/ztbd/sub/450.html，有改动。

问题：请你谈谈消费者应该如何理性地认识消费行为。

提示：疫情防控离不开消费者的理性力量，消费者要理性消费，要擦亮眼睛，保持定力，增强防范意识和维权意识。正如中消协倡议的那样，不轻信、不购买、不使用未经官方认可的防疫抗疫物品，按照官方推荐的防疫措施积极做好个人防护。

二、消费者的情感过程

在实际生活中，消费者的购买行为并不都是理智的。在不少场合，消费者的情绪在起主要作用，消费者的购买行为常常是为了追求一种情感上的满足或自我形象的展现。人的任何活动都有感情色彩，从而对人产生积极或消极的影响。消费者的态度体验可能是肯定的态度，也可能是否定的态度。当采取肯定态度时，消费者会产生喜悦、满意、愉快等内心体验；当采取否定态度时，则会产生不满、忧愁、憎恨等内心体验。

消费者在需要和动机的驱使下进行购物活动，在购物活动的不同阶段会产生不同的情感体验。这种情感体验一般可分为悬念阶段、定向阶段、激情阶段、购买阶段和买后感受阶段。

1. 悬念阶段

消费者根据购买目的，了解商品，产生购买需求，但未付诸购买行动，此时消费者处于一种不安的情绪状态之中。如果需求非常强烈，不安的情绪会上升为一种急切感。

2.定向阶段

消费者对于所需要的商品形成初步印象，此时，情绪获得定向，即对某消费目标趋向于喜欢或不喜欢，趋向于满意或不满意。

3.激情阶段

若在定向阶段，消费者的情绪趋向于喜欢和满意，这种情绪在激情阶段会获得明显强化，强烈的购买欲望迅速形成，并可能促成购买行为。

4.购买阶段

消费者对商品进行全面评价。由于多数商品很难同时满足消费者多方面的需求，因此，不同的情绪体验会出现矛盾和冲突。若积极的情绪占主导地位，情感、理智统一，就会做出购买决定。

5.买后感受阶段

消费者对所购商品和使用情况进行重新评估，对需求的满足程度和动机的效果进行再次体验。

三、消费者的意志过程

(一)消费者意志过程的概念与特征

1.消费者意志过程的概念

消费者经历了认识过程和情感过程之后，是否采取购买行动，还有赖于消费者心理活动的意志过程。意志是指人们为了实现一定的目的，在行为上所做出的自觉的坚持不懈的努力。在消费活动中，消费者除了对商品进行认识和情绪体验之外，还要经历意志过程，以此确定购买目的并排除各种主观因素的影响，采取行动实现购买目的。因此，消费者的意志过程是指消费者在购买活动中有目的地、自觉地支配和调节自己的行动并选择一定手段，克服各种困难，实现既定的购买目标的心理过程。如果说消费者对商品的认识活动是外部刺激向内在意识的转化，那么，意志活动则是内在意识向外部行动的转化。只有实现这一转化，消费者的心理活动才能现实地支配其购买行为。

2.消费者意志过程的特征

(1)有明确的购买目的

消费者的意志是在有目的的行动中表现出来的，消费者在购买过程中的意志活动是以明确的购买目的为基础的，这个目的是自觉的、有意识的。如，有的消费者省吃俭用就是为了购买盼望已久的耐用消费品；有的消费者为了满足旅游的爱好，而把大部分工资用于出游。这些购买行为预先有明确的目的，并有计划地根据目的去支配和调节自己的购买行动。因此，在有目的的购买行为中，消费者的意志活动体现得最为明显。

(2)与排除干扰和克服困难相联系

消费者的意志行动是有明确的目的的，而目的的确定和实现，是会遇到种种困难的，排除干扰和克服困难的过程就是消费者的意志行动过程。在现实生活中，消费者为达到既定目的而要排除的干扰和克服的困难是多方面的。如，在挑选商品时，面对几种自己都喜爱的商品时，或在购买较高档的商品，但经济条件又不允许时，或在自己对商品的质量难以判断时，购买信心就会不足。这时必须考虑选择或重新物色购买目标，或者克服经济上的困难，去实现自己的购买目的。

（3）调节购买行为全过程

意志对人的行为具有巨大的调节功能。当目的不能达到、计划不能实现时，意志能使人改变目标、计划或选择另外的方式、方法。意志对行动的调节包括发动行为和制止行为两个方面。前者表现为以积极的情绪推动消费者为达到既定目标而采取的一系列行动；后者则抑制消极的情绪，制止与达到既定目标相矛盾的行动。这两方面使消费者得以自主地控制购买行为的发生、发展和结束的全过程。

（二）消费者购买活动的意志过程

消费者的意志过程是一个复杂的作用过程，其中包括做出购买决定、执行购买决定、体验执行效果三个相互联系的阶段。

1. 做出购买决定阶段

做出购买决定阶段是意志行动的初始阶段，决定着意志行动的方向和行动计划，包括购买目的的确定、购买动机的取舍、购买方式的选择和购买计划的制订，实际上是购买前的准备阶段。任何消费行为都是由一定的需要、动机引起的。但在同一时间或期间内，消费者同时有多种需要，也就会同时产生多种购买动机。对于多数消费者来说，不可能在同一时间内满足所有需要，因而就会产生购买动机的冲突。意志活动的第一作用就是解决这种冲突，根据需要的重要程度和轻重缓急，确定出最主要的购买动机。消费者在购买动机确定之后，还要确定具体购买对象。因为同类商品会有质量、档次、价格等方面的差异。消费者确定购买对象之后，还要制订购买行动计划，保证购买目标的实现。如购物时间的确定，购买场所的选择，开支有多少等，这些都需要在意志活动的参与下确定。

2. 执行决定阶段

执行决定是消费者意志过程的完成阶段，它是消费者根据既定的购买目的购买所需的商品，把主观上的、观念上的购买决定转化为现实购买行动的过程。这一过程在现实生活中有可能遇到一些困难和障碍。所以，执行购买决定是真正表现意志的中心环节，它不仅要求消费者克服自身的困难，还要排除外部的干扰，为实现购买目的做出一定的意志努力。

3. 体验执行效果阶段

体验执行效果阶段是指在购买商品后，消费者在消费过程中的自我感觉和社会评价。完成购买行为后，消费者的意志过程并未结束。通过对商品的使用，消费者还要体验执行购买决定的效果，如商品的性能是否良好、使用是否方便、外观与使用环境是否协调、实际效果与预期是否相符等。在上述体验的基础上，消费者将评价购买这一商品的行为是否明智。这种对购买决策的检验和反省，对今后的购买行为有重要意义，它将决定消费者今后是重复购买还是拒绝购买，是扩大购买还是缩小购买该商品。

(三)意志过程与认识过程、情感过程的关系

通过对消费者的认识过程、情感过程、意志过程的分析可以看到,消费者购买行为的心理活动实际上是这三个过程的统一,三个过程协同作用,构成了消费者完整的心理,左右着消费者的购买行为。

1. 消费者心理活动中的认识、情感和意志三个过程,互相影响,彼此渗透。一般来说,消费者完成了一次购买行为,其心理活动过程也就随之基本结束了。之所以说是"基本结束",是因为顾客在使用商品的过程中所产生的情感体验、新的认识等还将影响下一次的购买行为。

2. 认识过程的深度对意志过程中克服困难的努力程度有影响,意志过程给认识过程以巨大的推动力,可以使消费者的认识更广泛、更深入地发展,从而提高购买活动的主动性和自觉性。反过来,意志过程对深化和加强认识过程也有影响。

3. 情感过程中的情绪状态对意志过程中克服困难的努力程度有影响。反过来,意志过程对情感过程中的情绪变化和发展也会发生影响。意志过程有赖于情感过程,又能调节情感过程的发展和变化,情绪既可以成为意志过程的动力,也可以成为意志过程的阻力。

【同步思考3-2】

近几年,盲盒经济火热,成为一种新的消费形式。但在近期,中消协发出消费提示,商家虚假宣传、过度营销、盲盒商品质量参差不齐等问题不断涌现。

问题:请你谈谈如何促进盲盒经济健康发展。

提示:盲盒经济作为一种新型消费模式,带来了新体验、新机遇、新可能。盲盒经济火热,是因为消费者有着购买热情和购买力,同时也反映出盲盒消费者在购买盲盒时的非理性一面,因此,消费者要加强对盲盒产品的认识,树立理性、绿色、开放包容的消费理念。

(四)消费者的主要意志品质对行为的影响

意志品质是消费者意志的具体体现。意志品质,指意志过程所呈现出的基本特征,如意志坚强或意志薄弱等。在购买活动中,我们常常可以观察到消费者的购买行为带有各种显著的特征。例如,果断或犹豫、沉着或草率、迅速或彷徨、冷静或冲动等。消费者的意志品质与其个性心理特征密切相关,并对消费者行为产生影响。

1. 自觉性

自觉性是指消费者对要进行的购买活动的目的和动机有清楚而深刻的认识,并受坚定的信念所控制,使行动达到既定目的。自觉性是产生坚强意志品质的基本条件。具有自觉性的消费者在购买活动中不盲从、不鲁莽、不易受广告信息和购物环境的影响。因为他们的购买目的和行动计划往往是经过了深思熟虑之后制订的,并且对实现目的的重要性、正确性及手段做出了周密的考虑和安排,因而购买行为会比较坚定和有条不紊。而缺乏自觉性的消费者在购买活动中缺乏信心和主见,易受别人的暗示或影响,购买行为没有计划性。

2. 果断性

果断性是指消费者能够迅速地分析购买过程中发生的情况,不失时机地做出购买决定

并坚决执行。果断性是以自觉性为前提的。富于果断性的消费者在购买活动中，能够根据所获得的信息迅速做出决定，而一旦做出决定，没有特殊情况，不会轻易改变。而缺乏果断性的消费者在购买活动中，通常优柔寡断，缺乏主见，从而坐失良机。

3. 自制性

自制性是指控制自己的感情、支配自己的行动、保持充沛的精力去克服困难争取胜利的能力。富于自制性的顾客在购买活动中，能够自觉地、灵活地控制和支配自己的情绪，约束自己的购买行为，即使在众人的鼓动下，也会冷静地权衡是否购买。缺乏自制性的消费者在购买活动中往往容易感情用事，在缺乏理性思考的情况下，不能控制自己的言行，这样就会激化矛盾，不仅影响购买行为的完成，还会造成心理上的伤害。

4. 坚韧性

坚韧性是指消费者以坚韧的毅力、顽强的精神克服困难，以完成各种艰巨复杂的购买任务的能力，即通常所说的毅力。富于坚韧性的消费者在购买活动中，一旦做出购买决定，就会千方百计地去完成，不怕困难和麻烦。在长期的购买计划上更能反映出坚韧性。而缺乏坚韧性的消费者做事只有三分钟的热情，在购买活动中稍遇挫折就放弃购买计划。

任务二　消费者的感觉

消费活动中的认识过程是从感觉开始的，当消费者与商品等对象发生接触时，就会借助人体的感觉器官感受商品的物理属性(如颜色、形状、大小等)和化学属性(气味、味道等)，形成对商品的粗略印象，从而形成对商品的各种感觉。然后，消费者通过深入的观察和分析，结合自己的知识与经验，形成对商品的认知。

【资料3-1】

没有感觉会怎样——感觉剥夺实验

1954年，心理学家贝克斯顿等在加拿大的麦吉尔大学进行了首例感觉剥夺试验研究。他们在付给大学生每天20美元的报酬后，让他们在缺乏刺激的环境中逗留。具体地说，就是让他们在没有图形刺激(被试须戴上特制的半透明的塑料眼镜)、限制触觉(手和臂上都套有纸板做的手套和袖子)和限制听觉(实验在隔音室里进行，用空气调节器的单调的嗡嗡声影响其听觉)的环境中，静静地躺在舒适的帆布床上。

实验结果：实验前，大多数被试以为能利用这个机会好好地睡一觉，或考虑论文、课程计划等。一个人只待了20分钟就要求出来，放弃了实验；三个人待了2天；时间最长的一个人待了8天，但是他眼光涣散，表情麻木。后来被试报告说，感到无聊和焦躁不安是最起码的反应。在实验过后的几天里，被试的注意力涣散，不能进行明晰的思考，智力测验的成绩不理想。接受感觉剥夺实验的被试中有50%报告有幻觉，其中大多数是视幻觉，也有被试报告有听幻觉或触幻觉。通过对被试脑电波的分析，证明被试的全部活动都严重失调。

一、感觉的概念

感觉是指人脑对直接作用于感觉器官(眼、耳、鼻、舌和皮肤)的外界客观事物的个别属性及其表面现象的反映,是我们日常生活中最常见的、最基础的心理现象。感觉是认识过程乃至全部心理活动的基础和起点。消费者通过眼、耳、鼻、舌、皮肤等感官形成视觉、听觉、嗅觉、味觉和触觉。

感觉也是一种最简单的心理现象,消费者通过感觉器官获得对商品的认识,再进一步通过知觉、记忆、思维等较复杂的心理活动去全面正确地认识商品。以感觉为基础,消费者才能在认识商品的过程中产生各种情感变化,确认购买目标,做出购买决策。反之,离开感觉,一切高级的心理活动都无从实现,消费者将失去与客观环境的联系,消费行为也无从谈起。

【同步思考3-3】

问题:为什么4D电影、VR游戏等被频繁地运用于品牌传播和营销推广之中呢?

提示:因为相比传统的广告,这些虚拟现实体验包括了视觉、听觉、触觉、嗅觉等多个维度,可以让人身临其境,有更好的体验。体验更为真实,也更为丰富。

二、感觉的分类

消费者每天都生活在一个被各种图像、颜色、声音、气味包围的世界之中,面对这些刺激,消费者会结合自身的经验和需要有选择地接收信息。在此过程中,消费者获得了感觉,并用它来解释周围的世界。感觉包括视觉、听觉、味觉、嗅觉、触觉等。

(一)视觉

视觉是人类最为复杂、高度发展和重要的感觉。视觉上的刺激主要包括颜色、外形、大小等。据研究,在人所获取的所有信息中,85%的信息通过视觉获得,10%左右通过听觉获得,其他分别来自嗅觉、触觉和味觉。可见,视觉是人们获得信息的最主要的渠道。

【资料3-2】

"七秒钟色彩"理论

美国流行色彩研究中心的一项调查表明,人们在挑选商品的时候存在一个"7秒定律":面对琳琅满目的商品,人们只需7秒钟就可以确定对这些商品是否有兴趣。在这短暂而关键的7秒钟内,色彩的作用占到67%,它是决定人们对商品好恶的重要因素。

(二)听觉

听觉和视觉起着相互补充的作用。人们经常在看见刺激之前就听见刺激,特别是当刺激出现在你的身后或是不透明物体(例如墙壁)的另一侧时。营销人员常用声音来影响消费者的感知、情绪与行为。比如,广告人员频繁地使用背景音乐来创造消费者与品牌之间的积极联系。

（三）味觉

味觉有 10 多种重要味感，其中甜、酸、咸、苦是 4 种基本味感。事实上，味觉并不是独立的，它常常与其他感觉相互影响。比如，吃东西的时候，经常既有口腔中的味道刺激舌头，又有气味刺激鼻孔，更有颜色刺激眼睛，即所谓的色香味俱全。

（四）嗅觉

嗅觉是由物体发散于空气中的物质微粒作用于鼻腔上的感受细胞而引起的。气味对化妆品和食物等商品的营销有特殊的重要性。

（五）触觉

触觉是皮肤表面承受某物体压力或触及某物时所产生的一种感觉。关于触觉刺激对消费者行为影响的研究相对较少，但日常观察告诉我们，触觉是很重要的。一项研究发现，在超市中，与消费者有轻微接触的食品导购员可以更成功地邀请顾客来品尝食物。

【同步案例 3-3】

色彩的作用

日本东京有个小茶馆，生意本来十分兴隆，店主人为了进一步招徕顾客，特意将四壁刷成浅绿色，并挂上了名人字画。不料，这个重新装饰过的茶馆在月末结账的时候发现收入少了一半。后来经人指点，老板才知道都是色彩惹的祸。于是，老板又把房间涂成了暗红色，茶馆依然门庭若市，收入也增加了。

问题：小茶馆的收入波动是什么原因造成的？

提示：浅绿色的房间让顾客感到惬意、雅致，起到了挽留顾客的作用，从而减少了消费人次。

三、感觉的特征

（一）刺激性

刺激性是指特定的感觉器官只接受特定性质的刺激。人对有些刺激能够感受到，对另一些刺激则感受不到。过弱的刺激，如落在皮肤上的尘埃，我们通常是感觉不到的。同样，过强的刺激，如频率高于 2000 赫兹的声音，我们也感受不到。刚刚能够引起感觉的最小刺激量被称为绝对阈限。感觉的绝对阈限不仅因感觉类型的不同而不同，而且会因人而异。比如，有的人对不同品牌的葡萄酒，在口感、甜度等方面一尝即知，而另一些人则很难感觉出其中的差别。

（二）感受性

感受性是指特定感觉器官对于外界刺激的强度及其变化的感受能力。感受性的能力大小是以感觉阈限的大小来度量的，两者成反比关系。感觉阈限指恰好能够引起感觉并持续一定时间和恰好不能引起感觉的刺激量。它可分为绝对感觉阈限和差别感觉阈限。

1. 绝对感觉阈限和绝对感受性

绝对感受阈限是指刚刚能引起感觉的最小刺激量。绝对感觉阈限测量感觉系统的绝对感受性。绝对感受性是恰好能感觉出刺激物最小刺激量的能力。这个刚能引起感觉的最小刺激量称为刺激阈限或感觉的下绝对阈限。当引起感觉的刺激量继续增加并超过一定限度时,该感觉就会受到破坏,引起痛觉。能够引起感觉的最大刺激量为上绝对阈限。绝对感觉规律是绝对感觉阈限和绝对感受性成反比关系。绝对感觉阈限越小,绝对感受性越强;反之,则绝对感受性越弱。人们的绝对阈值是有适应性的,感官刺激的边际效用可能会递减,如"入芝兰之室,久而不闻其香;入鲍鱼之肆,久而不闻其臭"。

2. 差别感觉阈限和差别感受性

差别感觉阈限,指消费者能察觉到的刺激变化的增量同原来刺激量之间的最小差别。差别感受性是人能感觉出两个同类刺激物的最小差异量的能力。图3-1中是可口可乐听装的包装和百事可乐品牌logo的前后对比。是不是如果不是这样明显地将它们放在大家面前,大家就未必可以感觉到他们已经改头换面了呢?只是会觉得好像有些不一样了,但又觉得还是之前的样子。品牌需要不断地给消费者新鲜感,但又不能变得太厉害。在消费者的差别感觉阈值以内,对产品或品牌的相关元素进行微调,就成了企业的营销策略之一。

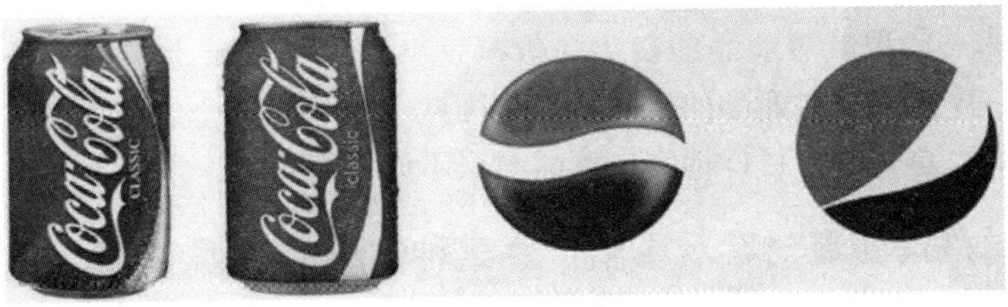

前　　　　后　　　　　　前　　　　后

图3-1　可口可乐听装包装和百事可乐 LOGO 的前后对比

(三) 适应性

适应性是指刺激物对感受器官持续作用,使其感受性发生变化的现象。当刺激持续作用于人的感官时,人对刺激的感觉能力会发生变化,这种现象叫感觉适应。通常,弱刺激可以提高人的感受性,强刺激可以降低人的感受性。如从暗处走到明处,受到阳光刺激,起初几秒钟什么也看不清,但很快视力就恢复正常了。在各种感觉中,视觉、嗅觉、味觉的适应性比较明显,痛觉的适应性很难发生,正因为如此,痛觉才是机体的警报系统。因此,商家需要调整营销信息的作用时间,经常变换刺激物的表现形式,通过特别的营销活动使消费者保持对商品的新鲜感。

(四) 关联性

关联性是指一种感觉器官的感受性因其他感觉器官同时受到的刺激而产生变化的现象。例如,两块黄瓤西瓜 A 与 B,A 加上红色食品颜料,B 不加红色食品颜料,被试往往认为染红的西瓜要甜一些，这就是味觉与色觉的相互作用。

【同步思考3-4】

研究发现，广告在我们脑中投射的感官体验，包括味觉、触觉、视觉和听觉，都会对我们的购买意愿产生非常有趣的影响。广告宣传如果强调的是更为远端的感官体验(视觉、听觉)，将会导致人们延迟购买；相反，如果突出更近端感官的体验(触觉、味觉)，则会较快地促成购买。

材料来源：陈邺《味觉与声音也会影响购买行为?》，《中国科学报》，2017-08-18，有改动。

问题：感官营销是如何影响消费者行为的？

提示：这份研究报告的首席作者说："感官营销在当今的竞争格局中日益重要。我们的研究表明，营销人员可以通过强调不同感觉的方法来使其产品和服务脱颖而出，并最终影响消费者的购买行为。"

四、感觉在营销活动中的应用

(一)感觉是消费者心理活动的基础

抓住消费者的心，就要抓住消费者的感觉。感觉使消费者获得对商品的第一印象。消费者对商品的第一印象或对商品的初步评价都是在感觉的基础上形成的。消费者只有在感觉的基础上，才能获得对商品的全面认识。因此，有经验的企业在设计、宣传自己生产或经营的产品时，总是千方百计地突出商品与众不同的特色。

(二)感觉是消费者对客观事物产生某种情感的依据

感觉可以引起消费者的某种情绪。营业环境的布置、商品的布局和颜色搭配、营业员的仪表，都会让消费者产生不同的感觉，引起不同的心境，进而影响购买。

(三)向消费者发出的刺激信号要适应人的感觉阈限

不同的人的感觉阈限是不同的，企业在调整价格和进行广告宣传时，向消费者发出的刺激信号应当适应消费者的感觉阈限。因此，商家应充分地利用感觉的各种特性，这样才有可能达到预期目的。

任务三　消费者的知觉

一、知觉的概念

知觉是人脑对直接作用于感觉器官的客观事物的各个部分和属性的整体反映。在认识过程中，消费者借助感觉器官对商品的个别属性进行感受，在感觉的基础上将各个个别的属性联系、综合起来,进行整体的认识,从而形成了对事物的完整印象,形成了知觉。感觉是知觉的基础,只能反映事物的个别属性;知觉比感觉更深入、完整,知觉能帮助我们认知事物的整体性。

消费者知觉,指消费者将由外部输入的各种各样的刺激加以选择使其有机化,并作为有意义的首尾一贯的外界印象进行解释的过程,即消费者分析综合所感觉到的东西之后的整体反映。由于消费者的知识、经验、兴趣爱好、情绪、个性特征和需要等方面存在差异,人的知觉具有一定的倾向性和差异性。消费者通过知觉,加深了对商品的认识,由对个别属性的认识上升到对整体的认识。

二、知觉的分类

(一) 根据知觉反映的事物特性分

根据知觉反映的事物特性,知觉可分为空间知觉、时间知觉和运动知觉。

1. 空间知觉

空间知觉是指人脑对物体的形状、大小、距离、深度、方位等空间特性的反映。空间知觉的主要信息是通过视觉和听觉获得的。

2. 时间知觉

时间知觉是人脑对客观事物的延续性和顺序性的反映,即对事物运动过程的先后和时间长短的知觉。时间知觉的主要信息是通过听觉、触觉和视觉来获得的。

3. 运动知觉

运动知觉是人脑对物体的空间位移和移动速度的反映,使我们可以分辨物体的静止和运动及其速度的快慢。

(二) 按照知觉的内容是否符合客观事实分

按照知觉的内容是否符合客观事实,可分为正确的知觉和错误的知觉(错觉)。

1. 正确的知觉,指那些能客观、准确地反映事物或现象本来面目的知觉。

2. 错觉,指在特定条件下对客观事物产生的某种偏离事实的知觉。常见的错觉有时间错觉、运动错觉、空间错觉等。

三、知觉的特征

(一) 知觉的整体性

知觉的整体性是指由不同部分构成的知觉对象虽然有多种属性,但是消费者一般不会将其知觉看作个别的、孤立的几个部分,而倾向于把知觉作为一个整体。消费者在认识商品的过程中,通常把商品的商标、价格、质量、款式等因素联系在一起,形成对该商品的整体印象,同时获得稳定的心理感受。所以,商家在营销过程中,要把着眼点放在整体上,使消费者获得充足信息,把自己的商品与其他商品区别开来。

(二)知觉的理解性

知觉的理解性是指消费者在知觉过程中会基于自己的经验和知识,将知觉对象按自己的意图做出解释,并赋予其一定的意义。消费者知觉的理解性受消费者自身的知识、经验、兴趣爱好等因素的影响。

根据知觉具有理解性的特点,商家的营销方法和内容等必须与消费者的知识、经验和理解能力吻合,要引导消费者准确地理解商品信息,避免出现片面的、错误的理解。

(三)知觉的恒常性

知觉的恒常性是指消费者不受观察角度、距离、光源等外部因素的干扰,能够保持对某些商品的一贯认知,如消费者对传统商品、名牌商标、老字号商店的认同感。

知觉的恒常性能使消费者在复杂多变的市场环境中提高消费时的安全系数,减少购买风险,但同时也容易导致消费者对传统产品产生的心理定式,阻碍其对新产品的接受。商家在营销过程中,可强调名牌商品与新商品之间的联系,进而带动新商品的销售。

(四)知觉的选择性

知觉的选择性,指消费者的感觉器官的接受能力有限,因而当消费者在接收复杂多样的商品信息时,总是有选择地注意某一种事物特征(即将其作为知觉对象),而不注意其他事物特征(即将其作为知觉背景)。

另外,消费者的防御心理也潜在地支配着他们对商品信息的知觉选择。当某种带有伤害性或于己不利的刺激出现时,消费者会本能地采取防御姿态,关闭感官通道,拒绝信息的输入。有研究表明,平均每天潜在地显示在消费者眼前的广告信息达 1500 个,但被感知到的广告只有 75 个,而产生实际效果的只有 12 个。因此,具有某些特殊性质的消费对象往往容易首先引起消费者的知觉选择。

(五)知觉的偏差性

在现实生活中,消费者并不总是能够准确无误地认识商品,知觉有时会偏离事物的本来面目,导致知觉的偏差。常见的知觉偏差有晕轮效应、近因效应、首因效应和刻板效应。

知觉的过度偏差就是错觉,错觉是一种知觉的歪曲状态,也就是把实际上的事物歪曲地感知为与实际完全不相符的样子。

在现实消费活动当中,由于消费者在需要、兴趣和经验等方面的差异,错觉现象广泛存在。例如,很多人坚信"好货不便宜,便宜没好货",因而对物美价廉的商品产生了质量错觉。错觉对营销活动既有积极的一面,也有消极的一面。营销活动可以巧妙利用消费者的错觉吸引消费者的注意,刺激消费。消费者在生活中,要采取积极措施来识别错觉,防止受骗上当,买到货真价实的商品。

【同步案例 3-4】

利用颜色对比错觉,提高经济效益

日本三叶咖啡店的老板发现不同颜色会使人产生不同的感觉,但选用什么颜色的咖啡杯最好呢？于是他做了一个有趣的实验：邀请了30多人，每人各喝4杯浓度相同的咖啡，但4个咖啡杯分别是红色、咖啡色、黄色和青色。最后得出结论：几乎所有的人都认为红色杯子中的咖啡太浓了；认为咖啡色杯子中的咖啡太浓的人约有三分之二；多数人认为黄色杯子中的咖啡浓度正好；多数人认为青色杯子中的咖啡太淡了。此后，三叶咖啡店一律改用黄色杯子盛咖啡，这样既节约了成本，又使顾客对咖啡的浓度感到满意。

问题：运用相关知识说明该咖啡店是如何让消费者满意的。

四、知觉在营销活动中的应用

(一)知觉的选择性有助于消费者确定购买目标

知觉的选择性可帮助消费者在众多的商品中快速找到符合自己既定购买目标的商品，同时排除那些与既定购买目标不符的商品。企业应根据知觉选择性的特点，使企业的营销信息被消费者所选择。

(二)利用知觉的理解性与整体性提高广告宣传效果

知觉具有理解性和整体性的特点，消费者能够凭借以往的知识、经验，把商品知觉为一个整体。因此，在向消费者提供信息时，企业要针对购买对象的特性，保证营销方式、内容等与信息接收人的文化水准和理解能力吻合，保证信息被迅速、准确地理解。根据知觉整体性这一特点，在广告设计时，要把着眼点放在整体上，使消费者获得充足的信息，认识到整体、协调的商品形象。

(三)利用知觉的恒常性促进商品销售

知觉的恒常性是消费者连续购买某种商品的一个重要因素。企业可以通过名牌商品带动其他商品的销售，或通过畅销的老商品带动新商品的销售。

【同步案例3-5】

星巴克与消费者的互动

自星巴克这一品牌诞生以来，星巴克的管理者从来不认为他们的产品只是简简单单的咖啡。星巴克真正想做的，是通过咖啡这一媒介让顾客获得独特的生活体验。为了保证每一杯星巴克咖啡的绝对纯正，星巴克每年都投入大量的资金和时间为星巴克咖啡店的雇员进行严格而系统的训练，直到他们掌握每一种咖啡的制作方法与相关知识为止。因此，在星巴克店内，顾客可以与雇员们交流咖啡的相关知识和制作技巧，每一位星巴克的员工都会用自己全面详细的知识为顾客带来周到完善的体验。研究表明：三分之二成功企业的首要目标是满足客户的需求和与客户保持长久的关系。星巴克要求每一位服务员都能够预感客户的需求。另外，星巴克更擅长咖啡之外的体验，如气氛管理、个性化的店内设计、暖色灯光、柔和音乐等。顾客的参与度越高，就越容易对品牌产生亲切感，于是就有了一种"星巴克品牌属于消费者"的信任感。

材料来源：https://wiki.mbalib.com/wiki/Marketing_analysis，有改动。

问题：运用所学知识对星巴克与消费者的互动进行分析。

任务四 消费者的情绪与情感

一、情绪、情感的概念

在日常生活中，人们对情绪与情感并不做严格的区分，但在心理学中，情绪和情感是有区别的两种心理体验。

情绪一般指生理的需要与较低级的内心体验，如吃饱了感到满足等。情绪一般由特定的情境引起，并随着情境的变化而变化。因此，情绪表现的形式是比较短暂和不稳定的，具有较大的情境性和冲动性。某种情境一旦消失，与之有关的情绪就立即消失或减弱。情绪一般是外显的，可以从人的外部表现观察到，如笑、哭、忧伤、怨恨等。

情感是与人的社会性需要和意识紧密联系的内心体验，是深层次的，具有较强的稳定性和长期性，它不会随着活动的结束而消失，还会长期存在并可能得到发展。在消费活动中，情感对消费者心理与行为的影响相对长久和深远。

【教学互动 3-1】

互动问题：情绪就是情感吗？请分析情绪与情感的联系与区别。

互动要求：小组讨论 5 分钟，小组代表发言。

二、情绪、情感的特征

(一)情绪、情感的两极性

1. 肯定性和否定性的两极对立

肯定性的情绪和情感有高兴、喜欢、愉快、热爱、满意等；否定性的情绪和情感有厌恶、悲哀、憎恨、绝望、恼怒等。

2. 积极和消极的两极对立

积极的情绪能增强人的活动能力，促使人积极地行动。消极的情绪能降低人的活动能力。在有些情况下，同一情绪可以既有积极的性质，又有消极的性质。如在危险情境下产生的恐惧情绪既会抑制人的行动、减弱人的精力，又可以驱使人发挥自己的能力同危险情境进行斗争。

3. 紧张和轻松的两极对立

紧张和轻松一般与人所处的情境、面对的任务等有关。当人所处的情境直接影响个人重大需要的满足时，或面临重大任务需要完成时，人的情绪就紧张起来；相反，则比较轻松。

4. 激动和平静的两极对立

激动的情绪表现为强烈的、短暂的、爆发式的心理体验，如激愤、狂喜、绝望。与激动的情绪相对立的是平静的情绪。人们在大多数情况下是处在平静的状态之中的，在这种状态下，人们能从事持久的智力活动。

5. 强与弱的两极对立

许多情绪都有从弱到强的等级变化。情绪的强度越大，人被情绪影响的程度越大。

（二）情绪、情感的扩散性

1. 内扩散

情绪的内扩散，表现为主体对某一对象产生的某种情绪体验，会使得主体对其他对象产生同样的情绪体验。

2. 外扩散

一个人的情绪会影响到别人，使别人也产生相同的情绪，这叫作情绪的外扩散。

【同步思考3-5】

问题：为什么平安夜的苹果可以卖到十几元一个？

提示：因为平安夜的苹果提供了某种情绪价值。在平安夜这个特殊场景中，苹果不仅仅是用来吃的，还有"祝福和平安"的情绪价值。

三、消费者情绪、情感的效能

（一）影响消费者的认知能力

情绪、情感可以影响消费者的注意力、社会知觉、自我知觉等。

（二）影响消费者的动机和态度

情绪、情感可以影响消费者购买商品的动机和态度。

（三）影响消费者的活动效率

适宜的情绪水平可以提高消费者的活动效率。而过高或过低的情绪水平都不能使消费者产生最佳的活动效率。因为过低的情绪水平不能激发人的能力，过高的情绪水平则会对人的活动产生干扰作用。

（四）影响消费者的体力

消费者在积极的情绪状态下有更充沛的体力和精力来完成购买行为，而在消极的状态下，消费者会更容易出现疲劳的现象。

【同步思考3-6】

高手才用的音乐营销催眠术

根据心理学研究，在餐厅里播放古典音乐能鼓动顾客更多地消费。同时，不太精致的流行乐则会导致人们用餐时的消费减少10%。

英国的心理学家表示，如果在酒庄里播放是法国音乐，消费者会把聆听音乐时的注意力放到相对应的产品上。结果，法国红酒的销售量会比以前提高70%。

问题：音乐引起的消费者情绪变化对消费行为有什么影响？

四、影响消费者情绪、情感变化的主要因素

影响消费者情绪、情感变化的因素是多方面的，既有外界事物变化的刺激因素，也有消费者自身的个性特征，具体表现在以下几个方面。

(一) 商品特性

商品是影响消费者的情绪、情感形成与变化的重要因素。商品作为一个整体，其使用价值、外观和附加利益往往会影响消费者的情绪、情感。商品不仅是一种有形的物体，而且还包含着无形的因素，其特性影响着消费者的情绪和情感，从而进一步影响着消费者的购买行为。

(二) 购物环境

消费者的购买活动总是在一定的环境中进行的，消费者购物时的情绪受到环境的影响。美观整洁的商场、品种齐全的商品、清新的空气、适宜的温度、轻松的音乐、热情周到的服务等，都会使消费者处于舒畅、愉悦的情绪中，激发其购物的欲望。相反，脏乱和嘈杂的环境则会使消费者产生烦躁和压抑的情绪，以至于唯恐避之不及，匆匆离去。

(三) 消费者的个性特征

消费者的个性特征主要包括选购能力和性格特征等。这些个性特征会影响消费者购买时的情绪。例如，有的消费者的选购能力差，面对众多的商品时会感到手足无措，会产生放弃购买的心理；活跃、爽朗的消费者在消费过程中会保持一种积极向上的消费心情；性格沉闷、内向的消费者则表现出消极的情绪状态。

(四) 服务品质

1. 服务员的服务质量

如果服务员主动热情、耐心周到地为顾客服务，那么顾客会觉得受到了尊重，形成安全感和信任感。高质量的服务能够提高企业的知名度和美誉度，产生比广告宣传更好的效果。

2. 商家或厂家的售后服务质量

售后服务质量的好坏也会影响消费者的情绪、情感。商品出现问题时，消费者如果能得到商家或厂家及时有效的售后服务，便能够消除后顾之忧。在这种情况下，消费者会心情舒畅，真正体会到什么是"顾客至上"。反之，消费者会心情抑郁，悔不当初。

【同步案例 3-6】

善用让人疯狂的情绪价值

2020 年 2 月 13 日，小米的发布会改为线上形式，雷军一个人讲了将近两小时。如果你不是"米粉"，你可能会觉得这两个小时冗长又无聊。但这次直播的效果非常好。发布小米 10 系列之后，小米与天猫联合在 2 月 14 日推出了"小米天猫超级品牌日"。官方透露，小米 10 系列首卖便获得单品销量/销售额冠军，销售额超过 3 亿元。

材料来源：https://baijiahao.baidu.com/s? id = 1658677072132127273&wfr = spider&for =pc，有改动。

问题："米粉"为什么对小米的产品这么有热情？

提示：小米在持续、稳定地给粉丝提供参与感，比如："100 个梦想的赞助商""橙色星期五""红色星期二""米粉节"等。十多年来，小米一直在为用户提供稳定的情绪价值。因为，一旦无法提供稳定的情绪价值，用户就有可能"脱粉"。

要点巩固

一、单选题

1.（　　）是人脑对直接作用于感觉器官的当前客观事物的个别属性的反应。

A. 感受　　　　　　　B. 感觉　　　　　　　C. 认识　　　　　　　D. 知觉

2. 消费者的绝对感觉阈限值越小，其感受性（　　）。

A. 越大　　　　　　　B. 因人而异

C. 越小　　　　　　　D. 不受绝对阈限值的影响

3. 当消费者具有两种以上倾向选择的目标，而只能从中选择某一项时，所面临的动机冲突是（　　）。

A. 双趋冲突　　　　　B. 双避冲突　　　　　C. 趋避冲突　　　　　D. 以上都不是

4. 为了引起人们的兴趣，广告设计者往往喜欢在广告画面上空出一部分来，让观者自己去补充。这种利用"残缺"的画面使人形成完整印象的设计理念充分利用了知觉的（　　）。

A. 选择性　　　　　　B. 整体性　　　　　　C. 理解性　　　　　　D. 恒常性

5. 很多商家在定价时，会使用"399""1.99"等数字，而较少采用"401""2.01"等，这是利用了知觉的（　　）。

A. 选择性　　　　　　B. 整体性　　　　　　C. 理解性　　　　　　D. 恒常性

6. "士别三日，当刮目相看"的典故是（　　）的体现。

A. 首因效应　　　　　B. 投射效应　　　　　C. 近因效应　　　　　D. 刻板效应

二、多选题

1. 消费者在购买活动中的情绪过程大体可分为（　　）等阶段。

A. 冲突阶段　　　　　B. 定向阶段　　　　　C. 悬念阶段

D. 强化阶段　　　　　E. 弱化阶段

2.为减少购买可能带来的风险,有效的办法是( )。

A.收集更多的信息   B.购买前深思熟虑

C.建立对品牌的信赖   D.提高心理承受能力

3.消费者知觉的基本特征有( )。

A.整体性   B.理解性   C.偏差性

D.选择性   E.恒常性

三、简答题

1.简述消费者情绪、情感的表现形式。

2.简述降低消费者知觉风险的方式。

即学即用—能力提升

世界上辨识度最高的品牌之一——可口可乐

拥有130多年历史的可口可乐,是目前世界上最具知名度的产品,其品牌价值已达到700多亿美元。它一直是营销方面的高手,总要在卖饮料的同时给瓶子做点不一样的设计,让消费者强化对品牌的记忆。

20世纪初,一位玻璃厂的青年工人设计了一个仕女身形的玻璃瓶。可口可乐公司的老板发觉该玻璃瓶设计巧妙,造型美观,如亭亭玉立的少女,容量又刚好盛放一杯水,遂不惜花费重金将其买下,并投入生产,作为可口可乐饮料的包装用瓶。后来的事实证明,该包装对可口可乐的流行起到了重要的作用。可口可乐广告红底白字,十分引人注目。

可口可乐公司对于可乐的包装罐秉持着"敢变才有型"的设计观念,它的包装罐不仅有常见的传统包装,还有一种是"摩登罐"。2017年6月20日《变形金刚5》正式上映,可口可乐公司全线推出《变形金刚》系列定制版摩登罐包装,擎天柱、威震天、大黄蜂等三款经典形象登上可口可乐、雪碧、芬达系列产品包装,形象生动,呼之欲出。

2019年版"城市美食罐",带着"寻味城市 畅爽如一"的宣传口号,刺激着大众的眼球。上线的"城市美食罐"共有30款,分别代表了30座不同的城市。可口可乐摩登罐的价格会比普通罐高20%,而这一设计却令其营业额增加了22%!

材料来源:(1)https://www.thecover.cn/news/362068,(2)https://www.163.com/dy/article/EBMBS2GV0516SLMK.html,有改动。

问题:可口可乐公司是如何提升知名度的?

课堂延伸

扫码阅读《从十大新型购物中心场景设计，看商业项目提升新思路》。

二维码

项目四　推动消费者行为的驱动力

学习目标

职业知识目标：
1. 掌握消费者需要的概念、特征、分类。
2. 理解消费者动机的含义和常见的消费者购买动机类型。
3. 掌握马斯洛需求层次理论。

职业能力目标：
1. 学习运用消费者需要理论。
2. 学会如何激发消费者的动机。
3. 能够正确处理消费者购买动机上的冲突。

学前思考

为什么那么多人一边喊着要"吃土"了，另一边还在"买买买"？

思政案例

大学生爱上"假名牌"？

"如何用最少的钱拥有一个名牌包？法子就是一个高仿包+一张购物小票+一个名牌包纸袋。"眼下，一些人买不起名牌产品，就购买一个名牌产品的纸袋，用来装东西满足虚荣心。名牌产品的购物小票、说明书、吊牌等在网上也明码标价，销量不错……

近日，记者在高校走访时，发现穿各种名牌鞋子的学生很多，而穿国产品牌的学生只有一小部分。此外，还有一小部分学生穿着价格较高的轻奢品牌鞋。

记者随机采访了20名大学生，其中只有两人穿国产品牌的鞋子。采访中，有学生毫不避讳地表示，鞋就是要穿品牌的。"我们班男生几乎人人一双名牌鞋子，有的打球时穿的鞋还是最新款，要1000多块钱。"记者还了解到，多数大学生对品牌了解甚多，一些外国品牌更是张口就来，而对于国产的一些品牌则是一脸不屑。很多女生表示，穿国产品牌的鞋还不如去网上买双款式新潮的杂牌鞋。

为什么国产鞋这么不受欢迎？同学们的回答总结起来就是没面子、款式陈旧、掉价、寒酸。

材料来源：http://ngdsb.hinews.cn/html/2018-09/28/content_18_1.htm，有改动。

思政导言

作为比较特殊的消费群体，大部分大学生还未经济独立，但又对消费有一定的需求。而在自身需求和外部环境因素的影响下，大学生的消费动机也各有不同。企业在研究大学生群体的消费行为时，要把握大学生的消费心理，引导大学生树立理性的消费动机，这样才有利于塑造良好的消费风气和健康的消费潮流。

思政学习园地

扫码阅读《习近平总书记关切事|消费回暖市声新——内需动力不断释放的市场观察》。

二维码

理论精讲

任务一　消费需要

一、消费需要的概念

需要是个体在生存过程中由于缺乏某种东西而又渴望得到时产生的生理或心理上不平衡的状态，是一种主观的心理反应活动。在正常条件下，人的生理和心理处于平衡状态。一旦生理或心理的某个方面出现"缺乏"时，便会导致原有平衡状态的破坏，变为不平衡。这时人的生理或心理便出现了一种不舒服的"紧张感"，只有减少或消除这种"紧张感"，人体才能恢复正常的平衡。人们在生存和发展过程中会有各种各样的需要，如对食物的需要，对水的需要，对与人交往的需要等。没有需要，便没有人的一切活动。需要不断地得到满足，又不断地产生新的需要，从而使人们的活动不断地向前发展，如图4-1所示。

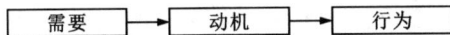

需要 → 动机 → 行为

图4-1　需要、动机和行为之间的关系

【教学互动 4-1】

互动问题：营销者可不可以创造需要？

互动要求：引导学生思考发言，对学生的发言进行点评。

消费者的需要就是消费者对获得消费品和服务的愿望和要求。消费者的需要是消费行为的基础，没有需要就不会产生相应的消费行为。但在实际生活中，消费者的需要表现得十分复杂，并不是消费者所有的需要都会对消费行为起作用。它既受到需要自身特点的影响，又受到外界各种因素的影响，如价格、广告、收入等。只有当消费者的匮乏感达到了一定的迫切程度时，需要才会促使消费者为消除匮乏感而采取行动。不过，它并不具有对具体行为的定向作用，在需要和行为之间还存在着兴趣、动机、驱动力、诱因等中间变量。比如，一个人饿了，面对米饭、面包、馒头、面条等众多选择，到底选择何种食品充饥，则并不完全由需要本身决定。当消费者希望满足的需要被激活时，动机就产生了，由此形成内驱力、产生消费行为。消费者的需要、购买动机是产生购买行为的基础和原因。在竞争激烈的市场环境里，企业要获得利润和取得发展的关键在于能否更好地识别消费者的需要，激发消费者的购买动机，从而促使消费者产生购买行为，这是一个不间断的循环过程。

【同步案例 4-1】

更快的马车

在马车时代，老亨利·福特说过，如果你问你的顾客需要什么，他们会说需要一辆更快的马车……因为用户在看到汽车之前根本不会想到还有比马车更好的交通工具。

乔布斯曾说过："消费者并不知道自己需要什么，直到我们拿出自己的产品，他们就发现，这是我要的东西。"

问题：需求是怎么来的？如何收集消费者的需求信息？

提示：要从深层次理解消费者真正需要的是什么，需求是可以引导的。可能现在看来许多前瞻性功能还很不成熟，但是随着时间的推移，这些功能会不断地改进与完善，甚至将来可能成为同类产品的标配。

二、消费需要的特征

(一) 多样性

多样性是消费需要的最基本的特征。消费者的民族传统、宗教信仰、文化程度、收入水平、个性特点、生活方式、职业、年龄等不同，自然会有不同的价值观念和审美标准，有各种各样的兴趣和爱好，对产品和服务的需要自然是千差万别、丰富多彩。就同一消费者而言，其需要也是多方面的。消费者不仅需要吃、穿、用、住，还需要社会交往、文化教育、娱乐消遣、艺术欣赏等，这些都体现出消费需要的多样性。同一消费者对某一特定消费对象常常同时有多方面的要求，如既要求商品质量优良、经济实惠，又要求产品美观新颖、具有时代感、能够展示独特的个性等。企业面对消费者千差万别、多种多样的需要，应根据市场信息和自身能力，确定目标市场，向消费者提供具有个性化特点的商品，这样才能真正满足消费者的需要。

(二) 发展性

俗话说"这山望着那山高"，消费者的需要是永无止境的连续系统。当一种需要满足之后，另一种新的需要便产生了。一是需要层次不断地发展变化。较低层次的需要得到满足之后，逐渐向高层次推进，从简单需要向复杂需要发展，从物质需要向精神需要发展，从数量上的满足向质量和数量的全面满足发展等，形成了阶梯式的发展趋势。二是消费需要随时代的进步而不断发展变化。随着时代的进步，往往产生许多新的技术、新的产品、新的观念、新的社会风尚，这必然引起消费需要的发展。

(三) 周期性

人的消费是一个无止境的活动过程，人的一生是一个不间断的消费过程。消费需要的周期性主要是由其生理机制及心理特性引起的，并受到自然环境变化周期、商品的生命周期和时尚的变化周期的影响。人的需要不可能一次性地永远满足，当某些消费需要得到满足后，在一段时间内可能不再产生，但一定时间之后又重新出现。企业掌握消费需要变化的周期性规律之后，可以科学地预测市场需要的变化情况，在某类产品需要高潮出现前及时安排好生产和销售工作，及时地满足市场需求。

(四) 可诱导性

消费需要是可以引导和调节的。对于消费需要的产生和发展来说，外界的刺激是一个很大的诱因。社会政治经济制度的变革、生活工作环境的变迁、收入水平的变化、时尚潮流的起落、大众传媒的影响、艺术形象的激励、道德风尚的倡导、亲朋好友的劝说等，都可能引发消费需要的变化和转移。企业可以通过各种有效途径，提倡科学消费，引导消费者形成合理的消费结构。

三、消费需要的分类

(一) 根据需要的实现程度分类

1. 现实性需要

现实性需要，指消费者目标指向明确且有支付能力的需要。这种需要也称为有效需要。它是企业制订当前营销策略的现实基础。满足消费者的现实性需要是企业当前营销活动的中心。

2. 潜在性需要

潜在性需要表现为两种形式，一种是目标指向明确但缺少支付能力的需要，一种是有支付能力但目标指向不明确的需要。

(二) 根据需要的形式分类

1. 生存的需要

生存的需要，指人们对基本的物质生活资料、休息、健康和安全的需要。只有满足了这些需要才能使人们的生命得以维持。它是人的最基础的需要。

2. 发展的需要

发展的需要，指人们对学习科学文化知识、增进智力发展、进行体育锻炼、提高个人品位和修养、掌握专门的技术和技能等方面的需要。这类需要是一种高层次的需要，可以使消费者的潜能得到充分的发挥，素质得到极大的提高。

3. 享受的需要

享受的需要，指吃得好、穿得好、住得舒适、享受各种高质量的生活用品，以及拥有丰富的娱乐生活等可以最大限度地满足生理上和心理上的需要。

四、消费需要理论

（一）默里的心理需要清单

1938年，心理学家默里（Henry Murray）分几大类详细列出了人的心理需要（表4-1）。默里认为每个人都有一系列相同的基础需要，但是每个人对这些需要的排序是不同的。默里提出的基本需要包括许多在消费者行为中起重要作用的动机，如成就、认同与自我表现等。

表4-1　默里的心理需要清单

对无生命物的需要	遵从
获得	同一性
保护	自主
秩序	敌对
保持	施虐、受虐的需要
构造	攻击
反映出抱负、权力、成就与声望的需要	谦卑
优越感	与人际感情有关的需要
成就	亲和
认同	拒绝
自我表现	抚养
不受侵犯	求助
避免羞辱、失败、丢脸、受人嘲弄的需要	玩耍
防卫	与社会沟通有关的需要
对抗	认识
与权力有关的需要	解读
支配	

（二）马斯洛的需求层次理论

美国心理学家马斯洛提出，人的需要可以分为生理需要、安全需要、归属和爱的需要、自尊需要、自我实现需要等五种基本需要，如图4-2所示。这五种基本需要从较低层次的生理需要到较高层次的心理需要依次排序。该理论认为，在较高水平的需要出现之前，个体往往寻求满足较低层次的需要。

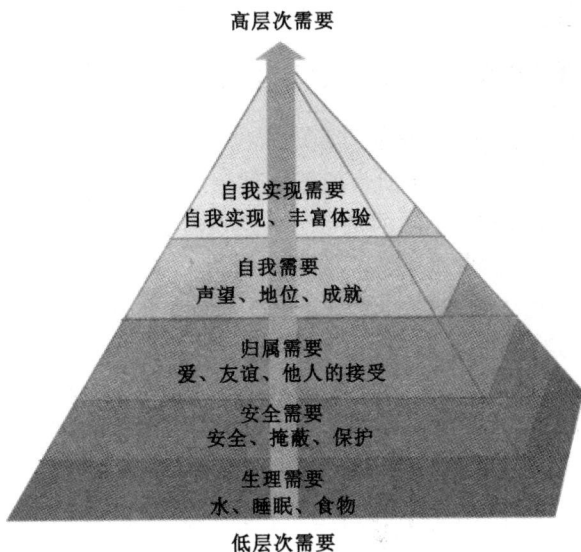

图4-2　马斯洛的需求层次模型

马斯洛的需要层次模型有助于理解消费者的行为并制订灵活的营销策略。马斯洛的需要层次理论适用于市场细分，可以细分出满足每个需要层次的消费品。但是，需要注意的是，在实际消费活动中，可能也存在消费者并不是等到完全满足一种需要之后才想起其他需要，他可能只是得到了部分的满足，就开始转移到其他需要的满足之上了。

【同步思考4-1】

问题：从马斯洛的需求层次理论出发，分析《西游记》中取经团队的需求层次，并分析如何激励团队成员一心向西。

五、消费需要对购买行为的影响

消费需要对消费者购买行为的影响主要表现在以下三方面。

(一) 消费需要决定购买行为

购买行为的产生和实现是建立在需求的基础上的，即：消费需要—购买动机—购买行为—需求满足—新的需求。

消费者由于受内在或外在因素的影响，产生某种需求，形成一种紧张状态，这成为其内在的驱动力，即购买动机。它导致了人们的购买行为。当购买行为完成，需求得到满足时，动机自然消失，但新的需求又会随之产生，再形成新的购买动机，导致新的购买行为。由此可见，消费者的购买行为是在其需求的驱使下产生的。从这个意义上说，消费需要决定购买行为。

(二)消费需要的强度决定购买行为实现的程度

一般情况下,需求越迫切越强烈,则购买行为实现的可能性就越大。反之,需求不迫切不强烈,消费者的购买行为就可能推迟,甚至不发生。

(三)需求水平影响消费者的购买行为

随着家庭收入的增加,人们在食品方面的支出在收入中所占的比例就会降低,用于文化、娱乐、卫生、劳务等方面的支出所占的比例就会提高。

另外,需要指出的是,处于不同消费水平的消费者在购买同类商品时会出现较大的差异。例如,同是购买衬衣,消费水平较高的人可能花较多的钱购买一件高档衬衣,而消费水平较低的人可能会花同样的钱买两三件低档的衬衣。消费水平的差别会影响消费者的需求,从而影响他们的购买行为。

任务二　消费者的购买动机

一、消费者动机的概念

一般认为,动机是引起个体活动、维持已引起的活动,并促使活动朝某一目标进行的内在作用。动机是需要的具体化。需要只有处于唤醒状态,才会驱使个体采取行动,而需要的唤醒既可能源于内部刺激,又可能源于外部刺激。当人们想去满足自己的某种需求时,动机就会产生。消费者购买动机的产生必须以消费需要为基础,当消费者希望满足的需要被激发时,动机就产生了。

【同步思考4-2】

问题:为什么有人愿意买昂贵的名牌服装,而有人即使腰缠万贯也热衷于淘便宜货?为什么有人明知自己不会看也要买套装帧精美的《四库全书》?

消费者动机,指引起并维持消费者从事消费活动,以满足自身需要的心理倾向或动力。当消费者因缺乏某种事物而产生需要时,便会产生心理不均衡和紧张的感觉,此时遇上适宜的外部刺激因素,便会形成争取实现满足需要的动力,即动机。在购买动机的驱使下,消费者采取购买行为以实现目标,满足消费需要。一旦目标达到,内心的紧张状态随之消除,但消费行为的全过程并未停止,消费者还会进一步比较最初的需要与现实的满足之间有无差距,并得出评价结果。在此基础上,消费者又会产生新的未满足的需要。

二、消费者动机的功能

(一)激活功能

动机具有唤起和引发行为的作用，它驱使消费者产生购买行为，是人们购买行为的根本动力和直接动因。

(二)导向功能

动机引导人们的行动沿着某种特定方向，向预期的目标行进。消费者可以同时有多种动机，但这些动机中，有些目标一致，有些相互冲突。动机还可以促使消费者在多种需求的冲突中进行选择。

(三)强化功能

在人们的消费活动中，购买动机将贯穿始终。在这个过程中，动机不断地激励人们形成购买欲望，直至动机实现。

【同步业务 4-1】

如果你留意过身边的女性朋友，你会发现一个问题，她们经常会使用同一个品牌的化妆品，对品牌的忠诚度很高。现在有一家化妆品公司推出了一款新的产品，如果你是这家公司的营销负责人，你会如何推广这款产品呢？

业务分析：

首先要分析女孩为什么不轻易更换化妆品的品牌，原因如下：

第一，对于女孩来说，购买化妆品属于重度购买决策，在购买前要对各种化妆品品牌进行对比。所以，更换化妆品的品牌对于女孩来说成本太高，只要不是对产品特别不满，一般是不会更换的。

第二，一件化妆品可能要用上两三个月，在这个过程中，女孩已经慢慢地习惯了这个化妆品，一旦养成了习惯，是很难改变的。

所以，要想让一个女孩更换化妆品品牌，要先激发她的需求，使其产生新的消费动机。

三、消费者动机的特征

(一)主导性

动机与需要的最大不同在于需要只是消费者因缺乏而产生的主观状态，没有方向性；而动机总是针对一定的目标，受目标的主导。在动机的引导下，消费者的行为会指向不同的目标。在实际生活中，消费者可能同时具有多种动机，形成完整的购买动机体系。在这一体系内，由于消费需要的强度不同和支付能力的限制，各种动机所处的地位及所起的作用不相同，表现强度和持久性也不相同。

(二)可转移性

动机的可转移性,指消费者在购买或决策过程中,其购买动机不是静止不变的,有时是可以转化的。新的消费刺激出现,动机发生转移,这种转变往往受外界环境的变化和诱导因素的影响。许多消费者改变既定计划,临时决定购买某种商品的行为就是动机发生转移的结果。

(三)内隐性

消费者的动机并不具有对其行为的预示作用,消费者真实的购买动机经常处于内隐状态之中,很难用直接的方法观察到,只能通过对某些外显行为加以分析来做出推断。消费者隐瞒真正的购买动机一般是因为受到了自尊心理、习惯心理和社会心理的影响。

(四)冲突性

消费者的购买动机可能由某种占主导地位的因素支配,但这并不意味着某一具体的购买行为是由单一的购买动机支配的,它往往是多重购买动机共同作用的结果。两个及以上的购买动机所引起的心理上的矛盾就是购买动机的冲突。

四、消费者购买动机的类型

消费者的购买动机是复杂的、多层次的,常见的消费者购买动机有以下几种。

(一)求实动机

求实动机是消费者最普遍和基本的购买动机。在购买时,消费者主要追求商品或劳务的使用价值,其特点是求"实惠""实用"。消费者在这种动机的支配下,特别注重商品的实际效用、功能和质量,较少追求外观的新颖、漂亮。如果商品的使用价值不明确或徒有虚名,那么消费者会毫不犹豫地放弃购买。

(二)求新动机

求新动机是以追求商品的新颖、奇特和时尚为特点的购买动机。具有这种消费动机的消费者在购买时特别注重商品的款式、格调、颜色和造型。求新动机满足的是消费者强烈的好奇心和探知欲。

【同步案例 4-2】

一家酒家的主人在门口放了一只大酒桶,很长时间也没有引起人们的关注。后来有一天,酒桶的外面蒙上一块布,上面写了几个字——"不许偷看"。说来奇怪,过往的行人见此纷纷驻足,非要打开布看个究竟。只见里面是香气扑鼻的陈酒,酒桶上还有一行字——"本店美酒与众不同,请享用"。顾客们先是会心一笑,然后就寻着酒香走进了酒家。

问题:酒家的主人激起了消费者的哪种购买动机?

(三)求美动机

求美动机是以重视商品的艺术价值和欣赏价值为主要特点的购买动机。具有这种购买动机的消费者特别重视商品的色彩美、造型美和艺术美，以及商品对自己的美化作用、对环境的装饰作用、对精神生活的陶冶作用。他们在追求商品的美感的过程中享受心灵上的满足，对商品本身的使用价值不太重视。

(四)求名动机

求名动机是以追求名牌商品、高档商品的名声，以显示自己的地位和声望为主要目的的购买动机。具有这种购买动机的消费者特别重视商品的商标、品牌、档次和意义，对价格低廉的商品不屑一顾，对名牌产品情有独钟。

(五)求廉动机

求廉动机是最普遍的动机。具有这种动机的顾客在购买商品时，追求"物美价廉""经济实惠"。他们对价格的变化特别敏感，对优惠价、特价和打折的商品特别感兴趣。

【同步思考4-3】

问题：唤醒求廉动机最有效的方法是什么？

(六)求便动机

求便动机，指消费者以购买和使用商品过程中的省时、便利为主导倾向的购买动机。这种消费者对时间、效率特别重视。时间观念较强或时间成本较高的人，更容易受求便动机的驱动。这种消费者讨厌长时间的等待和低下的销售效率，他们想快速方便地买到产品，并特别关注商品携带、使用、维修等方面的便利程度。

【同步思考4-4】

问题：作为共享经济背景下发展起来的一种新兴住宿模式，共享住宿受到了众多消费者的青睐。消费者选择共享住宿的动机是什么？

五、消费者动机的激发

(一)影响消费者购买动机的外在因素

影响消费者购买动机的外在因素很多，主要有以下三个方面：

1. 商品因素

消费者的购买动机是在外部刺激之下产生的，并有一定的目标指向。在选购的过程中，商品的质量、功效、耐用性、款式等，都会影响消费者的购买动机。

2. 社会因素

社会因素指消费者周围的人对他所产生的影响。消费者所处社会的文化背景、消费理念等都影响着消费者的购买动机。同事、朋友、邻居的消费行为与经历往往能够相互感染，使人们产生同样的消费动机。

3. 自然因素

自然因素，包括地理因素、性别因素、健康因素、种族因素等，也会对购买动机产生影响。比如，我国南方潮湿、温暖，四季变化不太明显，而北方冬季较长、比较干燥，四季变化比较明显。因此，南北方人在消费动机上就存在一定的差异。

【同步案例 4-3】

为什么网红打卡地会受到消费者推崇？

来一份"千里江山卷"，再配上一杯"康熙最爱巧克力"，杯子上印着雪后的故宫，蛋糕卷上是用抹茶粉撒出的绵延不绝的青山。故宫角楼咖啡馆坐落在北京故宫神武门附近，木窗花、纱屏风，古色古香的咖啡馆吸引着络绎不绝的游客前来小憩。

一路向西，北京西单老佛爷百货的"钟书阁"里，前卫的空间设计令这里成了绝佳拍照背景。比起看书、买书的人，来拍照的人更多。京城东边大望路上的SKP-S无疑是时下最火的百货商场。入口处的艺术试验空间里一群仿真度超高的"羊"牢牢抓住了每一位消费者的目光。往上走来到三层，"克隆人"正在与"人类"对话……"与其说是逛街，不如说是在逛展览！""95 后"女孩小耿是这里的"粉丝"，隔三岔五就来逛逛。每次来不一定买东西，但是手机里一定会多一堆照片。

材料来源：https://3g.k.sohu.com/t/n569135645，有改动。

问题：网红打卡地有哪些共性？走红背后透露出怎样的消费趋势？

(二) 如何激发消费者的动机

1. 开发独具特色的商品

企业在设计与开发新产品时，要注意突出商品的特性，努力做到以人为本，以商品本身的吸引力来打动消费者。如，"小红书"App 的有关负责人表示："在短视频内容火爆的当下，重要的是能够为游客提供体验类项目。例如穿汉服游览故宫，这类体验经过视频传播后可以激发起网友'希望我也在那里'的心理诉求，进而带动更多人参与其中。"如今，个性化、高度定制的文旅产品受到了游客的青睐。

2. 利用广告及口碑进行宣传

在现代社会生活中，广告是最常用的营销手段之一，它能够高效率地向目标消费者传递信息。企业可以通过各种形式的广告激发消费者的动机，引起他们的购买欲望。同时，消费者在购物时，越来越相信拥有真情实感的人的判断，而不是传统的广告。尤其是社交媒体的崛起，让消费者有了充分发声的机会。一个产品或服务在社交网站获得的评价将对人们产生很大的影响，直接影响着消费者的购买动机。

3. 利用消费环境激发消费者动机

消费者购物时有两种需求：一种是现实需求，另一种是潜在需求。外界因素可以刺激有潜在需求的消费者，激发其消费动机，使他由看客变为买者。为了实现这一转变，企业可以利用消费环境激发消费者动机。

【教学互动 4-2】

互动问题：扫码观看广告《农夫山泉有点甜》，分析这个广告是如何激发消费者的购买动机的。

二维码

要点巩固

一、单选题

1.关于消费者的需要、动机和行为的说法,正确的是(　　)。

A.消费者的需要、动机和行为之间无甚联系

B.消费者的需要是其行为的最初原动力

C.消费者的动机是其需要的间接驱动力

D.消费者的行为是在其需要的基础上产生的

2.需要层次理论是1943年由美国心理学家(　　)提出的。

A.波登　　　　B.赫杰特齐　　　　C.马斯洛　　　　D.温德尔斯密

3.消费者在购买某些高档商品时,可能会对所选的商品爱不释手,但另一方面又嫌商品的价格过高,这体现了消费者在购买过程中的哪种冲突?(　　)

A.趋避冲突　　　B.双趋冲突　　　C.双避冲突　　　D.单趋冲突

4.某品牌啤酒广告说"在你享受美味的同时,绝不增加你的腰围",其主要想解决的动机冲突是(　　)。

A.双趋冲突　　　B.趋避冲突　　　C.双避冲突　　　D.以上都不对

5.依照马斯洛的需要层次理论,属于人类最高级的需要是(　　)

A.自尊的需要　　B.他人实现的需要　C.自我表达的需要　D.自我实现的需要

二、多选题

1.莱温认为,客观上存在(　　)三种类型动机冲突。

A.双趋冲突　　　B.趋避冲突　　　C.双避冲突　　　D.单避冲突

2.根据需要的形式不同分类,需要有(　　)

A.生存的需要　　B.发展的需要　　C.物质的需要　　D.享受的需要

3.许多消费者在购买决策中追求"价廉物美",这四个字中包含的动机有(　　)。

A.求名动机　　　B.求廉动机　　　C.求实动机　　　D.求美动机

4.消费者动机的特征包括(　　)。

A.主导性　　　　B.内隐性　　　　C.冲突性　　　　D.可转移性

5.影响消费者购买的外在因素有(　　)。

A.商品本身　　　B.社会因素　　　C.自然因素　　　D.广告宣传

三、简答题

1. 结合实际，论述消费者需要的基本内容。

2. 简述消费者购买动机的类型。

即学即用——能力提升

一、扫码观看创投节目《合伙中国人》中"遇岛项目"成功拿到了750万投资的视频。

二维码

思考回答：请分析，"遇岛项目"的创始人是如何通过对消费者和投资人进行需求分析，最终成功获得融资的？

二、实践题：调查消费者的购买动机

要求：1. 针对一种商品，设计一份消费者购买动机调查问卷，利用课余时间，深入商场等销售场所进行调查。

2. 调查后，撰写一份"××商品消费者购买动机调查报告"。

3. 报告的主要内容：调查时间、方式、调查过程、调查结果分析和启示。

项目五 消费者学习与消费者记忆

学习目标

*职业知识目标：

1.掌握消费者学习与消费者记忆的含义、过程；

2.掌握消费者学习的方法、分类；

3.了解消费者学习对企业营销决策的价值；

4.理解并掌握如何在营销中运用消费者学习、消费者记忆的相关知识。

*职业能力目标：

1.利用消费者学习与消费者记忆的知识来进行市场营销和管理决策的能力；

2.运用本项目中的案例，培养在特定情境中的分析问题与做出决策的能力。

学前思考

消费者天生就精明吗？是否所有的消费者都拥有购买"物美价廉"的商品的能力？他们是如何做到的呢？

思政案例

部分广告对青少年负面诱导，需斩断背后的黑色利益链条

国家广播电视总局通报称，一些电视台播出的"O泡果奶""莎娃鸡尾酒""邦瑞特植物防脱育发露"等广告，存在导向偏差和夸大夸张宣传、误导受众等严重违规行为，已要求各级广播电视播出机构停止播出。其中特别指出，上述广告中部分内容含有表现学生早恋和少男少女饮用酒精饮品感受等情节，"价值导向存在偏差，易对未成年人产生误导，影响未成年人健康成长"。

广告具有宣传产品和服务的属性。这也使其容易游走于夸张和夸大的边缘。如果说这种游走还多少有些分寸把握不好的托词，那么上述内容中传达出的那些奢靡生活场景、暧昧情感暗示甚至情色挑逗等低俗不良信息，以及违背事实的虚假元素，则是对青少年价值观的一种明显负面的诱导。

材料来源：https://baijiahao.baidu.com/s？id=1604214412532805138&wfr=spider&for=pc，有改动。

思政学习园地

扫码阅读：(1)《国家广播电视总局关于加强网络秀场直播和电商直播管理的通知》；(2)《新版〈健康保险管理办法〉发布 不得诱导消费者重复购买》。

二维码

理论精讲

任务一　消费者学习

　　学习是消费过程中非常重要的一个环节。消费者通过学习可以改变消费行为，这些消费行为反过来会影响市场。比如，对于原来不熟悉、不认识的商品，消费者通过学习可以逐渐熟悉、认识该商品；对于原来不知道的企业，学习之后对该企业的生产经营情况就会有所了解，这样在做购买决策时产生的联想更多、决策与思考的速度更快。

一、消费者学习的方法与分类

（一）消费者学习的方法

1.模仿法

模仿法，即消费者效仿或重复他人的消费行为的一种学习方法。

2.试误法

消费者通过尝试与错误的反馈，从而在一定的消费情境和反应之间建立起连接，用于指导下一次消费行为的学习方法。

3.观察法

消费者通过观察他人的行为，获得示范行为的象征性，并做出或避免做出与之相似的行为的学习方法。

（二）消费者学习的分类

1.根据学习材料与学习者原有知识结构的关系，消费者学习可分为机械学习和意义学习。

（1）机械学习。指将符号所代表的新知识与消费者认知结构中已有的知识建立人为性的联系。学习者并未理解符号所代表的知识，只是依据字面上的联系，记住某些符号，这是一种无意义的学习。消费者对一些外国品牌的学习，就属于机械学习。

（2）意义学习。指将符号所代表的知识与消费者认知结构中已经存在的某些观念建立自然的和合乎逻辑的联系。消费者进行意义学习时，无须借助外在的和人为的力量。

2. 根据学习的效果，消费者学习可分为加强型学习、稳定型学习、无效型学习、削弱型学习和重复型学习。

（1）加强型学习。消费者使用某种商品，如果觉得满意，他可能会对与该商品有关的知识和信息表现出更加浓厚的兴趣，他对该产品的好感和印象会由此而强化。学习之后，消费者加强了原来的行为，增加了行为的频率，这都属于加强型的学习效果。

（2）稳定型学习。消费者消费某种商品或某一类型的商品之后，逐渐形成了一定的消费需要或消费习惯，这种行为方式逐渐地被稳定下来，这就是稳定型学习。

（3）无效型学习。指消费者不管怎样学习，无论是消费者使用过这种商品，还是接受了大量的有关信息，都没有改变其原来对待这种商品的行为方式，学习之后没有相应的效果。出现这种情况的原因可能是消费者长期没有这方面的需要。

（4）削弱型学习。指消费者通过新的观察和体验，使原有的某些知识和体验在强度上减弱，甚至被遗忘。消费者使用某种商品后如果不满意，或通过观察发现别人使用该产品有不好的效果，他对该产品的购买兴趣就会减弱。

（5）重复型学习。指消费者通过学习，学习效果既没有加强，也没有减弱，只是在原有水平上重复而已。比如，消费者对已经很熟悉的商品进行重复购买的行为，商品的信息既没有增加也没有减少，消费者没有学习到新的东西。

二、研究消费者学习对营销决策的意义

对消费者学习的过程和内在结构进行深入的研究和分析，不仅有助于理解消费者，而且有助于提升营销策略的效用。

在消费者还没有产生购买欲望的阶段，企业要注重消费者学习这一因素的作用，要通过各种途径向消费者提供信息，目的是激发消费动机，促使消费者进行消费。而在消费过程中和之后，消费者还会通过学习去进一步改善其消费行为，企业在这个阶段需要根据消费者学习的特点去影响消费者学习的结果，从而给企业带来良好的经济效益。

【同步案例5-1】

蜜雪冰城｜你爱我我爱你，蜜雪冰城甜蜜蜜

蜜雪冰城的爆火真的是偶然吗？一首歌火起来，一个品牌的火爆，绝对不是偶然，其背后必定有很多致"火"的因素共同作用着。蜜雪冰城没有什么高深的文案，接地气的歌曲让大众十分乐于接受。蜜雪冰城的定位就是在三四线城市，它售卖的甜筒、奶茶也不过3~10块钱。清晰的定位，造就了品牌的亲民形象。随着改编自美国民谣《哦，苏珊娜》的"洗脑"主题曲在B站和抖音等短视频平台上的播出，一时间满城"甜蜜蜜"。

材料来源：https://baijiahao.baidu.com/s？id=1703448469232747175&wfr=spider&for=pc，有改动。

问题：蜜雪冰城是如何运用消费者学习的相关知识的？为什么说这是一个成功的案例？

提示：消费者会通过观察学习、模仿学习来改变自己的消费行为。

(一) 树立良好的企业形象，提高产品质量，减少消费者获得负面学习效果的机会

对于企业来说，消费者的学习可能涉及两方面的内容：一是企业的形象，二是产品的美誉度。企业的良好形象可以提高产品的知名度和销售业绩，使消费者产生"爱屋及乌"的演绎性联想；美誉度高的产品可以帮助企业树立良好形象，使消费者产生"由点带面"的归纳性联想。

(二) 改变单一的广告宣传策略，采取多种方式，加强主动宣传的力度

消费者学习是被动的学习和实践性的学习，得到的知识缺乏深度和系统性。企业要加大宣传的力度，对消费者施加更加积极的影响，努力强化消费者对自己品牌、产品的学习深度。企业要通过多种沟通方式与消费者互动交流，有计划、有组织地推介产品。

(三) 提升服务质量，重视消费者的反馈意见

企业应该把关注点放在提升服务质量上，切身地关心、关注消费者们的需求，迎合消费者的消费心理。企业要重视消费者的反馈，及时调整服务政策，更加好地贴近市场，将服务做到精细化、精准化。

任务二　消费者的记忆与遗忘

一、消费者记忆的过程与作用

通过对消费者记忆过程的研究，能够帮助营销者提高消费者对商品的长时记忆，加深对商品的良性印象，从而提高消费者的购买率。消费者的记忆过程由以下三个部分组成：

(一) 识记

识记是记忆过程的开端，是保持记忆的必要前提。

1. 识记的分类

根据有无明确的目的，可以把识记分为无意识记和有意识记。

(1) 无意识记。指事前没有确定识记目的，也不用任何识记方法的记忆。无意识记具有很大的选择性。一般地说，生活中具有重大意义的事物，符合人的兴趣、需要、活动目的的事物，能激发情绪的事物，可以对人产生深刻影响，就容易进入人们的无意识记。无意识记的内容往往具有偶然性和片面性。对经销商、制造商而言，要成为消费者无意识记的对象，可以依靠许多因素，如广告频率、广告质量、产品包装、营销策略等。

(2)有意识记。指有记忆目的，运用一定方法的识记。研究结果表明，在其他条件相同的情况下，有意识记的效果比无意识记的效果要好。

2.消费者识记的特点

(1)消费者一般是通过无意识记去了解商品的基本信息的。因此，经销商、制造商要注意通过广告等营销手段，使产品成为消费者无意识记的对象。

(2)消费者通过无意识记了解商品的信息后，在准备进行消费行为时，会进入有意识记的阶段。经销商、制造商要特别重视进入有意识记阶段的消费者，要通过商品展示会、商品使用说明会等方式向消费者灌输更多、更全面的产品信息，以帮助消费者做出购买决定。

(二)保持

保持是记忆中的重要环节，是巩固识记的重要保证。经验在头脑中会发生质和量的变化。数量上的变化表现为保存量的减少，出现遗忘的情况；质量的变化表现为记忆内容的简化、概括等。消费者对商品品牌的记忆保持的时间较长，对商品价格保持的时间也较长。因此，生产商在更换品牌名称、销售商在改变定价时都应慎重。

(三)再认和回忆

1.再认

再认，指经历过的事物再度出现时，能把它认出来。例如，消费者通过广告了解的商品信息，当商品在商店里出现时，消费者能把它认出来。再认的速度和确定性主要取决于两个条件：一是对旧事物识记的巩固程度，二是当前出现的事物与以前识记过的事物的相似程度。

2.回忆

回忆，指把经历过的事物重新回想起来。回忆可以分为有意回忆和无意回忆。有意回忆指有回忆的目的，自觉地追忆以往的某些经验。消费者在购买之前，会调动大脑中所有的相关信息，综合分析之后再做出购买决策。

了解记忆过程，能使消费者对所遇到的产品或服务做出合理的预期，可以有选择地接触期望或有兴趣购买的产品。营销者通过研究消费者的记忆过程，能够在消费者记忆的环节中去积极地影响消费者，使其对自己的产品、服务产生良好的印象。

【同步案例 5-2】

怀旧成风、复古当道，消费者为何总被品牌的"回忆杀"击中？

近年来众多品牌都加入了"回忆杀"营销的阵营。最知名的莫过于将"民国回忆杀"做成营销风格的百雀羚，其怀旧复古元素一应俱全，旺仔、青岛啤酒、六神花露水等传统国货也偏爱回忆杀。究竟"回忆杀"营销有何魔力，屡屡击中消费者的内心？

"怀旧"是一种集体符号，"回忆杀"总能唤起最广泛的共鸣，对每个人来说都是一种情怀。一首老歌、一个儿时的玩具……无论什么时候，这些都能触动我们的心灵。而这些极具共情力的怀旧元素恰恰为品牌营销提供了契机。所谓大众共情，指的是同一时期的、共同的文化元素所触发的人们的情感交换心理。

材料来源：https://www.sohu.com/a/436693608_465378，有改动。

问题：你有没有被童年的老物件打动而购买商品的经历？你为什么会购买呢？

二、消费者的遗忘与其研究作用

（一）遗忘的规律与特性

消费者的遗忘，指消费者不能再认和回忆与之前消费内容相关的信息，还会表现为错误的信息再认和回忆。消费者的遗忘过程具有规律性，遗忘速度先快后慢，遗忘的进程是不均衡的，在识记的最初阶段，遗忘的速度很快，以后逐渐缓慢，到了一定的阶段几乎就不再遗忘了。适度的遗忘是有好处的，可以减轻大脑的负担。

（二）影响消费者遗忘进程的因素

消费者的遗忘进程主要受以下不同因素的影响。

1. 学习材料的性质

对有意义的材料比对无意义的材料遗忘得慢，对形象、直观的材料比对抽象的材料遗忘得慢。对比较长的、难度较大的材料遗忘得快。凡是能引起主体兴趣，符合主体需要、动机，激起主体强烈情绪，在主体的工作、学习、生活中具有重要意义的材料，一般不易遗忘；反之，则容易遗忘。

2. 识记材料的数量和学习程度

材料数量越多，越容易遗忘。消费者学习程度太低或太高，都不利于对材料的记忆。

3. 识记的方法

以理解为基础的意义识记比机械识记的效果要更好。消费者的识记如果能够建立在理解的基础上，会比单纯机械重复的效果要好。

4. 时间因素

根据遗忘先快后慢的规律，记忆内容会随时间的推移而减少。

5. 情绪和动机

消费者的情绪和动机等也影响其遗忘进程，消费者在情绪差、动机弱、目的不明确的情况下都不能很好地记忆信息。

【教学互动 5-1】

记忆中的波司登还是那个波司登吗？

波司登与国际知名设计师合作，推出系列高端新品，同时在央视、分众传媒投放了巨量广告。2018 年，波司登 1800 元以上的产品占比大幅提升至 25% 左右，2019 年波司登的价格已上涨 20%~30%，提价势头强劲。

波司登产品涨价情况：

2017 年，推出"极寒系列"，定价 1899 元涨价试水，售罄率 90%。

2018 年，主品牌的产品价位段从 1000 元以下提升至 1300~1500 元；1800 元以上的产品占比由 4%～5% 提升至 25% 左右。

2019 年，羽绒服售价平均提高 20%～30%；推出登峰高端系列，定价 5800～11800 元。

波司登制订了"十年规划"战略，前 3 年高端产品预计将提价 30%。波司登的提价效果直接体现在了它的财务数据上。2018 年，波司登的税后利润增速达 73.3%，营收增速达 30.3%，"量价齐升"显著。

材料来源：https://baijiahao.baidu.com/s？id＝1678153311791414363&wfr＝spider&for＝pc，有改动。

互动问题：回想一下，波司登这个品牌在你的记忆中存在了多长时间？它是怎么做到"量价齐升"的呢？

【同步思考 5-1】

在现代社会中，我们身边无时无刻不充斥着各种各样的广告，品牌借助广告得到了推广。但是，消费者接受的"信号"太多，你无法控制他们的选择。因此，"创造品牌信号"，让消费者形成品牌记忆点成了关键。

问题：广告的投放是"越多越好"，还是"少即是多""简单就是美"呢？

三、记忆对消费者行为的影响及其在营销中的运用

(一) 记忆对消费者行为的影响

1. 消费者的记忆可以引导消费者进行有效的消费行为，帮助消费者更好地做出购买决策，并会对消费者的再次购买有比较大的影响。

2. 消费者记忆可以使消费者明确购买目的，提高消费者的购买能力，加速购买活动的完成。

3. 消费者记忆可以提高消费者对某一商品或品牌的忠诚度，从而影响其未来的消费行为。

4. 消费者记忆增加了消费者对于所要购买的产品的了解，加快了消费者做出购买决策的速度，使得消费行为的结果更符合消费者的要求。

5. 消费者记忆会影响消费者的消费习惯和消费方式，使其消费习惯和消费方式能够适应其不断变化的消费需要。

6. 消费者记忆会影响其他消费者的消费行为。通过消费者的社会化行为，其消费记忆会进一步影响其他消费者的消费观念和消费习惯。

(二) 记忆在营销中的运用

1. 利用有意义的记忆材料

有意义的材料比无意义的材料更容易记忆。企业在做广告或是在给商品命名时，应尽量避免生冷词汇，少用专用名词和费解的字句，提高消费者的记忆点，提高记忆的效率。

2. 有效运用"7±2"法则

美国心理学家 G. 米勒指出，人的短时记忆组块的数量是 7 个左右，上下浮动数值为

2，即人在短时间可以记忆的项目数量是 7±2 个。例如，人们总是喜欢把一长串的数字拆分开来读写，目的就是降低记忆成本，提高信息的易读性。因此，营销者在进行广告投放或产品组合时，可以利用这个法则，提高消费者的记忆效果，从而加深消费者对企业和产品的印象。

3. 适度重复

根据遗忘的规律，消费者在记忆的前期阶段通过适度重复就能够有效习得某商品的信息并将其变成长期记忆。营销者应该利用遗忘规律，有规律地投放广告并进行营销，使得消费者对商品形成比较深刻的印象。

4. 定位记忆法

定位记忆法，指把要记忆的知识或信息跟已知的事物相联系，然后进行记忆的方法。定位的目的是让记忆内容对号入座，这样回忆时快速准确，不容易发生混淆。营销者要善于建立营销情景，善于引导消费者进入消费情境，以便消费者对商品和服务进行定位记忆。

任务三　利用消费者学习与消费者记忆进行营销

一、怀旧营销

(一) 怀旧营销的定义

怀旧营销，指在营销活动中给予消费者一定的怀旧元素刺激，激发消费者的怀旧情怀，勾起他们深处的共同记忆，以此来引发消费者的购买倾向。

(二) 怀旧营销的运用

1. 怀旧包装

怀旧包装，指营销者利用消费者怀念过去、想回到过去的心理，人为地创造具有历史感和原始感的商品包装。这类包装多采用天然材料，粗糙简朴或具有历史气息，风格独特和谐，容易勾起消费者对过往年代和相关经历的回忆。

2. 怀旧广告

怀旧广告以情感诉求为主线，在广告的内容和表现形式等方面都贯穿着怀旧的主题。怀旧广告注意情感与企业、产品、服务之间的联系，注意营造生活场景，勾起消费者对特定年代的回忆和情感，从而促使消费者进行消费。

3. 怀旧符号

怀旧符号是一种缅怀过去，怀念往事或故人的象征物，蕴含着过去的记忆。营销者在商品中大量添加怀旧符号，容易引起消费者的怀旧情绪，并刺激消费者进行消费。

4. 致敬经典

致敬经典，指向具有典范性、权威性、经久不衰的作品表达敬意。经典在人们心中占据着举足轻重的地位，营销者在产品或服务中向经典致敬，可以和消费者产生同频共振的强烈共鸣，引发消费者的好感，得到消费者的认可。

【教学互动5-2】

北冰洋汽水曾红极一时，随着可口可乐等国外品牌进入国内市场，它一度销声匿迹。2011年，停产近15年的北冰洋汽水重新回归，它将消费人群定位为80后、90后，靠着怀旧战略及重构的品牌形象，唤醒了消费者脑海中的记忆，使得老品牌焕发出了新的活力。

材料来源：https://www.sohu.com/a/446634164_120721190，有改动。

互动问题：你们是否听说过或饮用过北冰洋饮料？北冰洋是如何进行怀旧销售的？

二、忠诚营销

(一) 忠诚营销的定义

忠诚营销，指培养消费者对品牌及商品的忠诚度，在满足消费者需求的同时，让消费者对品牌及产品产生一种习惯和感情。企业的忠诚顾客越多，企业的收入越多。忠诚营销对于企业长期的经营战略和持续的利润增长具有非同寻常的意义。

(二) 忠诚营销的运用

1. 培养消费者的忠诚度

消费者忠诚，指消费者基于对某种产品或服务的信赖和认可，坚持长期购买和使用该产品或服务的行为。即使出现了价格更加低廉的替代品，消费者也不会轻易转变消费行为，并且还自愿地向他人推荐该产品或服务。消费者忠诚可细分为行为忠诚、意识忠诚和情感忠诚。行为忠诚是消费者实际表现出来的重复购买产品或服务的消费行为。意识忠诚是消费者未来有购买的意向。情感忠诚，指消费者对企业及其产品或服务的态度，包括消费者积极地向他人推荐企业的产品和服务。

2. 实施消费者忠诚计划

消费者忠诚计划，指企业向消费频繁的消费者提供的一系列购买优惠、增值服务等奖励措施，其目的是奖励并留住忠诚的消费者。

3. 提高转化成本

提高转化成本是忠诚计划能够成功实施的关键。转化成本，指当消费者从一个产品或服务的提供者转向另一个提供者时所产生的一次性成本。这种成本不仅仅是经济上的，还是时间、精力和情感上的，它是构成企业竞争壁垒的重要因素。转化成本分为经济危机成本、评估成本、学习成本、组织调整成本、利益损失成本、金钱损失成本、个人关系损失成本、品牌关系损失成本。

企业要提高消费者的转换成本，应该仔细评估消费者转投竞争对手时在程序、经济和情感等方面上的损失，然后通过提高消费者的转换成本来提高消费者转换的难度和代价。

企业还可以宣传产品或服务的特殊性,让消费者意识到转换的成本很高。

三、故事营销

(一)故事营销的定义

故事营销,指在产品相对成熟的阶段,在塑造品牌时采用故事的形式注入情感,增加品牌的核心文化,并在营销的过程当中,释放品牌的核心情感能量,打动消费者的内心,从而保证产品的销售。

(二)故事营销的运用

通过故事营销的方式,可以赋予产品更多的人性化特质和内涵,让产品的价值超越其物理属性。特别是在昂贵的奢侈品行业中,故事营销更是起着非常特殊的作用。故事营销中的故事包括以下几种类型。

1. 历史故事

源远流长的历史故事可以赋予品牌深刻而生动的文化内涵。拥有历史故事的产品更能让消费者对其怀有特殊的情感,进而直接或间接地激发消费者的购买欲望。

2. 创始人物的故事

可以利用品牌创始人的具有传奇色彩的创业故事来吸引消费者,开展营销工作,引起消费者的注意和情感共鸣。

3. 自我写作的故事

企业可以为品牌或产品专门创作一个故事,然后赋予品牌或产品独特的内涵。这个故事必须与品牌或产品有紧密的关系,而不能随意乱编乱造。

四、游戏化营销

游戏化营销,指利用游戏思维和游戏机制去解决营销问题,增强与消费者的互动。游戏化营销将游戏设计元素应用于营销活动,使目标消费者产生类似于游戏的体验。游戏化营销事实上就向消费者提供奖励,以鼓励消费者来购买更多的产品,但这个过程是以游戏化的方式进行的,这样更能引起年轻消费者的注意,更容易被消费者接受。

要点巩固

一、单选题

1. 以下不属于消费者学习方法的是(　　　　)。

A. 观察法　　　　　B. 投射法　　　　　C. 模仿法　　　　　D. 试误法

2.北冰洋汽水重回市场的营销方式，体现了消费者学习中的什么原理？（   ）

A.再认与回忆   B.保持   C.学习   D.遗忘

二、多选题

1.根据学习材料与学习者原有知识结构的关系，消费者学习可分为（   ）。

A.机械学习   B.意义学习   C.重复型学习   D.稳定型学习

2.下面的什么因素影响着消费者遗忘？（   ）

A.情绪与动机   B.时间   C.识记的方法   D.学习材料的性质

3.以下情况中属于观察学习的是（   ）。

A.第一次使用自动取款机   B.明星是否使用某种产品

C.模仿被崇拜者的行为   D.第一次吃榴梿

三、简答题

1.简述消费者学习、消费者记忆和消费者遗忘的概念。

2.简述消费者的遗忘规律。

3.简述研究消费者学习与消费者记忆对营销决策的意义。

即学即用—能力提升

拍一部火一部，《鬼吹灯》到底有什么魅力

又一部《鬼吹灯》火了！由潘粤明、张雨绮领衔主演的《鬼吹灯之龙岭迷窟》上线快一个月了，豆瓣分数依旧稳稳地保持在8.2。这个成绩已经碾压了同期的《清平乐》《我是余欢水》和《鬓边不是海棠红》等多部热播剧。如果只有一两部热播，还可以看作是导演或主演的功劳。但当《鬼吹灯》系列在影视化上接连不断地成功后，我们相信，唯一的答案其实只有一个：原著太强了！

材料来源：https://zhuanlan.zhihu.com/p/135339510，有改动。

问题：《鬼吹灯》IP为什么能在改编成影视作品后经久不息地受到观众的喜爱？

王者荣耀——不是一个人的王者，而是团队的荣耀

在2021年的游戏调查中发现，王者荣耀的中国玩家已经突破6亿，要知道2020年的中国手游玩家只有6.5亿，就算2021年有增长，也不会超过7.5亿。可以说，只要是玩手游，那么王者荣耀绝对是一个绕不过去的坎。王者荣耀游戏不仅有良好的操作系统，而且有强大的产品结构图。王者荣耀拥有强大的社交系统，它关联着腾讯的两个社交软件——QQ和微信。它有着丰富的用户激励体制——基于社交激励，新增了微信、QQ邀请好友功能，新增了LBS系统，可以与附近的人一起"开黑"，新增组队界面上的加好友功能，新增了师徒、恋人系统……这种庞大的社交关系链，造就了人人"开黑"打王者的现象。游戏内的排行榜还激发了玩家的竞争意识，能够满足玩家的成就感。

材料来源：http://www.woshipm.com/operate/3050225.html，有改动。

问题：1.王者荣耀运用了哪种体验营销模式？这种模式有什么优势？

2.王者荣耀仅用这种模式就可以稳立于市场之内吗？为什么？

课堂延伸

扫码阅读：(1)《英敏特：2021全球消费者趋势报告》；(2)《2021年全球消费者洞察调研中国报告：解析线上线下双结合的新消费模式》。

二维码

项目六　消费者的态度

学习目标

＊职业知识目标：

1.掌握态度的概念、特点。

2.掌握消费者态度的功能。

3.掌握测量消费者态度的方法。

4.了解消费者态度对其购买行为的影响。

5.掌握改变消费者态度的策略。

＊职业能力目标：

1.使学生能够针对特定情况选择合适的消费者态度测量方法。

2.使学生能够在特定的情境中分析消费者的态度，并能够设计改变消费者态度的策略。

学前思考

"态度决定一切"，对瑕疵的零容忍就是对消费者的最大责任。你认同这句话吗？

思政案例

鸿星尔克的启示："明星效应"已成过去式，中国只为"良心"买单

2021 年 7 月 23 日，鸿星尔克默默捐款 5000 万物资驰援河南后，发生了一系列令人始料未及的事，鸿星尔克各大平台的直播间被挤爆，捐款 5000 万的鸿星尔克连微博会员都舍不得开，一群网友开始为鸿星尔克捐会员，甚至直接买了 120 年。

这次事件或许会为中国企业的经营策略带来巨大的改变。消费者的消费观将决定企业经营的方向。从这次事件来看，可以发现许多消费者的消费观介于理性消费和情感消费之间，此前的"明星效应"并似乎不能再继续成为决定因素了。

在过去的很长一段时间里，人们在消费时更加注重品牌的知名度，但是现在的消费者并不过分追求名牌。人们更关注品牌对消费者的态度，以及企业对社会的贡献、对国家的认同感。当消费者觉得品牌和自己"三观一致"时，就更有可能产生购买欲望。换句话说，中国消费者现在愿意为品牌的"良心"买单，而只认品牌、不管"三观"的消费观已经成了过

去式。

材料来源：https://baijiahao.baidu.com/s? id＝1706584652838895744&wfr＝spider&for ＝pc，有改动。

思政导言

鸿星尔克的善举，让消费者达成共识

对一家企业来说，捐赠并不是必须的行为。但是鸿星尔克在业绩不佳、亏损经营的情况下，依然在困难中做到了关怀社会、回馈社会。这种捐赠行为引发了社会的正能量反馈，让平时"存在感不高"的鸿星尔克提高了知名度。这应了一句老话——"行善举，诸事顺"。

思政学习园地

扫码阅读：(1)《以积极灵活的政策调度，保障企业复工复产》；(2)《发改委透露2021年重要发展方向，还将推出这些促消费政策》。

二维码

理论精讲

任务一　消费者态度

一、态度概述

(一)态度的概念

学术界对态度有三种不同的看法。第一种看法认为，态度主要是情感的表现，反映的是人们的好恶。第二种看法认为，态度是情感和认知的统一。第三种看法则将态度视为由情感、认知和行为构成的综合体。综上所述，态度指个体对特定对象所持有的、相对稳定的、内化的心理反应倾向。

(二)态度的特点

1.倾向性

态度总是具有赞成或反对的倾向特点,并具有程度的差异,有时反映出态度的极端性,有时则反映出态度的中立性。态度是一种心理反应,带有明显的倾向性。

2.稳定性

态度是相对稳定的心理反应倾向,是一种持续的心理状态,在一定时期内具有持久的稳定性。

3.内隐性

态度本身是无法直接测定的,存在于个体内部,是难以直接观察到的,必须从个人的行为中间接推断出来,测定态度时需要一定的中间变量。

4.对象性

态度是针对某特定对象的,或对人或对事物,具有主体与客体的对应关系。

5.复杂性

在一定条件下,个体并不是经常地表现出与内心态度相一致的外部行为。

(三)态度的结构

态度由情感成分、行为成分和认知成分组成。其中,情感成分,指个体对特定对象的所有情绪和情感,包括正面和负面的评价;认知成分,指个体对态度对象的想法,包括了解的事实、掌握的知识和持有的信念等;行为成分,指个体对态度对象的行为倾向,这里说的行为倾向并不代表行为本身,而是做出行动前的思维倾向。

二、消费者态度概述

(一)消费者态度的概念

消费者态度,指消费者对于产品或服务以及与产品或服务相关的所有要素所产生的态度,也就是针对消费品及相关要素所产生的认知、情感和行为倾向。"消费者态度"当中的"消费者"是主体本身的角色,而"消费"是主体态度的对象。

(二)消费者态度的功能

消费者的某种态度储存在记忆中,需要时就会从记忆中提取出来。态度对消费者的行为有很重要的影响作用,态度有助于满足某些消费需要,帮助消费者有效应对动态的购买环境。态度的功能主要有四个方面。

1.导向功能

导向功能又称适应功能,指态度能使人更好地适应环境且做到趋利避害。消费者在购买活动中,会将其意念直接导向能满足自身需要的商品,使购买行为很好地适应自己的需要。比如，如果消费者受某个商品的广告影响，对该商品产生了良好的印象，便自然而然地形成一种既定的意念，在对比众多商品的时候，会优先选择这款产品，而忽略其他商品。在这个过程中，消费者对商品形成的较为稳定的购买意向，促使消费行为发生，导向功能发挥了主要作用。

2. 识别功能

识别功能又称认知功能，指态度帮助人们对事物进行认识和理解。在购买活动中，消费者在态度倾向性的支配下，广泛收集信息，了解和鉴别商品或服务的质量、性能、功用，并进行价值评价，这有助于做出购买决策。比如，消费者在购买商品房的时候，会多渠道、多方面、多维度地收集、了解、对比、衡量商品房的情况，在家人的陪同下、朋友的建议下、房产机构的推荐下，对商品房的价格、户型、位置、物业等方面进行综合考量。在这个过程中，识别导向在发挥作用。值得一提的是，在购买价值越高的商品时，识别功能越会体现得淋漓尽致。

3. 表现功能

表现功能，指态度能够表现、表达消费者的自我形象。在购买活动中，消费者表现出的文化素养、核心价值观念等，决定了消费者即将采取的购买行动，体现着消费者心目中通过购买行为表现的自我形象和社会地位。比如，越来越多的年轻消费者选择购买电动汽车，因为电动汽车不烧汽油，只需充电，体现着年轻消费者的环保意识。

4. 自我防御功能

自我防御功能，指态度能够保护个体的现有人格并保持心理健康。消费者进行购买行为的目的是满足某种需要。需要得到满足，会产生肯定的、满意的态度，并导致重复购买行为；需要不能被满足，则会形成否定的、不满意的消极态度，并中止购买。比如消费者在购买过程中，由于种种原因产生了不愉快的体检，于是决定以后不再购买此类商品，甚至会将这种消极的心态传递给亲人朋友。这个过程中，态度的自我防御功能发挥了作用。

【同步案例6-1】
汽车消费进入"悦己"时代，智能化功能影响购车决策

公安部交通管理局发布的数据显示：截至2020年底，18~24岁驾照持有人的数量超过4000万。这个数字象征着中国汽车市场庞大的潜在购车人群的规模，对于中国汽车产业来说，购车人群年轻化的趋势已经不可阻挡。年轻群体的喜好对汽车行业的发展有着重要的影响。年轻一代更加钟爱新能源，更加追求操控性和驾驶体验。随着充电和续航两大发展难点逐渐被攻克，新能源汽车将会越来越多地进入中国年轻人选择的视野。新生代人群在汽车消费的过程中更加追求自我、追随潮流和追寻个性，中国汽车产业将迎来"悦己"消费时代。

材料来源：https://baijiahao.baidu.com/s? id = 1697658644936751268&wfr = spider&for =pc，有改动。

问题：从上述材料中，可以看出中国年轻的汽车消费人群的消费态度体现了什么功能？

任务二　消费者态度的测量

通过测量消费者对某个品牌的态度，可以相当准确地测度消费者对这一品牌的认知、购买和使用情况。测量消费者态度的工具或方法有语义差异量表、李克特量表、行为倾向测量。

一、语义差异量表

语义差异量表由一系列两极性的形容词对组成，经常被划分为 7 个等值的评定等级，主要含有 3 个基本维度，即"评价的"（如：好的与坏的、美的与丑的、干净的与肮脏的）、"能量的"（如：大的与小的、强的与弱的、重的与轻的）、"活动的"（如：快的与慢的、积极的与消极的、主动的与被动的）。被测者要根据自己的感受、理解，在量表上选择相应的形容词，研究者可以据此来测量其态度。以测量对沃尔玛超市的认知为例，其语义差异量表如表 6-1 所示。

表 6-1　沃尔玛超市认知成分的语义差异量表

质量可靠(　　)	质量不可靠(　　)
服务好(　　)	服务差(　　)
环境好(　　)	环境差(　　)

请在你认为合适的(　　)中画"√"。

二、李克特量表

李克特量表可以搜集被测者对某一态度对象的各种意见。首先，将每个测量的项目划分为"有利""不利"两类，在一般的测量项目中，有利的或不利的项目都应有一定的数量。其次，选择部分受测者对全部项目进行预先测试，要求受测者指出每个项目是有利的还是不利的，并选择方向强度描述语。一般采用"5 点"量表：非常同意、同意、无所谓（不确定）、不同意、非常不同意，要为每个答案给定一个分数，如从非常同意到非常不同意的有利项目分数为 5、4、3、2、1，不利项目的分数为 1、2、3、4、5。再次，计算各个问题的分数，得到被测者对于该问题的态度分数。以测量对沃尔玛超市的情感成分为例，其李克特量表如表 6-2 所示。

表 6-2　沃尔玛超市情感成分测量的李克特量表

对沃尔玛超市的评价	非常同意	同意	不确定	不同意	非常不同意
1. 我喜欢沃尔玛的购物环境					
2. 我喜欢沃尔玛的优惠价格					
3. 我喜欢沃尔玛的服务					
4. 我认为沃尔玛的品类齐全					
5. 我喜欢沃尔玛的配送服务					
……					

注：从非常同意到非常不同意，分数分别为 5、4、3、2、1。

三、行为倾向测量表

行为倾向测量表可以观察和测量被测者对事物的实际行为反应，以此作为态度测量的客观指标。以测量对沃尔玛超市的行为倾向为例，其行为倾向测量表如表 6-3 所示。

表 6-3　对沃尔玛超市的行为倾向测量表

1. 我最近一次购买的商品是＿＿＿＿。
2. 我通常到＿＿＿超市购物。
3. 下一次购买商品时，我选择到沃尔玛超市的可能性有多大？
A. 肯定会　B. 可能会　C. 或许会　D. 可能不会　E. 肯定不会
……

【同步业务 6-1】
请采用合适的消费者态度测量方法，对宜家家居品牌的满意度进行测量。
业务分析：满意度属于情感成分，可使用测量情感成分的李克特量表。
【同步思考 6-1】
问题：每种测量方法都有自己的优点与缺点，在使用时，我们应该取长补短。请同学们分小组讨论测量消费者态度的各种方法有何优缺点？我们如何弥补它们的缺点？

任务三　消费者态度与消费行为

消费者在了解和购买产品与服务的过程中，会对这些产品、服务及提供产品、服务的企业形成某种态度。这种态度不仅决定着消费者如何看待企业及其提供的产品与服务，而且还会影响消费者的购买行为。同时，消费者还会因某些外部刺激因素，产生逆反心理、预期心理等特殊心理。

一、消费者态度的形成

消费者态度的形成是一个从简单到复杂、从不稳定到稳定的过程。态度的形成主要有四个条件。一是经验的积累与整合，把零散的经验归类、理顺，形成同类型的经验整合。二是经验的分化，将已有的笼统经验逐步分化成特殊的、个别的经验。三是环境检测，将形成的经验在变化的环境中进行检验，形成态度。四是模仿和学习，主要是对社会上已有态度的模仿和学习。态度受个人需要的满足程度、知识和信息量、群体或参照群体、个体的人格特点等因素的影响。

态度形成的"三阶段理论"被心理学界所认同。一个人态度的形成要经过模仿或服从、同化、内化三个阶段。

阶段一：模仿和服从阶段。态度的形成受两个因素影响，一是出于自愿，不知不觉地开始模仿；二是受到一定压力后的服从。通过模仿习得态度，以此形成自己的态度，这是人们形成和改变自己态度最常见的途径。服从是人们为了获得物质、精神上的满足，或是为了避免惩罚而表现出来的一种行为。

阶段二：同化阶段。在这个阶段，态度不再是表面的改变，而是自愿接受他人的观点、信念、行为、信息，以使自己的态度与他人的态度相接近。

阶段三：内化阶段。在这个阶段，个体的内心真正发生了改变，接受了新的观点、新的情感、新的打算，将其纳入自己的价值体系和人格之内，使其成为自己态度体系的有机组成部分，形成了新的态度。

消费者态度的形成也是一个模仿或服从—同化—内化的复杂过程。但有些消费者对某一事物态度的形成可能经历了整个过程，但是对另外事物态度的形成可能只停留在某个阶段。有时候，消费者要多次经历同化阶段，才能进入内化阶段，也可能始终停留在某一阶段徘徊不前。所以，消费者态度的形成是一个复杂的过程。

二、消费者态度对购买行为的影响

(一)影响对商品的认知与评价

对商品的认知是形成购买意向最重要的基础，消费者对商品进行认知的主要方面有潜在需要认知、品牌认知、定位认知、价格认知、新产品认知、广告和促销认知等。消费者对产品、品牌、服务等有了良好的认知，就会产生良好的态度，消费者将做出相应的购买决策。因此，通过消费者态度在一定程度上可以预测其购买行为，良好的态度能提高他们购买的可能性，反之则降低可能性。

(二)影响学习兴趣与学习效果

消费者的大多数行为都是学习外部经验的结果。积极的态度促进消费者的学习，消极的态度则弱化消费者学习的效果。

(三)影响消费者的购买意愿

消费者的购买意愿,指对某产品或服务的消费可能性或主观意愿,它是一种心理概念上的意愿,是购买行为的前奏。消费者购买意愿受多种因素的影响,如消费者个人特征、消费情境、品牌态度等。消费者的态度是影响消费者购买意愿的重要因素。

三、消费者态度的改变

当态度的情感、行为和认知三种成分处于平衡状态时,态度稳定,难以改变;当消费者接触到新信息或经历了不愉快的购物体验时,认知或行为成分可能会受到影响,从而引起三种成分之间的不协调。如果情感、行为和认知之间的不协调超过消费者自身的承受水平,为了重新达到稳定,消费者就会被迫进行调节,由此改变态度。

从图6-1中可以看出,态度改变是外部因素和内部因素交互作用的结果。一个人原有的态度和外部环境存在差异,导致其内心发生冲突,为了恢复心理上的平衡,消费者要调整自己的态度,调整的结果一是改变原有的态度,接受外来影响,二是维持原有的态度,采取各种办法抵制外来影响。

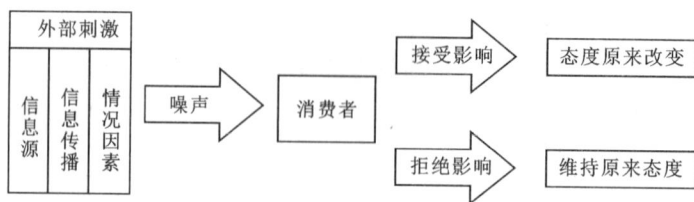

图6-1 消费者态度的改变

(一)影响态度改变的因素

消费者态度受多种因素影响,主要有以下几个方面。

1. 家庭

家庭成员共同体验的事情,对消费者的态度有着重要的影响作用。例如,家庭中长辈们的职业、习惯、爱好,甚至日常谈论的事情都会影响家庭成员的消费态度。

2. 相关群体

个人的态度很容易受到团体态度和权威态度的影响。团体信念和共同的价值观也起着非常重要的影响作用。

3. 媒体

消费者广泛接触的媒体对消费者的态度有着重要的影响作用,甚至可以引导消费需要。

4. 个性

开放型个性的人能够接受与自己不同的信念,其态度随着信息的变动而调整;封闭型个性的人思想"顽固"，排斥心理强，回避和自己态度不一致的信息，不接受与自己不同的态度，甚至会固执地反对一切可以让自己的态度改变的理由。

5. 其他因素

预先警告、重复、营销因素等也可以改变消费者的态度。

【教学互动 6-1】

互动问题：随着社交电商的兴起，网络购物用户的规模不断增长。为了适应现代消费群体时间碎片化、购物需求个性化的特点，电商与内容产业链开始协同发展。它们通过内容连接消费者，改变着消费者的态度。在此背景下，消费者的态度发生了哪些改变？

(二) 改变消费者态度的策略

1. 改变情感成分

改变情感成分特指增强消费者对产品的好感，从而促使消费者做出购买行为。有些消费者对某些人或事持有偏见，比如中介人员、保险销售员等，还有很多人认为薯条汉堡、炸鸡可乐是垃圾食品，不能多吃。企业可以利用改变情感成分的方法改变消费者的态度。

2. 改变认知成分

改变认知成分的手段有改变消费者对产品的信念、改变消费者对产品属性的认知权重、增加消费者对产品的新信念和改变理想点。

可以通过提供产品表现的实际情况来改变消费者对产品的信念。如许多消费者认为国产电视机不如日本的产品好，国产电视机企业可以通过广告展现自己的实际情况，改变消费者的信念。

可以通过宣传产品相对较强的属性来说服消费者，使其认识该属性的重要性，从而改变消费者对产品属性的认知权重。

在消费者的认知结构中增加其对产品的新信念和改变理想点也是改变认知成分的方法。

3. 改变行为成分

企业可以通过免费试用、发放优惠券、购物现场展示、搭售及降价等措施引导消费者对产品形成积极的态度。

【教学互动 6-2】

互动问题：金龙鱼是调和油市场的强势品牌，其广告由最初的"温暖、亲情，金龙鱼大家庭"到"健康生活金龙鱼"，打出了金龙鱼的知名度，但是并未让消费者感觉到它有什么不同之处。后来，金龙鱼推出了"1∶1∶1最佳营养配方"的口号，既形象地传达出金龙鱼调和油是由三种食用油调和而成的特点，又暗示了只有"1∶1∶1"的金龙鱼调和油才是最好的食用油，带动了金龙鱼品牌的整体提升，使其深受消费者的欢迎。

上述案例中体现出了什么与消费者态度有关的知识点？

要点巩固

一、选择题

1. 态度是指(　　)对特定对象所持有的、相对稳定的、内化的心理反应倾向。
A. 事物　　　　　　B. 社会　　　　　　C. 群体　　　　　　D. 个体

2. 态度的形成要经过模仿或服从、同化、(　　)三个阶段。
A. 认知　　　　　　B. 熟悉　　　　　　C. 了解　　　　　　D. 内化

3. 影响消费者态度的因素包括生活环境、群体态度、知识经验、个性特征、(　　)等因素。
A. 需求　　　　　　B. 欲望　　　　　　C. 想法　　　　　　D. 需求欲望

二、多选题

1. 消费者态度的功能有(　　)。
A. 导向功能　　　B. 识别功能　　　C. 表现功能　　　D. 自我防御功能

2. 影响态度改变的因素有(　　)。
A. 相关群体的影响　B. 媒体的影响
C. 个性的影响　　　D. 其他因素的影响

3. 改变消费者态度的策略有(　　)。
A. 改变情感成分　B. 改变认知成分
C. 改变行为成分　D. 改变思维成分

4. 态度的特点是(　　)、复杂性。
A. 方向性　　　　　B. 稳定性　　　　　C. 内隐性　　　　　D. 对象性

三、简答题

1. 什么是消费者态度的导向功能?
2. 使用语义差异量表的操作步骤有哪些?
3. 媒体因素如何影响消费者的态度?

即学即用—能力提升

川西坝子火锅

川西坝子火锅店位于天府之国——成都。在成都火锅品牌林立的环境中,川西坝子火锅不断创新,目前在成都拥有5家直营店,秉承着"用心做火锅,只为您满意"的经管理念,在经营上有着自身的特点:采用菜品自选的模式,打破了固定端菜的模式,在选菜时更加灵活方便;采用一次性锅底、品牌油碟,卫生健康。不仅如此,川西坝子火锅还有着对这份行业的热爱,能够在发展好本地老火锅的同时,学习国外餐饮行业的新理念。川西坝子火锅限时供应新鲜菜品,一旦超过四个小时就会做废弃处理,这是川西坝子火锅对消费者的负责态度，也是对火锅行业的尊重态度。

　　川西坝子火锅的服务有四大特色：厨房透明化、舞台表演、坚持创新、火锅外卖。川西坝子火锅凭借着这四大特色，在行内引起了关注，也获得了消费者的喜爱。

　　材料来源：吴俊、侯玲《川西坝子火锅的 ABC 态度模型》，《市场观察》，2019 年第 11 期。

　　问题：川西坝子火锅是如何改变消费者的态度的？

课堂延伸

　　扫码阅读：(1)《消费亲力量　年轻新态度——Z 时代消费行为分析与思考》；(2)《2021年"618"消费维权舆情分析报告》；(3)《疫情对国人消费行为有何影响？〈中国购物者报告〉：消费态度发生巨大转变》。

二维码

项目七　影响消费者行为的个体特征

学习目标

＊职业知识目标：

1. 理解自我、个性、能力和生活方式的概念；

2. 了解个性的特点；

3. 了解消费者个性对消费者行为的影响；

4. 理解数字化自我和数字化生活方式的含义。

＊职业能力目标：

1. 能够正确理解消费者自我概念与消费行为的关系，指导产品定位、产品设计、市场销售等营销活动；

2. 能够利用消费者的个性进行消费行为预测；

3. 能够根据消费者的生活方式进行市场细分，做好市场定位。

学前思考

"健身达人"和"肥宅一族"这两种消费者的消费行为有什么不同？

思政案例

低碳生活方式和绿色消费之风兴起

2022 年 1 月 18 日，国家发展改革委等部门联合印发《促进绿色消费实施方案》。方案提出，到 2025 年，绿色低碳循环发展的消费体系将初步形成。2022 年新春佳节将至，节日消费市场中，绿色消费之风引人关注。减少餐饮浪费的小份菜、颇受追捧的二手商店、交易火热的线上闲置交易平台……随着"双碳"目标的持续推动落实，绿色低碳消费渐成气候。

新风尚绿色消费线下线上两开花

打开"绿色食谱"，点几盘半价出售的小份菜，吃不完的菜再使用可降解环保打包盒带回家……线下绿色消费热起来，线上闲置交易也十分活跃。

新亮点低碳生活开启广阔市场

倡导简约适度、绿色低碳、文明健康的生活方式，引导绿色低碳消费，已蔚然成风。

在中央大力推进"双碳"工作的当下，绿色低碳生活方式将为消费市场带来新亮点。

——低碳理念孕育消费升级新需求。2021 年，我国新能源汽车产销量均超过 350 万辆，同比增长 1.6 倍，显示出绿色低碳消费的巨大潜力。

——循环经济催生消费市场新增长点。《促进绿色消费实施方案》提出，到 2030 年，绿色消费方式将成为公众自觉选择，绿色低碳产品将成为市场主流。

——多地尝试搭建碳积分体系，激发低碳消费更大潜能。上海、北京、深圳等城市纷纷发力碳积分体系建设，用个人的"绿色账本"来激励公众绿色低碳消费。

低碳消费的未来重在认知与认同

绿色消费理念在中国正不断深入人心。未来会越来越趋向循环经济，但这取决于消费者的配合和参与。

材料来源：http://www.xinhuanet.com/2022-01-28/c_1128310719.htm，有改动。

思政导言

习近平总书记指出要大力倡导绿色低碳的生产生活方式，从绿色发展中寻找发展的机遇和动力。中央经济工作会议指出，要坚持节约优先，实施全面节约战略。在生产领域，推进资源全面节约、集约、循环利用。在消费领域，增强全民节约意识，倡导简约适度、绿色低碳的生活方式。低碳消费模式是资源节约型、环境友好型的消费模式，是符合绿色发展理念的消费模式。随着"双碳"目标的推进，共享出行、可回收的网购包装、"光盘"打卡等低碳生活正在成为社会新风尚。低碳消费品类也越来越丰富，覆盖母婴、家电、食品、汽车等多个领域，成为消费市场的新增长点。因此，要加大力度培育消费者的绿色低碳意识，倡导绿色低碳生活方式，积极引导居民消费意识的进一步转变，从而形成良好的绿色低碳消费氛围，使绿色低碳理念逐渐成为一种习俗惯例，使绿色低碳消费成为自觉行为。

思政学习园地

扫码阅读：(1)《每日一习话：大力倡导绿色低碳的生产生活方式》；(2)《国家发展改革委等部门关于印发〈促进绿色消费实施方案〉的通知》。

二维码

🎐 理论精讲

任务一　消费者的个性

个性是在个体生理素质的基础上，受到外界环境的作用逐步形成的。个性的形成既受遗传和生理因素的影响，又与后天的社会环境，尤其是童年时的经验具有直接的联系。

一、个性的概念

个性，指在不同环境中显现出来的区别于他人的、相对稳定的、影响人的外显和内隐性行为模式的心理特征的总和。

二、个性的特征

(一) 自然性与社会性

从形成和表现的形式上看，个性既受社会、历史的制约，又受个人生理特征的影响。人的个性是在先天的自然素质的基础上，受到后天的学习、教育与环境的影响逐渐形成起来的。因此，个性首先具有自然性。人们与生俱来的感知器官、运动器官、神经系统等在结构与机能上的一系列特点，是个性形成的物质基础与前提条件。

人的个性并不是单纯自然的产物，它是在个体生活过程中逐渐形成的，在很大程度上受到社会文化、教育教养内容和方式的塑造。可以说，每个人的个性都打上了他所处的社会的烙印。正如马克思所说的："人的本质并不是单个人所固有的抽象物，实际上，它是一切社会关系的总和。"个性是自然性与社会性的统一。

(二) 稳定性与可塑性

个性的稳定性，指个体的个性特征经常地、一贯地表现在心理和行为之中，具有跨时间的连续性和跨情景的一致性。例如，一个人经常地、一贯地表现得冷静、理智、处事有分寸，体现了其个性特征，偶尔表现出的冒失、轻率则不是他的个性特征。由于个性具有稳定性，我们可以从一个人儿童时期的个性特征推测其成人之后的个性特征。俗话说，"江山易改，禀性难移"，这形象地说明了个性的稳定性。

个性不是一成不变的。随着社会现实和生活条件、教育条件的变化，再加上年龄的增长、主观的努力等，个性也可能会发生某种程度的改变。特别是生活中的重大事件或挫折，往往会在个性上留下深刻的烙印，从而影响个性，这就是个性的可塑性。

正因为个性具有稳定且可塑的特质，所以对行为的影响也是稳定且可诱导的。营销人员可以利用它来预测消费者的行为。通过对目标消费者个性的了解，营销人员可以调整其产品或营销策略，来适应目标消费者的独特个性。

(三) 独特性与共同性

个性的独特性，指人与人之间的心理和行为是各不相同的。影响个性的各种因素在每个人身上的侧重点和组合方式是不同的，这使得每个人的个性都有自己的特点。如有的人认识事物时细致、全面，善于分析，有的人认识事物时较粗略，善于概括；有的人情感丰富、细腻，而有的人情感冷淡、麻木等。

个性的共同性，指某一群体、某个阶级或某个民族在一定的群体环境、生活环境、自然环境中形成的共同的、典型的心理特点。

【同步思考 7-1】

问题：俄罗斯人为什么会被称为"战斗民族"？

提示：虽然每个人有自己的独特个性，但是在共同的历史环境、文化环境、生活环境中，俄罗斯人形成了共同的彪悍善战的民族个性。这体现出了个性的差异性和共同性。

三、个性如何影响消费者的行为

千差万别的个性，使得不同的消费者在消费活动中有着不同的消费态度和不同的购买行为，形成了千姿百态的消费行为。个性对消费者行为的影响主要体现在消费态度和购买行为两个方面。

(一) 个性与消费态度

根据消费态度的不同，可以将消费者的个性分为节俭型、保守型、随意型、从众型等类型。

1. 节俭型

这类消费者经济能力有限，生活非常简单，但有条理，重视消费计划，不重视商品的外表，也不重视商品的品牌与名气，其消费态度表现为追求节俭、实用。他们选购商品的标准是商品的质量和实用性，而且他们受外界宣传的影响较小，对于营销人员的推荐和介绍一般会保持较为客观的态度，经常按照自己的购物经验来购买商品，习惯于在中低档商店消费。

2. 保守型

这类消费者一般比较内向，怀旧心理较强，消费态度比较严谨，习惯于传统的消费方式，对新产品、新观念接受得比较慢，并常常抱有排斥、怀疑的态度。在选购商品时，他们比较喜欢购买传统的或有过多次使用经验的商品。

3. 随意型

这类消费者一般有较多的经济收入，购买能力强，消费态度比较随便，选购商品时的随机性较强，选购标准也呈现出多样性，与营销人员接触时的态度比较随便，能接受营销人员的推荐和介绍。他们会从多种渠道获得商品信息，受外界环境的影响较大。

4. 从众型

这类消费者的态度随和，生活方式大众化，一般没有特殊的嗜好，受相关群体的影响较大，在购物场所愿意接受营销人员的推荐和介绍，会与跟自己相仿的消费群体保持相同或相似的消费模式及水平。

(二) 个性与购买行为

根据购买行为的不同，可将消费者的个性分为习惯型、慎重型、挑剔型和被动型。

1. 习惯型

这类消费者常常根据以往的购买和使用经验进行购买。当他们熟悉、接收并信任某种品牌的商品后，便不会再花时间进行挑选，很容易重复购买，并形成习惯性的购买行为。

2. 理智型

这类消费者沉稳、冷静、客观。在选购商品时，他们喜欢根据自己的实际需要并参照以往的购买经验做出决定，而且对所要购买的商品要经过慎重的考虑和认真的比较。其购买行为冷静而慎重，受外界影响较小。他们不易冲动，善于控制自己的情绪，几经权衡之后才会做出购买决定。这类消费者通常有相当的学识，对商品也有基本的认识和了解。

3. 情感型

这类消费者很容易受感情支配，在购物时有较强的情感色彩，在选购商品时常常"跟着感觉走"，只要是自己喜欢的商品，在购买能力允许的条件下就会迅速采取行动。他们的购买目标容易发生转移，商品的外观、造型、命名、色彩等对他们会产生较大的影响。

4. 挑剔型

这类消费者大都具有一定的商品知识和购买经验，因此在选购商品时主观性较强，不愿与人商量，善于发现不宜被人注意到的细微之处，有时甚至会表现得很苛刻。而且，他们对别人的意见有着较为敏感的戒心。

在现实的消费活动中，由于受到客观环境的影响，消费者的个性很少会直接地表现出来，有时还可能表现出与其本身个性不符的特点。因此，不能仅仅以消费者一时的消费态度和偶然的购买行为来判断其个性类型。要通过观察、交流、调查分析等手段来认识消费者的个性特征。营销人员应该根据消费者不同的个性特点，有针对性地进行接待，综合运用情感唤起和理性号召两种方法，提高服务质量。

任务二　消费者的自我概念

一、自我概念的含义

一个人通过经验、反省和他人的反馈，逐步加深对自身的了解，然后会形成自我概念。

自我概念是个体对自己的主观知觉和判断,这种知觉和判断包括对自己的生理状态、人格、态度、社会角色、过去经验等方面的认知,是由一系列态度、信念和价值标准组成的有组织的认知结构。

自我概念是理解消费者行为学中一个很重要的概念,因为人们总是购买有助于强化自我概念的品牌和产品。随着社会进步和经济水平、生活水平的提高,人们的自我意识逐渐加强,消费者的自我概念成为影响消费者消费生活的重要内容。

二、自我概念的类型

(一)自我概念的基本类型

自我概念可以划分为四个基本类型(见图7-1、表7-1):实际自我,我现在是什么样子;理想自我,我想成为什么样子;私人自我,我对自己有什么想法或我想对自己怎样;社会自我,别人怎样看我或我希望别人怎样看我。

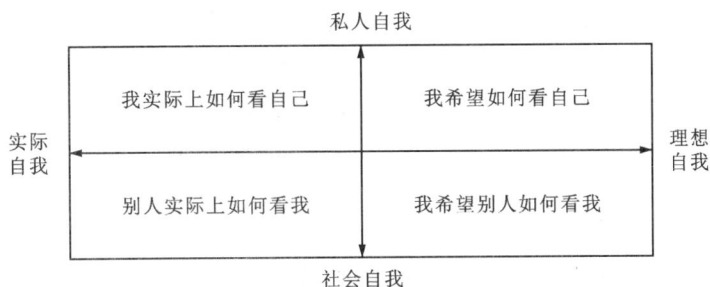

图 7-1　自我概念的类别

表 7-1　不同类别的自我概念

不同取向	说明
实际自我	真实的、客观的自我。别人永远不会知道完整的我,这意味着实际自我可能并不是呈现给世界的那个我
私人自我	我对自己有什么想法,我自己想怎么样,是主观的自我。私人自我很可能与实际自我有明显的差异,但从某种程度上来说,它会根据其他人的反应逐渐调整
理想自我	我想成为什么样子,是我所希望的自我。它与马斯洛确定的自我实现需要相联系。它通常在个人试图树立自我形象时发挥作用
社会自我	别人怎样看我,是别人眼中的自我,或我认为别人如何看我。这个自我并不总是与人们实际上如何看我相吻合,因为我们不能读懂他人的想法

【同步案例 7-1】

"人设"经济

"人设"是人物设定的简称。"人设"经济，源于粉丝经济。粉丝经济，指的是架构在粉丝和关注者基础之上的创收行为，其形式多样，如明星效应、圈子影响、兴趣爱好、互动对话等。而"人设"经济由粉丝经济演变而来，但出发点不仅限于人、明星，商家先根据消费者的需求和喜好，为一个人、一个物品、一种现象或某种生活方式设定特定的形象和定位，将其捧红并不断强化这种设定，慢慢地，消费者开始接受、认可，并为之进行消费，从而带动经济发展。

问题："人设"经济中为明星设定的形象，属于明星的自我概念中的哪个类型？粉丝将明星视为自己的偶像，和粉丝的自我概念中的哪个类别高度关联？

(二) 延伸自我

延伸的自我由自我和拥有物两部分构成。人们倾向于根据拥有物来界定自我，某些拥有物不仅是自我概念的外在显示，同时是自我概念的一个有机部分。除了身体之外，许多东西都可以被看成是自我的外延部分。例如，汽车、房子，甚至团队标识、文身等都是延伸自我的方式。

【教学互动 7-1】

随着通信技术的发展，人们对手机的依赖越来越强，并逐步建立了"手机自我"。可能没有人否认，自己和手机越来越亲密了，人们在手机上消耗的时间在不断增加，手机上的应用越来越多。手机进入了生活的各个领域，彻底重塑了人们的生活形态，重置了人们的生活方式，也在悄悄地改变着人们的心理和行为。

材料来源：https://baijiahao.baidu.com/s? id = 1634654440740643269&wfr = spider&for =pc，有改动。

互动问题：你有多依恋手机？它是你的延伸自我吗？

(三) 数字化自我

在进行印象管理时，我们会有选择地将一些个人线索呈现在他人面前。在数字虚拟世界中，这种选择更加显著。我们可以通过"后期制作"之类的工具去建立我们的形象。这些工具使得每个普通人都可以按自己的意愿戏剧性地改变自己的数字化形象。这导致我们还需要考虑在线上的身份表达——数字化自我。社交媒体专家用社交足迹或数字生命轨迹等来描述这种全新形式的数字化自我。社交足迹，指消费者在使用了特定的数字空间后留下的印记。数字生命轨迹是消费者在不同平台(如游戏、微博、博客、微信等)上的数字生活的轨迹。数字化自我还在不断地进化，研究者必须思考新的角色和身份对消费者的影响，表 7-2 总结了这些影响。

表 7-2 数字化自我对消费者的影响

领域	影响	例子
消费决策	消费者在获取市场信息、互动和进行交易等方面变得更加主动、个性	推送技术(如以邮件提醒处方药的购买时间);健康监控(如智能家庭中的传感器可以监测是否有老人摔倒,智能马桶可以测量人的血糖、血压、体重);智能手机中的应用程序可以根据个人预算、营养目标和药物使用情况定制食谱
消费信息搜索	市场细分和个性化搜索使得消费者使用相似的标准进行信息搜索	个性化的搜索引擎会按照消费者的偏好显示搜索结果
购物行为	购买变成"众包"行为,产品的选择(包括线上和线下)受到建议者的影响;进行在线购物时,消费者对产品的评估可以通过"代理"完成	众多的年轻消费者会上传其所购买的衣服的照片并进行评价;社交购物网站在消费者购物前会提供相关消费群体对产品的反馈信息;在线个人助手经过一段时间就可以了解使用者的偏好(如智能手机的语音助手)
产品使用	使用定制化的产品	智能家庭可以自动调节温度、灯光等

三、自我概念对消费者行为的影响

消费者行为不是功能导向的,其行为在很大程度上受商品中蕴含的象征意义的影响。消费者的自我概念是他们对自己的认知。不论这些认知是积极的还是消极的,都会引导和指导消费者做出许多购买决定。不同类型的自我概念对于消费者的行为有着不同的影响。

四、自我概念在营销中的应用

(一)融入品牌定位

自我概念可作为品牌定位的基础。定位可以被理解为在品牌形象与消费者的自我概念之间建立心理连接,并通过信息传递不断强化这一品牌形象。大量事实表明,消费者倾向于购买与自我概念相一致的品牌。营销的目标就是努力塑造品牌形象,并使它与消费者的自我概念一致(图 7-2)。

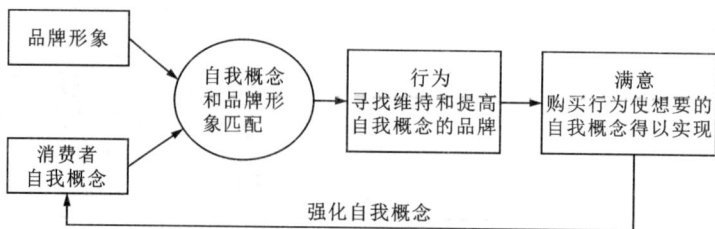

图7-2　消费者的自我概念与品牌形象的关系

（二）影响购买动机

自我形象/产品形象一致理论认为，包含一定形象意义的产品通常会激发包含同样形象意义的自我概念。消费者的自我概念与自我形象一致是影响购买动机的重要因素。消费者购买某种商品，不仅是为了满足特定的物质需要或精神需要，还是为了维护和加强自我概念。例如，一个消费者认为自己气质不凡、志趣高雅、具有较高的欣赏水平，他在购买服装时，会倾心于那些款式新颖、色调柔和、质地精良、做工考究、设计独特的服装，而不是大众化、一般化的服装。

（三）指导产品的设计和销售

消费者的自我概念对于产品的设计和销售具有重要的指导作用。新产品在设计时应当符合消费者某种特定的自我概念。也就是说，当现有的产品不能与消费者的自我概念相匹配时，就有必要设计和生产新产品。而新产品不仅要在质量、外观、性能上有别于老产品，还要具有独特的个性和社会象征意义，能够体现出尚没有特定商品与之相匹配的消费者的自我概念。在销售商品时，了解消费者的自我概念，告诉他们哪些商品与其自我概念一致，向消费者推荐最能反映其自我概念的商品，可以有效地影响消费者的购买行为。

任务三　消费者的生活方式

一、生活方式的含义

生活方式是个体在成长的过程中，在与社会诸因素交互作用下表现出来的活动、兴趣和态度模式。广义的生活方式，指人们一切生活活动的典型方式和特征的总和。狭义的生活方式，指个人及其家庭的日常生活的活动方式，包括衣、食、住、行以及闲暇时间的利用等，可分为劳动生活、消费生活和精神生活（如政治生活、文化生活、宗教生活）等活动方式。生活方式对应某种消费模式，包括消费观念、如何使用时间和金钱等。生活方式是自我概念的外在表现，反映出消费者同外部环境互相影响的全部特征。消费者的消费习惯、购买方式等都受到生活方式的影响。

生活方式的形成受到很多因素的影响，包括文化、社会价值观、亚文化、群体、个性和人口统计特征。归纳起来，就是人、产品和情境结合起来表明了一种特定的消费方式和生活态度，如图7-3所示。

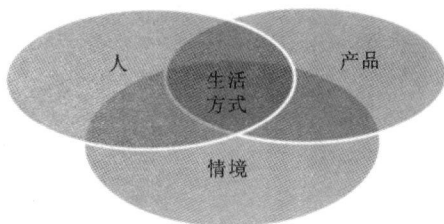

图7-3 产品、情境与生活方式的关系

二、生活方式和消费行为

生活在一定的文化背景和社会背景下，具有个性特征和人口特征的消费者总是会追求自己的生活方式。对生活方式的追求影响他们的需求、欲望，进而影响他们的购买决策和消费行为。同时，这些购买决策和消费行为又反过来强化或改变着消费者的生活方式（图7-4）。

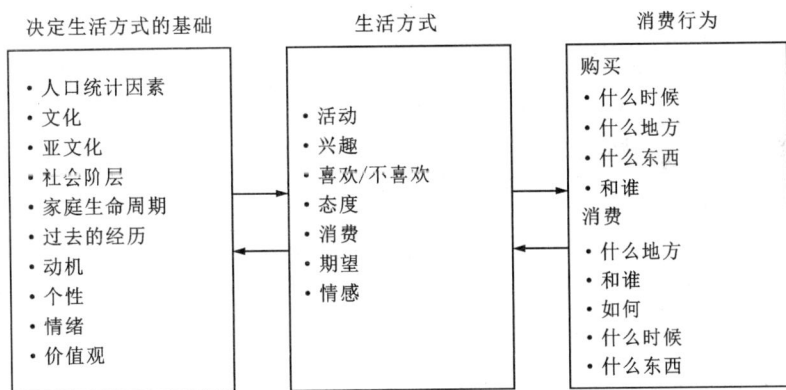

图7-4 生活方式和消费行为的交互影响

三、生活方式在营销中的应用

(一)描述目标市场

利用生活方式可以使营销者超越简单的人口统计数据和产品使用描述的限制，把消费者的价值观、人口统计特征和生活的其他方面结合起来，这样更符合市场的真实性，可以使目标市场更贴切、更生动、更丰满。

（二）创造出关于市场的新看法

生活方式细分是对消费者的生活的逼真描述，所以可以创造出典型而鲜活的消费者形象。

（三）对产品进行定位

产品的目标消费者一般是那些对某种生活方式表现出特殊偏好的人，厂商应该根据其目标消费者的生活方式来进行产品及市场定位，这样才会更准确。

（四）更好地传播产品特征

生活方式细分可以为广告创意人员提供大量的、深入的消费者信息，使他们能够更深入、更贴切地了解广告对象的需求，从而更好地传播产品的特征，更有效地实现传播目标。

（五）开发整合的营销策略

生活方式细分对消费者生活的各个方面都进行了系统的描述，所以在针对目标市场时，营销者可以制订整合的营销策略，使得营销环境、营销策略与消费者的生活方式达成和谐的一致。

四、数字化生活方式

数字化生活方式是一种以互联网和一系列数字技术应用为基础的生活方式，可以方便快捷地带给人们更好的生活体验和工作上的便利。移动互联网全面改变了人类的生活，生活方式的概念也因此有了更新。

【同步业务7-1】

中国数字化消费者市场细分

某咨询公司在其数字化消费者调查报告中，根据数字化消费者的不同需求和消费特征，将中国的数字化消费者分为7个群体：炫酷草根族、顾家丽人族、勤俭中年族、务实工薪族、商旅精英族、影音潮人族和游戏玩客族。

根据数字化消费者的市场细分情况，某智能手机公司选定影音潮人族作为其目标市场，请你为这个公司的智能手机做市场定位。

要点巩固

一、单选题

（　　）是一种以互联网和一系列数字技术应用为基础的生活方式，可以方便快捷地带给人们更好的生活体验和工作上的便利。

A. 数字化生活方式　　B. 线下生活方式　　C. 绿色生活方式　　D. 健康生活方式

二、多选题

1. 自我概念的基本类别包括(　　)。

A. 实际自我　　　　B. 理想自我　　　　C. 私人自我　　　　D. 社会自我

2. 一个人的个性包括他的(　　)。

A. 能力　　　　　　B. 气质　　　　　　C. 性格　　　　　　D. 动机

3. 生活方式是个体在成长的过程中,在与社会诸因素交互作用下表现出来的(　　)。

A. 活动　　　　　　B. 兴趣　　　　　　C. 态度模式　　　　D. 性格

4. 狭义的生活方式可分为(　　)。

A. 劳动生活　　　　B. 消费生活　　　　C. 精神生活　　　　D. 运动生活

5. 以下属于数字化生活方式的有(　　)。

A. 网购　　　　　　　　　　　　　　　B. 公众号预约办理业务

C. 朋友圈记录和分享生活　　　　　　　D. 智能设备监测身体状况

三、简答题

1. 个性具有哪些特征?

2. 消费者的生活方式和消费行为是如何相互影响的?

3. 什么是数字化生活方式?

即学即用

戴上你的数字面具:数字化消费者的重新细分

以前的观念是,通过人口统计学的方法,可以根据人们在公共和私人生活中的表现预测他们的行为,这样商家可以运用经典的分类方法进行有针对性的营销活动。

如今,几乎所有人都拥有移动设备、社交网络和可穿戴设备,通过联网的移动设备,消费者会透露自己的偏好、地点、个性、生活方式等信息。辨别消费者的方法从"电子面具"(消费者拥有的物质化的"可穿戴设备"的数量和种类)的细分转向"自戴面具"(消费者的数字化能力、数字信任度,以及量化自我程度)的细分。

运用数字信任度和数字化能力作为数字行为的驱动因素,我们可以将数字消费者细分为六个类型(图7-5),捕捉我们预期的新的互动模式,并估算普通消费人群的分布情况。这些细分的数字消费者类型超过了传统的行业界限。在不同的情形下,人们的行为模式也不同。我们根据消费者的数字信任度和数字化程度,将这些行为模式运用到不同的情形中。

细分类型:

(1)模拟消费者:他们不愿意或不会使用数字技术。

(2)模仿型数字消费者:这群人很渴望学习关于移动设备和社交工具的基本知识,从而可以跟上潮流。

(3)主流型数字消费者:这些人乐于使用大多数的数字解决方案,而且很可能在不久的将来获得利益。

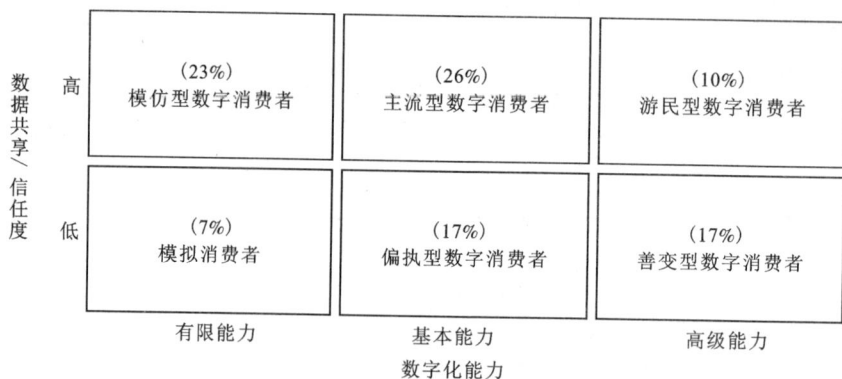

图 7-5　数字消费者细分矩阵

（4）偏执型数字消费者：这类消费者非常谨慎，注意保护他们的信息。

（5）善变型数字消费者：这类消费者非常精明，会根据各种情况和个人利益改变他们的数字行为和数据共享模式。

（6）游民型数字消费者：这类消费者走到哪里，就把他们的数字足迹留到哪里。

这些分类会随时间变化而变化，总的趋势是越来越多的消费者会变游民型。

材料来源：斯科特·斯奈德.数字面具：新型消费者细分［J］.新营销，2015（4）：48-50.

问题：根据以上资料，请思考如何向偏执型和善变型数字消费者推销一款需要他们开放所有访问权限的学习平台 App？

课堂延伸

扫码阅读：（1）《中国城市家庭低碳生活与低碳消费行为研究》；（2）《你的手机，真的"离不开"也"放不下"吗？》。

二维码

环境影响篇

第四模块

项目八　影响消费者行为的文化与经济因素

学习目标

*职业知识目标

1. 掌握文化、亚文化的概念和特点；

2. 了解消费者的文化价值观及类型；

3. 了解中国文化的特点；

4. 了解中国文化对消费者行为的影响；

5. 了解影响消费者行为的经济因素；

6. 熟悉不同收入人群的消费行为。

*职业能力目标

1. 能够精准把握不同文化背景的消费者的心理与行为特征，明确产品或服务的市场定位；

2. 能够制订适当的营销策略，向目标市场中的消费者提供产品或服务。

学前思考

曾几何时，我们疑惑：人们为何总热衷于购买国外产品？如今这个问题变了：为什么越来越多的年轻人喜欢国潮、国货？

思政案例

饱含传统文化底蕴，比亚迪缔造"强大中国车"

2021年，中国新能源乘用车的销量为293.98万辆，占据全球新能源乘用车市场份额的45%，全球排名第一。乘用车市场信息联席会的数据显示，2021年新能源汽车销量排行第一的自主品牌车企是比亚迪，共计销售汽车584020辆。

作为中国新能源汽车市场领导者，比亚迪新能源车，特别是王朝系列车型销量节节攀升，得到了消费者的高度认可。秦、汉、唐、宋、元，每一款车型都是对历史上辉煌时代的致敬。以王朝系列最新作品为例，汉的命名让人联想到汉字和汉语，这都是对中国文化身份的独一无二的表达，不仅唤醒了国人的自我文化意识，更建立起了消费者与自身文化属性的情感纽带。其设计理念和中国传统文化紧密相连，这种年轻且有趣的理念非常吸引人，让比亚迪获得了众多年轻消费者的喜爱，形成了以"国潮"为标签的独特粉丝文化，其品牌吸引力进一步加强。

材料来源：https：//baijiahao. baidu. com/s？ id＝1694991389446453906&wfr＝spider&for ＝pc，有改动。

思政导言

文化因素在消费者行为中起着最广泛、最深刻的影响作用。从前，人们对于 90 后、00 后的印象多为随性、自由、个性鲜明，甚至有些人对于新一代年轻人有些隐隐的担忧。事实上，90 后、00 后所持的是一种平等和自信的国际观，因为我国已经实现了对大部分西方国家的追赶甚至超越，他们不需要媚外，也没有必要媚外。而且，90 后、00 后更加崇尚实用主义，谁的东西好我就用谁，同等质量下谁更便宜我就买谁，穿国潮、用国货越来越成为一种时尚。而这种鲜明的个性，对于文化新消费来说，是一种前所未有的机遇，当然它也面临着更多的挑战。总之，消费观的形成，不仅受到收入水平、物价水平等因素的影响，而且受到每个人所处的家庭环境、社会经济环境及民族传统文化、个人文化素质、宗教信仰等非经济因素的影响。在现阶段，我国消费结构持续优化升级，服务消费占比稳步提高，全国居民恩格尔系数逐步下降，企业及从业人员要不断提升产品和服务的质量，提高消费者满意度。

思政学习园地

扫码阅读：(1)《习近平谈中华民族的根和魂》；(2)《中共中央 国务院关于完善促进消费体制机制 进一步激发居民消费潜力的若干意见》。

二维码

理论精讲

任务一　文化与消费者行为

文化是影响人的欲望和行为的重要因素。文化不同，消费者行为也不同。文化像一张无形的网络笼罩着我们每一个人。在经济全球化的今天，企业在营销时必须考虑到社会文化等因素对消费者行为的影响。影响消费者购买行为的文化因素主要有文化和亚文化。

一、文化概述

(一) 文化的概念

文化有广义和狭义之分。广义的文化是指人类在社会历史发展过程中所创造的物质财富和精神财富的总和。狭义的文化则是指人类精神活动所创造的成果，包括宗教、信仰、风俗习惯、道德情操、学术思想、文学艺术、科学技术、各种制度等。

从消费者行为研究的角度来看，我们关注的是特定文化中的社会成员所共同持有的消费价值观、消费审美观、消费风俗、消费习惯以及它们对消费行为的影响。因此，在本书中我们将文化定义为：某个特定社会的大多数成员所习得和共享的，用以指导其消费行为的信念、价值观和习俗的总和。

(二) 文化的特点

1. 习得性

人的文化意识并不是与生俱来的，而是通过后天的学习而形成的。学习的方式主要有两种：一是"文化继承"，即学习自己民族或群体的文化。正是这种学习保证了民族或群体文化的延续，并且形成了独特的民族或群体个性。这些都是文化传承的结果，是后天学习的产物。二是"文化移入"，即学习外来文化。在一个民族或群体的文化演变过程中，不可避免地要学习、融进其他民族或群体的文化内容，甚至使其成为本民族或群体的文化的典型特征。

2. 群体性

文化是一个社会总体的生活方式，是大部分成员共有的。每个民族或国家，每个城市、每个企业，乃至每个部落和家庭，都会形成自己的文化特质，从而形成各自特有的社会和群体文化。

3. 差异性

每个国家、地区、民族都有自己区别于其他国家、地区、民族的社会文化，有自己独特的风俗习惯、生活方式、伦理道德、价值标准、宗教信仰等，这些方面的不同导致了不同文化之间的差异。因此，不同文化背景的消费者不仅对商品和服务的需求不同，而且对同一句话、同一个动作、同一件事往往有着不同甚至相反的理解。

4. 发展性

文化不是一成不变的，而是随着时间和空间的变化而发展的。技术的变化、外来文化的影响、内部的文化价值观念、自身的调试都会推动文化的变化和发展。文化的发展和变迁，最明显的表现为风尚的转变，这是营销者应该关注的。如 2022 年，北京成功举办冬奥会，中国选手苏翊鸣、谷爱凌等选手在赛场上的精彩表现，激发了中国消费者体验冰雪运动的热情。冰雪经济的热度持续走高，许多冰雪产业链上的企业牢牢把握契机，丰富了产品和服务供给，满足了消费者多样化的体育文化需求，赚足了利润和人气。

5.无形性

文化对消费者行为的影响是潜移默化、润物细无声的,它就好像一只"看不见的手"指导着特定社会中的人的行为。因此,在大多数情况下,人们根本意识不到文化对他们的影响,因为人们总是与同文化中的其他人一样行动、思考、感受,这样的状态似乎是顺理成章、天经地义的。只有当人们暴露在不同文化价值观或不同习惯的社会(或群体)之中时,人们才会意识到自己特有的文化对自己的影响。

二、消费者的文化价值观

文化是影响人的欲望和行为的基本因素。阴与阳一表一里,相互依存转化。文化是里,行为是表,行为反映了文化,文化是行为的依据。不同文化背景下的人们持有不同的文化价值观。这种价值观为社会大多数成员所信奉,并被认为是社会普遍认可和倡导的信念。它通过一定的社会规范来影响人的行为,而不遵守规范者将受到惩罚,这些规范和惩罚最终影响到人们的消费方式(图8-1)。因此,对于企业而言,合理的营销策略应该是努力地去适应,以保持企业和社会的文化价值观相一致。否则,营销的失败是难以避免的。

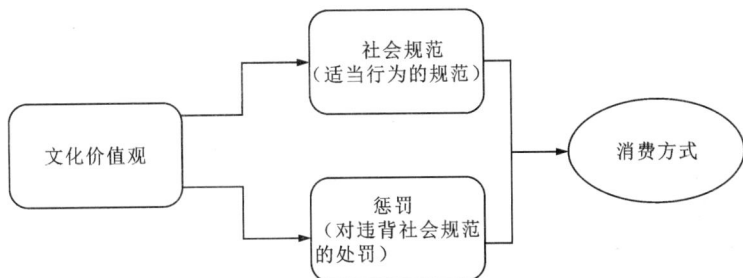

图8-1 文化价值观对消费方式的影响

影响消费者行为的价值观很多,而且这些价值观随文化而异。德尔·I.霍金斯把影响消费者行为的价值观分为三大类:他人导向价值观、环境导向价值观、自我导向价值观。表8-1并未穷尽所有的文化价值观,不过基本上包括了与消费者行为密切相关的主要价值观。

表8-1   德尔·I.霍金斯的文化价值观分类

类型	细分	标准
他人导向价值观	个人与集体	社会是重个人活动和个人意见,还是重集体活动与群体依从?
	扩展家庭与核心家庭	一个人应在多大程度上对各种各样的家庭成员承担义务和责任?
	成人与小孩	家庭生活是更多地满足大人的还是小孩的需求与欲望?
	男性与女性	社会权利的天平在多大程度上自动偏向男性一方?
	竞争与合作	一个人的成功是更多地依赖超越别人,还是更多地依赖与他人合作?
	多样性与统一性	对宗教信仰、族群、政治观点和其他重要的行为和态度是否具有包容性?

117

续表8-1

环境导向价值观	清洁	社会对清洁的追求在多大程度上超过健康所要求的限度？
	绩效与等级	社会激励系统是建立在绩效的基础上，还是建立在世袭因素，如家庭出身等的基础上？
	传统与变化	现在的行为模式是否被认为优于新的行为模式？
	承担风险与重视安定	那些勇于承担风险、克服种种困难去达成目标的人是否更受尊重和羡慕？
	能动解决问题与宿命论	人们是鼓励去解决问题还是采取一种听天由命的态度？
	自然界	人们视自然界为被征服的对象还是视其为令人景仰的圣地？
自我导向价值观	主动与被动	更积极、主动的生活取向是否更为社会所看重？
	物质性与非物质性	获取物质财富的重要性到底有多强烈？
	勤奋工作与休闲	拼命工作是否更为社会所倡导？
	延迟享受与及时享乐	人们是被鼓励去及时享受还是愿意为获得"长远利益"而牺牲"眼前享受"？
	纵欲与节欲	感官愉悦的享受如吃、喝、玩、乐在多大程度上会被接受？
	严肃与幽默	生活被视为极为严肃的事情，还是应轻松地面对生活？

（一）他人导向价值观

他人导向价值观反映社会对于个体之间、个体与群体之间以及群体之间应如何相处或建立何种关系的基本看法。这些看法对市场营销活动产生了巨大的影响。例如，如果社会更加重视集体的作用，消费者在做出购买决策时可能会较多地依赖于他人的帮助和指导。此时促销活动如果过分强调个体的独立性，将很难引起消费者的共鸣，效果不一定会好。这类价值观又可细分为以下六种。

1. 个人与集体

不同的社会文化在对待个人与集体的关系时具有不同的价值取向。有的社会强调的是团队协作和集体行动，并且往往把成功的荣誉授予集体而不是个人。相反，有的社会强调的是个人成就和个人价值，荣誉和奖励常常被授予个人而不是集体。

2. 扩展家庭与核心家庭

在不同的文化下，家庭的含义及家庭成员之间彼此的权利、义务存在很大的差异。较之于其他国家，家庭在美国社会中起的作用相对比较小。一般而言，美国人只有对家庭的主要成员或核心成员，如父母、子女，才觉得有某种强烈的责任与义务。而且，随着新家庭的建立，新家庭成员对原有家庭成员的义务感呈下降趋势。也就是说，当一个人结婚和离开父母之后，他对兄弟姐妹甚至父母的义务感就随之降低。但是，在中国的社会文化中，家庭所起的作用要大得多，家庭责任与义务通常延及外甥、侄子、侄女等。一个人不仅要赡养父母，而且还要对祖父母甚至更远的亲戚承担义务。

3. 成人与小孩

家庭生活是围绕孩子的需要，还是成人的需要？孩子在家庭决策中扮演什么角色？对这些问题的回答能够反映出一个社会对于成人与孩子的价值取向。不同的文化对于孩子的态度存在明显的区别。在我国，计划生育政策推行后的一个重要的社会文化效应就是产生了明显的孩子中心倾向。在许多家庭，一个儿童的月支出比成人要高得多。

4. 男性与女性

荣誉、较高的社会级别、重要的社会角色是否主要赋予男性？女性的生活方式与命运是否从其出生之日起就能够准确地进行预测？是由丈夫还是妻子，抑或由两者共同做出家庭中的重要决策？这些问题都与这一男性与女性的价值观有关。总体上，我们生活在一个男性占支配地位的社会之中。但是，妇女的角色和地位正在改变，在中国，这种改变是很迅速的。

5. 竞争与合作

不同的社会文化对于竞争与合作的态度是很不相同的。在某种文化价值观的影响下，人们崇尚竞争，信奉"优胜劣汰"的自然法则。在另一些文化价值观中，人们则倾向于通过合作取得成功。

6. 多样性与统一性

多样性与统一性主要表现为社会成员是否容忍宗教、民族背景、政治信念和其他重要的行为方式和态度等方面的差别。在一个推崇多样性的社会中，人们不仅会接受个人的行为和态度千差万别的现实，而且在饮食、装束及其他产品、服务上也追求丰富多彩。

(二)环境导向价值观

环境导向价值观反映社会对其与经济、技术和物质环境之间的关系的看法。作为一名营销人员，为一个强调问题解决、风险承担和以追求绩效为目标的社会所做的营销计划，显然应有别于为一个以安全、地位和等级为导向的社会所做的营销计划。

1. 清洁

不同社会文化对于清洁的重视程度不同。这突出表现在发达社会与落后社会之间的差异上。在发达国家，人们普遍重视清洁和环境保护，需要更多地获取清洁的产品，如空气清新剂、除臭剂、工业污染处理设备、汽车尾气检测仪器等。而在很多的不发达国家，即使是起码的卫生条件也常常得不到有效的满足，因此对基本的清洁品的需求较大。但即使在同样发达的社会，有关清洁的文化价值观也可能存在差异。

2. 绩效与等级

在一个绩效取向的社会里，机会、报酬、社会地位会被更多地给予那些个人表现优异和成就突出的人。相反，在一个重视和强调家庭出身和身份地位的社会里，机会的获得往往取决于与个人身份有关的职位或社会阶层。在一个地位和等级取向的社会里，对于功能不相上下的商品，人们往往更偏爱价格、品牌声望高的那一个。在中国、日本、新加坡、菲律宾、马来西亚、印度尼西亚、泰国等国家，消费者通常对那些具有尊贵形象的著名品牌格外青睐。

3. 传统与变化

社会文化不同，人们对待传统和文化变革的态度也会不同。有的社会非常重视传统，有的社会则能够比较容易地接受变革，允许人们打破传统，建立新的模式。在重视和维护传统的保守社会里，产品变化常常会受到人们的抗拒和抵制。英国重传统的文化对营销活动产生了重要影响，75%的英国人声称具有品牌忠诚倾向，而这一比例在德国和法国只有50%。

4. 承担风险与重视安定

有的文化具有很强的冒险精神，勇于冒险的人受到社会其他成员的尊敬；另一些文化却具有很强的逃避风险的倾向，视从事冒险事业的人为异类。不崇尚冒险的社会往往难以发展出足够强大的企业以获得经济发展。新产品的引进、新分销渠道的建设、新广告主题的选择，以及其他营销上的创新，都会受到这一价值观的影响。

5. 能动地解决问题与宿命论

当人们遇到困难和灾难时，是有信心去克服，还是采取宿命论的态度，会集中反映出一个社会在这方面的文化价值观。在加勒比海地区，人们常会在面临困难时说"没问题"以宽慰自己。墨西哥人则相反，他们大多数是宿命论者，因此，当墨西哥人遇到不满意的消费体验时，一般不会提出正式的抱怨。

6. 自然界

不同的社会文化有着不同的对待自然的态度。在有些文化中，人们觉得他们受着自然的奴役，而在另一些文化中，人们认为自己是与自然和谐共处的，还有一些文化推崇征服自然的理念。对待自然界的态度会影响人们对于环境保护的重视程度。

(三) 自我导向价值观

自我导向价值观反映的是社会成员认为应该追求的生活目标，以及实现这些目标的途径、方式。自我导向价值观对营销领域同样具有特别重要的意义。例如，接受和使用信用卡很大程度上取决于人们对即时消费和延迟消费的态度如何。

1. 主动与被动

人们在工作和生活中是否采取积极主动的姿态？身体技能或体能是否较其他技能更受重视？这些问题和主动与被动的价值观有关。美国人更倾向于对任何问题都采取一种"行动"导向的态度。"不要静观事态，要行动"，这是美国人面临问题时的普遍态度。与之不同的是，中国人在很多时候更多地表现出一种"等待"导向的态度，"静观其变""三思而后行"等表述就体现了这一点。

2. 物质性与非物质性

在不同的社会文化中，人们对物质财富的重视程度会有差异。有的社会具有很浓的物质主义氛围，认为"金钱万能"，物质财富能比家族关系、知识、技能等带来更多的社会回报。有的社会则强调非物质的东西，如在政治氛围很浓或宗教狂热的社会中，人们认为对权力的追求或宗教的崇拜是更重要的。在信奉物质主义的社会里，广告诉求应多强调产品能给消费者带来的物质利益和效用。在非物质主义的社会里，要注意联系消费者非物质方面的需要。

3. 勤奋工作与休闲

不同的社会文化对于工作与休闲会有不同的态度。一般来说，人们为了获取经济报酬而工作，但是，有的文化使人们倾向于从工作中获得自我满足，有的文化则使人们在最低经济需要得到满足后更多地倾向于选择休闲。

4. 延迟享受与及时享乐

人们是该居安思危还是及时行乐？在不同文化背景下，可能会得到十分迥异的答案，这集中地体现出一个社会在这方面所特有的价值观。这类文化价值观与企业营销策略的制订及消费者的储蓄或消费倾向密切相关。"居安思危""量入为出""无债一身轻"等迄今为止仍是大多数中国人的消费观念。在这种文化背景下，人们会把较多的收入用于储蓄，而消费信贷则受到了较大的限制。反之，美国人的储蓄倾向相对较低，利用消费信贷购买商品的现象非常普遍。

5. 纵欲与节欲

自我放纵、无节制是否被社会认可和接受？克制自己、节制欲望是被认为有道德操守，还是被当作行为古怪？在这方面，不同的社会文化有着不同的价值观。

6. 严肃与幽默

社会文化的差异也体现在幽默在多大程度上被接受和欣赏，以及什么才算是幽默等方面。美国人并不认为严肃的与幽默的沟通之间存在冲突或鸿沟。日本人则不同，在他们看来，如果某人态度非常认真，则谈话是很严肃的，而当人们在讲笑话和开玩笑时，整个情境则是轻松的，两种谈话风格不能相混。推销技术及促销信息的设计，均须意识到不同文化中人们在这一价值层面的看法和态度。

【教学互动 8-1】
互动问题：观看电影《刮痧》的片段，思考其折射出的东西方文化冲突和差异。

三、中国传统文化与典型消费行为

中华民族是具有几千年悠久历史的民族，中国文化价值观是造成中国消费者行为特点的深层原因，它深刻地影响着中国人的消费模式和消费习惯。不同于西方人，中国人有自己的行为逻辑，这种行为逻辑甚至是西方人无法理解的。

(一) 中国传统文化的特点

中国传统文化上下五千年，已深深地刻入中国人的思想之中，中国传统文化的内容概括如下。

1. 以"根"为本的文化

中国人自古以来重家、重族、重国。例如：中国人对过农历新年极其重视，每到年底，汽车、数码、服装、年货等商品的销量就会节节攀升，因为中国人具有强烈的"家"的意识。"有钱没钱回家过年"这句话也揭示了在中国人骨子里的家庭价值观。

2. 和文化

中国人认为人类是自然的一部分，人与自然之间是和谐的关系。受中国古代自然崇拜、天地崇拜的影响，中国人注重和谐与统一，并努力"顺其自然"地与身处的环境保持和谐。在消费者行为方面，中国消费者一般喜欢新鲜的原汁原味的食物，这也是这种文化对消费者行为的影响。

3. 关系主义

中国是一个"关系导向"的社会，关系文化是中国特色文化之一，被视为了解中国消费者行为的核心概念。在关系主义的文化环境中，消费者的交易活动往往不是单纯的经济行为，还包括人情往来、互惠交换、面子问题等。中国人一向看重人情往来，许多包装精致的商品上印有"馈赠佳品"即是这种思想的反映。

【同步思考8-1】

问题：在日常生活中，你是不是有时候也碍于朋友的面子，不得不为其朋友圈点赞？你在购买一些重要的商品时，是不是喜欢找熟人购买？试着分析一下这些现象。

4. 面子与公众

中国人很注重面子，面子在中国人的消费行为中起了很大的影响作用。对于中国人来说，社会地位不仅意味着成就，而且还是一个人及其家庭、亲属乃至宗族地位的标志。因此，中国人往往通过以"为了强化别人眼中自己的形象"为购买动机的消费，来维护自己的面子和社会地位。有一句古语——"破落户穷极不离鞋袜，新发家初起好炫家饰"，是对这种"面子消费"的最好概括。

5. 安土乐天

中国文化富于安土乐天的情趣，不像西方文化那样追求冒险和刺激。在消费行为上，主要体现为对于时新的、不确定的、非传统的产品或购买渠道都不太放心，不愿意尝试和冒险是中国消费者的显著特点。

6. 尊老崇古

"孝"被视为"德"之根本，以孝立身、以孝治天下的原则成为一种普遍的、不可动摇的人生原则和社会心理。人们常说的"姜是老的辣""不听老人言，吃亏在眼前"等都从不同侧面肯定了老人的价值，实则是对经验的推崇。重视老人、敬重古法是中华文化的重要特点。

(二) 中国文化与消费者行为

1. 根文化与根消费

根文化深植于中国人的心中，影响着人们消费的方方面面，催生出中国人独特的"根消费"。基于延续目的的消费，主要包括下一代的购房消费(婚房、学区房等)、教育消费、仪式消费和节庆消费，以及崇拜消费等。

(1)购房消费

对于中国人来说，买房几乎是人生中的头等大事。结婚要买婚房，生孩子要买学区房，有些人为了养老也会在一些环境较为清净的地方专门买一套房子……刚性需求再加上投资价值,让购房成了大多数中国家庭最大的支出。

【同步思考8-2】

中国人的购房情结

自古以来,中国人对买房子就有天然的热情。如在徽南农村,无数高檐大宅,富丽辉煌,这些大宅子的主人当年都是在淮扬一带显赫非常的盐商、茶商。中国人赚到钱,首先的想法是回乡买房子。在《史记》中,司马迁建议:"去就与时俯仰,获其赢利,以末致财,用本守之。"意思是建议商贾们跑到商海中尽情扑腾,大把赚钱,然后回头去买房子和田地,用房子和田地把赚来的钱牢牢守住。大凡在工商业中赚了钱的人,会马上转身去购买土地。20世纪50年代中期,历史学家李剑农在《先秦两汉经济史稿》中说,司马迁之观念如是,秦汉间大多数人士之观念亦如是,甚至由秦汉以至今日,中国大多数人之理念,尚未能大异于是也。因此一切士农工商的活动,最后以取得大量土地而成富为目的。到今日,买房仍然是中国人难以割舍的情结。

材料来源:https://business.sohu.com/20120621/n346193447.shtml,有改动。

问题:"在未来,接受良好的教育,比拥有一套房子更为重要。"你赞同这样的说法吗?为什么?

提示:在未来,社会将会因科学和教育而发生翻天覆地的变化,只有做好教育,打好坚实的基础,国家才能变得更为强盛。因此,不论是为了事业发展,还是为了充实自己,都应该在教育上多下一番功夫。如果教育与购房不能兼得,就需要做出理性的选择。

(2)教育消费

在中国,根文化在教育消费领域表现得最明显。"再苦不能苦孩子,再穷不能穷教育""孩子是最好的投资"是许多中国父母奉行的信条,他们在孩子身上,尤其是在孩子的教育上十分舍得花钱。中国人在培育后代方面,可以用"舍得花血本"来形容。

(3)仪式消费和节庆消费

仪式是文化的组成部分,中国是世界上仪式最盛的国家之一。红白喜事、添丁满月、新房搬迁、升学高就都是中国人仪式消费的内容,这些仪式多与根文化相关。

中国根文化的强烈表现之一是"家"的观念。全家福和一家团圆对中国人而言永远是生活中最重要的事情之一,所以,以团圆为象征的大节日,如春节、中秋节,受到全社会的高度重视,而且比外国人更舍得消费。

中国人为了表达对先人的哀思会举行各种祭祀仪式。每年清明,都会产生大量的消费,清明前后,鲜花、水果、冥币、鞭炮、寿衣等祭祀用品供不应求。祭祀消费不仅包括祭祀过程中的消费,还包括一些较大投入的一次性殡葬消费及墓地消费。

(4)崇拜消费

崇拜消费又称神圣消费,指为了在某种程度上尊重或敬畏地对待物品和事件而进行的消费,有别于普通消费或世俗消费。现代人的崇拜主要发生在生活领域,崇拜消费是重要表现之一。中国人的崇拜首先表现在对"根"和祖先的崇拜上。

2. 脸面文化与面子消费

中国人的消费行为和心理具有很强的面子情结。面子消费是指脸面文化直接造成的消费行为。面子消费的基本特征如下:

(1)涉及人群广泛,有天然的大众市场。

(2)受收入水平的限制低，对价格不敏感。钱财事小，面子事大。

(3)购买者与使用者分离，重"看"不重"用"。

(4)团体送礼关心的是财务上的合法性，而不关心价格。

(5)消费价值的中心是脸面和关系。

(6)对包装、文化寓意等高度关注。

(7)与节日或办事目标高度相关。

(8)地位决定档次，差序关系形成不同的礼品消费档次。

(9)易形成跟风的消费潮流。

(10)经久不衰，长期互动，来而不往非礼也。

与面子消费相关的消费行为还有攀比消费、象征消费。

攀比消费是一种特殊的消费现象，它存在于世界上的任何一个市场之中，但相对而言，在中国文化背景下，攀比消费更普遍地发生着。攀比消费的重要前提是消费者购买某项商品并非出于物质满足的需要，它的发生更多地源于攀比而形成的心理落差。其目的是向他人炫耀和展示自己的财力和社会地位，以及这种地位所带来的荣耀、声望和名誉。

象征消费，指消费具有的符号象征性，即消费不仅是物理或物质的消费，还是象征的消费。象征消费有两层意思：一是"消费的象征"，即借助消费表达和传递了某种意义和信息，包括自己的地位、身份、个性、品位、情趣和认同。消费过程不但满足人的基本需要，而且是社会表现和社会交流的过程。二是"象征的消费"，即人们不但消费商品本身，而且消费这些商品所象征或代表的某种社会意义，包括心情、美感、档次、身份、地位、氛围、气派、情调或气氛。

3.关系文化与关系消费

人情消费占中国人的消费支出的比例比较大，送礼文化昌盛，逢年过节、婚丧嫁娶、生日寿辰，亲朋好友、街坊邻居无不亲临，从而孕育了巨大的消费市场。

以两个维度(个人或组织、情感或功利)区分，关系消费可分为四种类型：个人情感型、个人功利型、社交情感型、商务功利型，如图8-2所示。其中，后两类为企业或组织的消费行为。

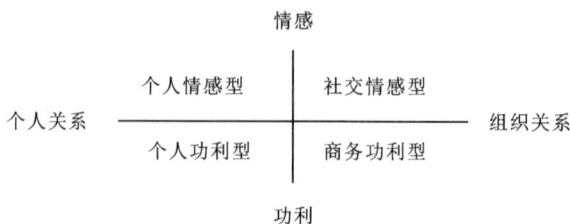

图8-2　四种关系消费

任务二　亚文化与消费者行为

一、亚文化的概念

文化环境是一个庞大的整体。在这个整体内部存在一个为全社会成员所共有的基础文化(也叫主流文化、核心文化),同时又存在若干个亚文化(也叫次文化、副文化)。所谓亚文化,指某一文化群体内的次级群体成员所共有的独特信念、价值观和习惯。每一个消费者都生活在某种"大文化"或"主体文化"中,但同时又受某些次级文化或亚文化的影响。如果你出生和成长在我国的南方,那么你将同时受到中华文化和南方文化的熏陶。在这里,中华文化是主体文化,南方文化则是亚文化。每一个人都受很多亚文化的影响,比如,在饮食习惯上会受到出生地文化的影响,穿着打扮会受性别亚文化和年龄亚文化的影响。

亚文化具有独特性、同一性和排他性。子群体与子群体之间在消费行为上有着明显的差异。而且,每个亚文化群还可以细分为若干个子亚文化群。

二、几种主要的亚文化群体及消费行为

亚文化有许多不同的分类方法,一种比较有代表性的分类方法是由美国学者 T. S. 罗伯逊提出的按人种、年龄、生态学、宗教划分的亚文化,如表 8-2 所示。

表 8-2　亚文化的分类

人口统计指标	亚文化举例
民族	我国有汉族、壮族、蒙古族等 56 个民族
宗教	世界上有佛教、基督教、伊斯兰教、道教等宗教的信仰者
地理	居住于亚洲、欧洲、北美洲、南美洲、非洲、大洋洲等地区的人群
性别	男、女
年龄	60 后、70 后、80 后、90 后、00 后等
收入	处于富裕、小康、温饱、贫穷等经济水平的人群

以上的分类并不是绝对的,某一社会成员可以同时从属于两个或多个亚文化群体,有不同的亚文化群的行为特征。如一个人可以同时属于青年、汉族、高薪阶层等几个亚文化群体。对亚文化进行划分的目的在于更好地进行市场细分,针对具有某些共同特征的亚文化群体开展营销工作。下面介绍一些常见的亚文化群。

(一)性别亚文化群

每个社会总会将某些特征与角色分配给男性,而把另外一些特征与角色分配给女性,

所以，根据消费者性别的不同，可以把消费者分为男性消费者与女性消费者，与其对应的就是男性亚文化群与女性亚文化群。两大消费者群在消费偏好、审美标准、购买方式、购买时机、购买习惯等方面都有明显的不同。

（二）年龄亚文化群

年龄也可以作为一个重要的划分依据。为什么要把不同年龄阶段的人群看作不同的亚文化群体呢？这一点也不难理解。年轻人与老年人需求的东西明显不同。按照年龄的不同，消费者可以被分为几个亚文化群体：少年儿童群体、青年群体、中年群体与老年群体。

（三）职业亚文化群

从事不同职业的人由于劳动环境、工作性质、工作内容及所具备的素质不同，有着不同的心理特点。这些心理特点上的差异必然会反映到消费习惯及消费行为上来。

（四）地区亚文化群

中国是一个地域广阔的国家，中国通常被划分为华北、华中、华南、东北、西南、西北等地区。不同的地区在历史演变过程中形成了独特的地区亚文化。地区亚文化的形成往往和当地的历史传统与文化传统密切相关。不同地区受不同自然环境和社会环境的影响，会形成不同的地区文化特征，必然会对产品的设计加工、款式造型、包装装潢及消费习惯产生深刻影响，并形成带有浓厚地区文化色彩的消费心理。

（五）民族亚文化群

世界上大多数国家都不是由单一民族构成的。各个民族在历史的演变过程中逐渐形成了独特的风俗习惯和生活方式，这些就是民族亚文化的表现形式。民族亚文化以历史渊源为基础，既具有主文化的总体特征，又有自身比较稳定的通过观念、信仰、语言文字、生活方式等形式表现出来的区别于其他群体的特征。

【同步案例8-1】

圈层经济时代下的消费者

市场进入精细化运营时代，针对不同垂直人群的细分市场应运而生。在互联网的解构作用之下，社会经济中的各元素被重新分类、聚集，消费者倾向于和有共同兴趣、态度、爱好、价值观的人打交道，从而形成了特定的社交和消费圈子，即所谓的"圈层"。每一个圈层背后的核心支撑力量为这个圈层的独特文化，由此产生的小众经济形态即圈层经济。其中，以追星圈层、"二次元"、体育运动、国风等为代表的热门圈层的受众（消费者）规模逐渐扩大，且形成了较为成熟稳定的经济运营产业链。

1.追星圈层

在这一圈层中，低龄、未婚、一二线城市、女性、学生是主要的人群标签。追星族是泛娱乐领域最庞大的圈层群体，"爱豆"对粉丝的号召力最强，粉丝追星，愿意为爱消费，针对粉丝而展开的明星营销是品牌营销的吸金利器。

2."二次元"圈层

"二次元"的核心圈层包含非写实类艺术形式，如动画、漫画、游戏、轻小说等核心表现形式，而 cosplay(角色扮演)、漫展、舞台剧、衍生同人周边及近来大热的虚拟偶像等艺术形式则为其延展圈层。

3.国风圈层

国风文化与现代流行文化相融合，粉丝消费渗透多元关联产业。作为独具中国特色的文化元素，国风文化垂直渗透到影视文娱、潮流用品、PUGC 内容生产、美食旅游等消费领域，国风粉丝消费散布于各类消费领域，国风产业生态不断演化。

4.体育运动圈层

潮鞋、电竞作为体育大圈层中的细分垂直文化圈层，不断丰富内容、突破边界，与泛娱乐、时尚等圈层形成密切互动，吸引了一大批新粉入圈，跃升成为全民流行性文化，为产业发展和品牌营销开拓了更多的可能性。

5.玩圈层"潮玩"

潮流玩具是全新圈层，属于 IP 模型玩具领域的新兴子分支。

材料来源：https://news.qq.com/rain/a/20200828A03TI700，有改动。

问题：圈层文化属于亚文化的一种吗？你自己属于哪种圈层？在这个圈层的人中，有什么共同的特征？

提示：圈层经济时代，是真正人以群分、物以类聚的小众经济时代。个性化是基本特征，基于高度的认同感，越是个性、垂直的内容，受众的付费意愿越高。因此，圈层营销也需要从垂直角度出发，明确目标圈层消费者的范围，尊重及认同圈层文化，挖掘圈层专属的高效传播渠道，厘清圈层经济运作的结构，用极致的垂直圈层营销激发圈层经济的裂变效应。

任务三　经济与消费者行为

经济因素也是影响消费者行为的基本因素。经济因素包括外在经济因素与内在经济因素两个方面。

一、外在经济因素

外在经济因素，指消费者需求对象的经济特征及消费者所处的外在经济状态，包括产品价格、需求价格弹性、经济周期等因素。

(一)产品价格

消费者对某种产品的购买行为，首先要受到该产品价格的影响。按照经济学原理，一般来说，消费者对某种产品的需求量与这种产品的价格存在着反向关系。也就是说，价格上升时，消费者就会减少该产品的购买数量，或购买其替代品；当产品价格下降时，消费者在通常情况下会购买更多的该种产品。

需要注意的是，上述产品价格与消费者需求量之间的反向关系有一个前提条件，就是假设其他条件不变。当其他条件变化时，这种反向关系可能不成立。具体来说，其他条件包括以下几个方面。

1. 消费者的收入

如果消费者的收入显著增加，那么即使某种产品的价格上升，消费者的需求量可能仍会保持不变甚至会增加。

2. 消费者的偏好

如果消费者对某种产品的兴趣比过去更高，那么即使该产品的价格上升，消费者的需求数量仍有可能会增加。

3. 互补产品的价格

有些产品之间存在互补关系，如家用轿车与轮胎。家用轿车的价格大幅降低，而轮胎的价格可能会上升。轿车价格的下降会导致其销量上升，由于维修等方面的需要，轮胎的销售量仍然会增加。

此外，在现实生活中还有些特殊产品，它们的价格变动与需求量之间呈现反常的同向关系，这种产品通常被称作"吉芬产品"。

【资料8-1】

R.吉芬是19世纪英国的经济学家，他在对爱尔兰的土豆销售情况进行研究时发现，土豆的价格上升时，对土豆的需求量上升了；而当土豆的价格降低时，对土豆的需求量也降低了。这种反常的情况曾经令许多经济学家迷惑不解，被称为"吉芬之谜"。凡是呈现这种反常变化的产品均被称作吉芬产品。

吉芬产品的需求量之所以同价格变动成同向关系，是因为穷人的实际收入减少，穷人不得不多消费相对低档的产品，这些产品的价格便会上升。例如，人越穷，吃土豆越多，而消费的其他产品，如牛肉就会越少。所以尽管这种产品的价格上升了，但对它的需求量反而会增加。反之，当穷人的实际收入增加时，穷人就可以少消费相对低档的产品，这些产品的价格便会降低。例如，穷人的收入增加了，就可以少吃土豆，而多食用牛肉。所以，尽管这种产品的价格下降了，对它的需求量也会下降。

(二) 需求价格弹性

需求价格弹性表示在一定时期内一种产品的需求量的相对变动对于该产品价格相对变动的反应程度，它是产品需求量变动的百分比与价格变动的百分比之比，其公式为：

需求价格弹性系数=需求量变动的百分比/价格变动的百分比

一些产品、服务，如电力、医疗食品，即使价格大幅度变化，对其的需求量也不会产生明显的影响，也就是说这些产品、服务的需求弹性很小，或说缺乏弹性；相反，其他一些产品、服务，如某些非日常必需品、旅游服务等，即使价格仅有很小的变化也会导致需求量的大幅度变化，这说明这些产品、服务的需求弹性很大，或说富有弹性。影响需求价格弹性的因素主要包含以下几个方面。

1. 产品的可替代性

通常情况下，一种产品的可替代品越多，相近程度越高，则该产品的需求价格弹性就越大；相反，该产品的需求价格弹性往往就越小。例如，当食盐价格上升时，其需求量几乎没有变化，这是因为市场上不存在食盐的替代品，它的需求价格弹性是很小的。

2. 产品用途的广泛性

一般来说，一种产品的用途越是广泛，它的需求价格弹性就可能越大；相反，用途越是狭窄，它的需求价格弹性就可能越小。这是因为，如果一种产品具有多种用途，当它的价格上升时，消费者可以只购买较少的数量用于最重要的用途上；当价格下降时，消费者的购买量将逐渐增加，将产品越来越多地用于其他的各种用途上。

3. 产品对消费者生活的重要程度

一般来说，生活必需品的需求价格弹性小，非必需品的需求价格弹性较大。例如粮食的需求价格弹性较小，电影票的需求价格弹性较大。

4. 产品的消费支出在消费者预算总支出中所占的比重

比重越大，需求价格弹性越大；反之，则越小。因为如果消费者每月在一些商品上的支出很少，消费者就往往不太重视这类商品价格的变化。

另外，同样的产品或服务对不同的目标消费者也有着不同的需求价格弹性。例如，对于休假旅游者来说，机票就有较大的需求价格弹性；而对于商务人员来说，其需求价格弹性却较小。这在一定程度上为企业进行市场细分提供了依据。

（三）经济周期

一个国家的经济周期与消费者行为之间存在着相互作用和影响的关系。一方面，消费者行为影响经济周期阶段的发展；另一方面，当经济处于不同周期阶段时，消费者行为又是不同的。

一个国家的经济周期可以分为复苏、繁荣、衰退、萧条四个阶段。各个阶段在消费需要和消费者信心方面的特征均有所不同。经济周期与消费者行为之间的关系见表8-3。

表8-3　经济周期与消费者行为之间的关系

消费行为	萧条	复苏	繁荣	衰退
非必需品消费	很低	开始增长	高	开始降低
必需品消费	稍低	稍微提高	趋向平稳	稍低
服务消费	稍低	稍微提高	趋向平稳	稍微降低
消费者信心	开始提高	快速增强	开始降低	快速降低

对于企业来说，理解和掌握经济周期对消费者行为的影响是非常重要的。尤其是在衰退期到来时，市场营销者如果不能做好充分准备，将会遭受很大的损失。

二、内在经济因素

消费者消费什么样的产品、服务，首先取决于其购买能力的大小，而购买能力又主要取决于其收入水平的高低。因此，收入是决定消费者行为特征的首要因素。同时，在收入一定的基础上，消费者的支出和储蓄决策也影响着消费者的购买行为，这些都是影响消费者的内在经济因素。

（一）消费者收入

消费者收入的高低直接影响到购买力的大小，进而决定了市场规模的大小和消费者的支出模式。

消费者的收入包括消费者个人的工资、红利、租金、退休金、馈赠、补贴等收入。在什么样的经济发展水平上具有怎样的消费水平和消费结构是有规律的，因此，根据人均收入水平可以推测消费品的市场容量、购买水平和消费结构状况。针对不同的收入水平进行市场细分是企业在营销活动中经常采用的一种做法。

通常来说，消费者并不会把自己的全部收入都用于购买产品和服务，消费者的购买力往往只是其收入的一部分，因此，有必要区分个人可支配收入与个人可任意支配收入。这部分收入是消费需要变化中最活跃的因素，也是很多企业研究营销活动时要考虑的主要对象。一般来说，消费者主要利用个人可任意支配收入进行高档消费品的消费，如奢侈品、汽车、度假等。

此外，区分个人收入与家庭收入也是很重要的。一般而言，个人收入与消费者购买力之间呈正向关系，但现实中很多消费都是以家庭为单位进行的。尤其是在我国，人们的收入大多是被归入家庭收入统筹安排的，因此决定消费者行为的往往是家庭收入。当然，个人收入水平是决定家庭收入的重要因素，所以其对消费者行为的影响不可忽视。

【教学互动 8-3】

互动问题：谈谈你对城镇和农村居民人均收入变化和恩格尔系数的了解。

（二）消费者支出

"恩格尔定律"揭示了随着家庭收入的增加，其支出结构发生的变化。恩格尔定律表述如下：

(1)随着家庭收入的增加，用于购买食品的支出占家庭收入的比重下降。

(2)随着家庭收入的增加，用于住宅和家务方面的支出占家庭收入的比重大体不变。

(3)随着家庭收入的增加，用于其他方面的支出(如服装、交通、娱乐、卫生保健、教育等的支出)和储蓄占家庭收入的比重就会上升。

食品支出总额占消费支出总额的比重被称为恩格尔系数，它会随着总收入的增加而逐渐降低，因而也能够用来说明人们富裕的程度。在中国，改革开放以来，经济开始高速发展，随着城乡居民收入水平的提高，恩格尔系数呈现明显的下降趋势。

要点巩固

一、单选题

1. 文化不是从人体的基因之中遗传下来的，而是通过学习得到的，这是指文化的（　　）特征。

A. 习得性　　　　　B. 差异性　　　　　C. 群体性　　　　　D. 发展性

2. 以下文化要素中，哪一项是影响消费者行为的最敏感要素，也是人们信念中最深层次的东西？（　　）

A. 生活方式　　　　B. 价值观念　　　　C. 宗教信仰　　　　D. 风俗习惯

二、多选题

1. 文化主要具有（　　）的特点。

A. 习得性　　　　　B. 差异性　　　　　C. 群体性

D. 发展性　　　　　E. 无形性

2. 与消费者行为有关的文化价值观主要包括（　　）。

A. 他人导向价值观　B. 环境导向价值观

C. 自我导向价值观　D. 自然导向价值观

3. 影响消费者行为的外在经济因素包括哪些？（　　）

A. 产品价格　　　　B. 需求价格弹性

C. 经济周期　　　　D. 消费者收入

三、简述题

1. 简述影响消费者行为的文化要素。
2. 简述与中国文化相关的典型消费行为。

即学即用—能力提升

教育消费成为中国人花钱排行榜首位

2021年3月，《中国经济生活大调查》发布了一份面向全国十万民众的调查报告，数据显示，2020年花钱排行榜上位列第一的是教育培训，占比达到了32.44%，一举打败了住房和保健养生，成为中国人最舍得消费买单的项目。

最近六年，中国百姓的教育培训消费意愿一直呈明显上升趋势，全国人民自我充电、学习提升的意愿非常强烈。随着人们消费水平的提高，教育消费在家庭消费中的占比越来越高，已逐渐成为家庭的刚性支出。

我国家长历来重视教育，不想让孩子输在起跑线上。90后群体的身份已经逐步开始从"学生"向"家长"转换。随着新生代家长的涌现，主流家长群体已经实现迭代，教育消费市场的主力军也在发生着变化。新生代家长作为教育红利的受益者，更重视教育品牌和教育体验，对价格的敏感度低，愿意将更多的资金投入对孩子的教育之中。

问题：

1. 上述案例说明了中国父母怎样的消费观念？

2. 你的父母为你的教育投入了多少？他们是怎么想的，你又是怎么想的？

3. 有人认为，受到西方文化的影响，新一代的中国父母将不再坚持为子女奉献的传统观念和行为，你同意吗？为什么？

课堂延伸

扫码阅读：《孔子教育奖"云颁奖"，祭拜先师"云祭孔"》。

二维码

项目九　影响消费者行为的社会环境因素

学习目标

*职业知识目标：

1.了解参照群体的概念、分类及决定影响力的因素；

2.掌握参照群体对消费者行为的影响及其在营销中的应用；

3.了解虚拟社区中常见的营销模式；

4.了解社会阶层的概念、特征、构成及决定因素；

5.掌握社会阶层对消费者行为的影响；

6.了解家庭消费的概念、特征及家庭购买决策的概念、类型、影响因素；

7.掌握家庭生命周期不同阶段的消费特点；

8.掌握中国家庭变化趋势及其对消费行为的影响。

*职业能力目标：

1.能够结合参照群体的营销策略等知识，分析新营销环境下产生的群体的特点，并制订相应的营销策略。

2.了解不同社会阶层在消费行为上的差异，能用社会阶层理论来解释这些行为差异背后的原因，并能够预测不同社会阶层的消费倾向，具备针对不同社会阶层的特点制订相应的营销策略的能力。

3.能够分析中国家庭的变化趋势，针对家庭消费行为的变化制订相应的营销策略。

学前思考

"撸猫"经济、懒人经济、跨境消费……这些近来兴起的消费名词被频繁应用在"95后"的身上。看到"95后"身上的这些标签，你有什么感触？

思政案例

不花钱不配当粉丝？

2021年5月，一段"为偶像打投倒牛奶"的视频在网上曝光，引发了公众的强烈谴责。原来，在《青春有你3》这档节目中，粉丝为了给自己心仪的偶像们"助粒"，疯狂集资购买某品牌的牛奶，然后整箱整箱地倒掉。随即，《青春有你3》被停止录制，节目与赞助商双双道歉，但对于事件的反思却不能就此搁置。

倾倒牛奶"打投"实际上是粉丝为了让"爱豆"出道而进行的集资活动。这种集资在"饭圈"相当普遍，指的是粉丝主动形成团体，为喜欢的偶像筹款以示支持的行为。集资来的钱由后援会统一支配，多数用于投票打榜，少数用于制作周边、线下应援等活动。

据媒体的不完全统计，仅《创造101》中的两位流量明星的粉丝就公开集资超过2000万元；《创造营2021》的一位流量明星，决赛前的集资也高达1540万元；一些流量明星想要登上微博明星势力榜，需要粉丝真金白银地送"小花"，2元一朵，一直赠送到"爱豆"升至理想名次。

材料来源：http://yn.people.com.cn/n2/2021/0508/c378440-34715167.html，有改动。

思政导言

名人或公众人物作为参照群体，对公众尤其是对崇拜他们的受众具有巨大的影响力和感召力。名人广告中的名人要和品牌共生，相互依赖，互相依存，一个方面的损失会造成另一方面的损失，一方面的成功也会促成另一方面的成功。

理论精讲

任务一 参照群体与消费者行为

无论是在一个社会、一个亚文化群，还是在一个社会阶层中，参照群体对文化含义的传达都具有重要作用。

一、参照群体的概念与分类

（一）参照群体的概念

群体，指由两个或两个以上的人为达到某种目标而组成的相互影响、相互作用的人群结合体。所谓参照群体，指对个人的行为、态度、价值观等有直接影响的群体。虽然个体并不一定是该群体的实际成员，但它对个体行为的影响是很大的。

从消费者行为学的观点来看，所有影响消费者购买行为的正式和非正式群体都是人们的参照群体。消费者可以通过使用某种产品或品牌来认同某一群体或成为其中的一员。他们通过观察参照群体成员的消费方式来进行学习，并在他们自己的消费决策中使用同样的标准。

（二）群体的分类

在实际研究中，我们根据不同的标准将社会群体划分成不同的类型。一般而言，通常采用以下五组分类。

1. 初级群体与次级群体

初级群体，又叫直接群体、基本群体或首属群体，指的是其成员相互熟悉、了解，因而以感情为基础结成亲密关系的社会群体。次级群体，又叫间接群体，指的是成员为了某种特定的目标集合在一起，通过明确的规章制度结成正规关系的社会群体。

2. 正式群体与非正式群体

正式群体的正规化程度高，其成员间的互动采取制度化、规范化的方式，成员的权利、义务及彼此间的关系具有明确的且常常是书面形式的规定。非正式群体的正规化程度低，其成员间的互动采取随意的、常规的方式，成员的权利、义务及彼此间的关系并没有明确的，特别是成文的规定。

3. 内群体与外群体

凡成员感到自己与群体关系密切，对群体有强烈归属感的便是内群体，即"我群"。内群体成员之外的其他任何人的结合就是外群体，即"他群"。

4. 所属群体与参照群体

所属群体指的是成员身份所属的群体，它规定着成员的身份及其日常活动。参照群体并非某一(些)成员身份所属的群体，但它却被某一(些)成员用作其所属群体的参照对象。

5. 血缘群体、地缘群体、业缘群体与趣缘群体

血缘群体是基于成员间血统或生理联系而形成的群体，如家庭、家族。地缘群体是基于成员空间或地理位置关系而形成的群体，如邻里、老乡。业缘群体是基于成员间劳动和职业间的联系而形成的群体，包括各种各样的社会经济组织、政治组织和文化艺术组织等。趣缘群体是基于成员间兴趣、爱好、志向等的相同或相近而形成的群体，如登山协会、桥牌协会及一些志愿者群体。

二、决定参照群体影响力的因素

(一)产品特征

1. 产品使用时的可见性

一般而言，产品或品牌的使用可见性越高，群体影响力越大，反之则越小。有研究发现，商品的"炫耀性"是决定群体影响强度的一个重要因素。

2. 产品的必需程度

对于食品、日常用品等生活必需品，消费者比较熟悉，而且已形成了习惯性购买，此时参照群体的影响作用相对较小。相反，对于奢侈品或非必需品，如高档汽车、时装、游艇等产品，购买时受参照群体的影响作用较大。

3. 产品与群体的相关性

某种活动与群体功能的实现关系越密切，个体在该活动中遵守群体规范的压力就越

大。例如，对于经常出入豪华餐厅和星级宾馆等高级场所的群体成员来说，着装是非常重要的；而对于只在一般酒吧喝喝啤酒或在一个星期中的某一天打一场篮球的群体成员来说，着装的重要性就小得多。

4.产品的生命周期

当产品处于导入期时，消费者的产品购买决策受群体的影响很大，但品牌决策受群体的影响较小。在产品成长期，参照群体对产品及品牌选择的影响都很大。在产品成熟期，群体影响作用在品牌选择上较大，而在产品选择上较小。在产品的衰退期，群体影响作用在产品和品牌选择上都比较小。

(二)个人特征

1.个体对群体的忠诚程度

个人对群体越忠诚，他就越可能遵守群体规范。当我们参加一个十分忠诚的群体的晚宴时，在衣服的选择上，我们可能更多地考虑群体的期望，而参加无关紧要的群体晚宴时，这种考虑可能就少得多。

2.个体在购买时的自信程度

研究表明，个人在购买彩电、汽车、家用空调、保险、冰箱、媒体服务、书籍、衣服和家具时，最易受参照群体的影响。这些产品同群体没有太大的关系，但是它们对于个人很重要，而大多数人对它们又只拥有有限的知识与信息。这样，群体的影响力就由于个人在购买这些产品时信心不足而强大起来。

自信程度并不一定与产品知识储备成正比。研究发现，知识丰富的汽车购买者比那些购买新手更容易在信息层面上受到群体的影响，并喜欢和同样有知识的伙伴交换信息和意见。新手则对汽车没有太大兴趣，也不喜欢收集产品信息，他们更容易受到广告和推销人员的影响。

三、参照群体对消费者行为的影响

(一)信息性影响

消费者有效仿或反对其参照群体的倾向，因而消费者对某些事物的看法和对某些产品的态度也会受到参照群体的影响。当消费者对所购产品缺乏了解，凭眼看手摸又难以对产品品质做出判断时，别人的使用体验将被视为非常有用的证据。当消费者遇到不确定性时，会积极地从他们认为具备相应知识的人那里搜集相关的消费信息，观察那些他们心中的"消费专家"的消费行为，或是依据某产品的代言人来推断质量。参照群体在这一方面对个体的影响，取决于被影响者与群体成员的相似性，以及施加影响的群体成员的专长性。其影响主要表现在以下方面：

1.消费者从职业社团或专家群体那里搜寻品牌信息；
2.消费者从专门从事相关工作的人那里获得信息；
3.消费者从朋友、邻居、亲戚、同事那里获取有关品牌的知识和经验；

4.消费者选择品牌时会受到某一独立检测部门的报告的影响，在这种情况下，消费者会从其并不隶属但抱有好感的群体那里获得信息；

5.专家的所作所为会影响消费者的选择。

(二) 规范性影响

规范性影响又叫功利性影响，指消费者为了避免惩罚或获得赞赏而采取的满足群体的期望的行为。规范性影响之所以发生作用，是由于奖励或惩罚的存在。例如，服装的穿着要符合身份、地位或群体的理念。如果不符合群体理念，消费者就会被参照群体排斥。规范性影响主要表现在以下方面：

1.为了符合同事的期望，消费者容许同事的偏好影响自己的消费决策；

2.消费者决策会经常受到常有社交往来的人的影响；

3.家庭成员的消费偏好会影响消费者的选择。

(三) 价值表现性影响

参照群体的价值表现性影响对消费者的影响是内化的。即使没有群体规范的惩罚或奖励，消费者也会自觉遵循该群体的价值规范，体现自我价值理念，促使自己的行为与群体趋于一致，从而影响自己对某些产品和品牌的选择。价值表现性的影响主要表现在以下方面：

1.消费者觉得购买或使用某种品牌的商品可以改变自己在他人心目中的形象；

2.消费者觉得购买或使用某种品牌商品的人具有他们想拥有的品质和特征；

3.消费者有时觉得成为广告中使用某种品牌商品的那类人是相当不错的；

4.消费者觉得购买或使用某种品牌商品的人受到他人的崇敬或尊重；

5.消费者觉得购买或使用某种品牌的商品有助于向他人展示自己是怎样的人或将成为怎样的人。

上述三种影响在现实生活中是普遍存在的。但是，不同产品或在不同的情景下，参照群体对消费者行为影响的程度是有差异的。这取决于多种因素，包括产品的性质、产品满足个体和群体需要的程度、消费个体的特征、群体之间的关系等。

四、参照群体在营销中的应用

(一) 名人效应

名人或公众人物作为参照群体，对公众尤其是对崇拜他们的受众具有巨大的影响力和感召力。对很多人来说，名人代表了一种理想化的生活模式。正因为如此，企业常常花巨资聘请名人来促销其产品。

企业运用名人效应的方式多种多样。企业可以用名人作为产品或公司的代言人，即将名人与产品或公司联系起来，使其在媒体上频频亮相；可以用名人做证词广告，即在广告中引述广告产品或服务的优点和长处，或介绍其使用该产品或服务的体验；可以将名人的名字使用在包装上。

(二)专家效应

专家是指在某一专业领域受过专门训练,具有专门知识、经验和特长的人。医生、律师、营养学家等均是各自领域的专家。专家所具有的丰富知识和经验,使其在介绍、推荐产品与服务时较一般人更具权威性,从而产生专家所特有的公信力和影响力。当然,营销者在运用专家效应时,一方面应注意法律的规定,如有的国家不允许医生为药品做证词广告,另一方面应避免公众对专家的公正性、客观性产生怀疑。

(三)普通人效应

运用满意消费者的证词来宣传企业的产品,是广告中常用的方法之一。出现在荧屏上或画面上的人物是和潜在消费者一样的普通消费者,这会使受众感到亲近,从而使广告更容易引起共鸣。广告中可以展示普通消费者或普通家庭如何使用广告中的产品解决遇到的问题,还可以展示如何从产品的消费过程中获得乐趣等。这类广告更贴近消费者,反映了消费者的现实生活,可能更容易获得认可。

(四)经理型代言人

越来越多的企业开始在广告中用公司总裁或主管做代言人。大公司的总裁或主管像明星一样拥有很多光环,他们的成就和不平凡的经历颇让一般民众感兴趣。他们出现在广告中,一方面能吸引更多的人对产品产生兴趣,另一方面也表明公司高层对消费者利益的关注,从而可能激起消费者对公司及产品的信心。

【同步思考9-1】

华为并没有品牌全线代言人,只有系列代言人以及单个手机型号的单独代言人,已知代言过华为手机的有张艺兴、关晓彤、胡歌、赵丽颖、陈坤、任正非、余承东、谭晶、梅西、斯嘉丽、盖尔加朵等。

问题:华为选择代言人时参考了哪些参照群体的标准?

五、虚拟社区中常见的营销模式

近年来,随着互联网、移动通信、物流配送体系的迅猛发展,网络消费异军突起,呈现出快速发展的态势,成为日益活跃的消费热点,在扩大消费、促进经济和社会发展中扮演着越来越重要的角色。虚拟社区,指消费者在互联网上对某些感兴趣的主题进行长时间互动所形成的各种群体。这些互动通常通过QQ、论坛、博客、企业网站和非营利网站等各种形式来维系。随着电子商务的发展,虚拟社区成为消费者分享购物经验、消费体验和沟通信息的重要场所,消费者在购物时也会将虚拟社区中的口碑信息作为重要参考依据。

(一)QQ营销

QQ营销主要是通过QQ和QQ群与客户聊天建立信任关系,然后将企业的网站介绍给他们。QQ营销的好处是有效、简便,聊天就可以,不需要什么投资(企业QQ除外)。QQ

营销的弊端：不能大范围地推广，一个人很难同时和很多客户交流，即使是使用QQ群也一样，QQ群里最多可能只有几十个活跃用户。所以，想要用QQ营销来实现大规模的推广，难度比较大。

(二)论坛营销

论坛营销，指企业利用论坛作为网络交流的平台，通过文字、图片、视频等方式发布企业的产品和服务的信息，从而让目标客户更加深刻地了解企业的产品和服务，达到宣传企业品牌、加深市场认知度的目的。论坛营销的优势：针对性强，成功率高；论坛营销的弊端：论坛更新速度较快，很容易被冷落。

(三)博客营销

博客即网络日志，简单地说就是个人在网上的日记。博客经常由简短且经常更新的帖子构成，这些帖子按照年份和日期倒序排列。博客的网络营销价值：可以直接带来潜在的消费者；降低推广费用；为消费者通过搜索引擎获取信息提供了机会；可以方便地增加企业网站的链接数量；以更低的成本对博客读者的行为进行研究。博客营销能够像网站一样进行关键词优化、外链和博客软文推送等操作，但在评估博客的影响力及营销效果方面，还缺乏科学有效的方法。

(四)微博营销

微博营销是指通过微博平台为商家、个人等创造价值而进行的营销活动，也指商家或个人通过微博平台发现并满足消费者的各类需求的商业行为。微博营销以微博作为营销平台，每一个听众(粉丝)都是潜在的营销对象，企业通过更新自己的微博向网友传播企业信息、产品信息，树立良好的企业形象和产品形象。企业可以每天更新内容，跟大家交流互动，或发布大家感兴趣的话题来达到营销的目的。

(五)微信营销

微信营销是随着微信的火热而兴起的一种网络营销方式。微信不存在距离的限制，用户注册微信后，可与微信好友联系。微信用户可以订阅自己所需的信息，商家可以通过提供用户需要的信息，推广自己的产品，从而实现点对点的营销。

任务二　社会阶层与消费者差异

任何社会都有社会等级，因而可以据此把社会分为不同的阶层。对社会阶层的划分虽然不那么简单，但很有价值，因为可以通过社会阶层来了解并预测消费者的行为。

一、社会阶层的概念与特征

(一)社会阶层的概念

社会阶层指的是某一社会中根据社会地位或受尊重程度的不同而划分的社会等级。显然,存在于社会中的各个社会阶层是一个连续的系统,而且,划分这个系统的标准不是唯一的。每一个人都会在社会中占据一定的位置,有的人占据非常显赫的位置,有的人则占据一般的或较低的位置。这种社会地位的差别使社会成员分成高低有序的层次或阶层。社会阶层是一种普遍的社会现象,不论是发达国家还是发展中国家,都存在不同的社会阶层。

【同步思考9-2】

问题:一个人在一生中只能属于一个社会阶层吗?请举例说明。

(二)社会阶层的特征

1. 多维性

社会阶层并不是单纯由某一个因素所决定的,而是由多个因素共同决定的。个体可以从多个维度对自己或他人所处的社会阶层进行划分。在现代社会,个体所处的社会阶层往往取决于其受教育程度、职业、经济收入、家庭背景、社会技能等多种因素。在众多决定社会阶层的因素中,某些因素相对于其他因素而言往往更加重要。社会阶层的多维性决定了社会阶层划分的复杂性,也决定了特定的商品或服务作为社会阶层象征时的多重性。

2. 同质性

社会阶层的同质性是指同一阶层的社会成员在价值观和行为模式上具有某些共同点或相似点。这种同质性在很大程度上是由成员之间共同的社会经济地位所决定的,同时也和他们彼此之间频繁的互动有关。俗话说"物以类聚,人以群分",同一社会阶层内的社会交往频率往往高于不同阶层之间的交往。对营销者来说,同质性意味着处于同一社会阶层的消费者会订阅相同的或类似的报纸杂志、观看类似的电视节目、购买类似的产品、到类似的商店购物及光顾类似的酒店,这为企业根据社会阶层进行市场细分提供了依据和基础。

3. 动态性

社会阶层的结构并不是一直不变的,随着时间的推移,同一个体可能从原来所处的阶层跃升到更高的阶层,也可能跌入较低的阶层,因此个体所从属的社会阶层是会发生变化的。导致一个人的社会阶层发生变化的原因主要有两方面:一方面是个人因素,比如,个人的努力或自甘堕落、生活变迁等原因,会使他的社会阶层发生变化;另一方面就是社会因素,比如,社会制度的变革改变了人们的生活方式或价值观念,或由于某种原因剥夺了某些人的权利,从而导致个人的社会阶层发生了变化。

4. 层级性

社会阶层是由社会分层导致的,所谓社会分层就是"个体在社会中或高或低的等级,这一等级是由社会中的其他成员排列的，以便产生一个尊重和威望的等级"。将消费者分成上、中、下层的社会分层方法暗含着一个社会中的某些成员在威望和权力方面比其他成员的等级更高。层级性这种特性使得消费者在社会交往中，要么将他人视为跟自己同一层次的人，要么将他人视为比自己更高或更低层次的人。如果消费者认为某种商品主要被同层次或更高层次的消费者所消费，那么他购买该产品的可能性就较大；反之，他选择该商品的可能性就较小。

5. 象征性

一个人的社会阶层是与他特定的社会地位相联系的，然而辨认一个人的社会地位也许比较困难。因为决定社会地位的很多因素，诸如收入、财富等不一定是可见的，人们往往需要通过一定的地位符号将这些不可见的成分有形化，因此，社会阶层可以通过一定的符号表现出来。地位符号可能是所穿服装的品牌、所买商品的价格，甚至是谈吐举止等，这些都向别人表明消费者所在的社会阶层。

6. 约束性

在同一社会阶层内，人们在价值观、态度和行为模式等方面存在着一致性，而在不同社会阶层之间又有着差异性。因此，在现实生活中常常可以发现在同一社会阶层内，人们之间的交往要多于不同阶层之间的交往，当然同一社会阶层内人们行为的相互影响也要大一些。大多数人在和自己处于同一社会阶层的人交往时会感到很自在，而在与自己处于不同社会阶层的人交往时会感到拘谨甚至不安。同一社会阶层内的成员之间更多的交流和互动会强化共有的价值观和社会规范，于是同一社会阶层内的成员间的同质性就得到了强化，成员间的相互影响就会增强。同时，不同社会阶层之间较少互动，这就会限制商品、广告和其他营销信息在不同社会阶层成员之间的流动，使得彼此的行为呈现出更多的差异性。因此，社会阶层对其成员的行为往往具有一定的约束性。

二、决定社会阶层的因素

一个人的社会阶层和他特定的社会地位是相联系的。处于较高社会阶层的人，必定是拥有较多社会资源、在社会生活中具有较高社会地位的人。社会阶层并不单纯由某一个变量，如收入或职业所决定，而是由包括这些变量在内的多个因素共同决定的。

(一) 受教育程度

人的受教育程度直接影响着他的能力、知识、技术、价值观、审美观等，而且随着社会的发展，它在划分社会阶层时所起的作用越来越大。一般情况下，一个人所受的教育程度越高，他的社会地位就越高。

(二) 职业声望

在有关社会阶层的研究中，职位声望是评价人的"价值"的一种标准。因此，大多数学者把职业声望视为确定一个人的社会阶层的最重要的指标之一。当人们初次见面时，通常会询问对方从事何种工作，因为职业是确定一个人社会身份的重要依据。一般来说，职业声望越高,职业地位越高,社会名声越大,所处的社会阶层就越高。一个人的职业不仅给他带来相应的经济报酬,而且会极大地影响他的生活方式。不同职业背景的消费者通常有着不同的消费习惯。

(三)收入

收入最常被用来衡量消费者的购买力和社会地位。收入与人们的消费方式、生活习惯等有着密切的关系,因此没有收入就谈不上消费。一般而言,收入高的人比收入低的人的社会地位高,因此很多学者认为可以按收入来划分社会阶层。但也有一些学者不同意这样的观点,认为收入与社会地位之间不是正向的关系。虽然收入不能完全反映社会阶层,但是在对某些商品的销售进行预测时,收入水平具有很强的作用。

(四)拥有的财物

财物是一种社会标记,它可以向人们传递有关其所有者处于何种社会阶层的信息。拥有财物的多寡、财物的性质也反映了一个人的社会地位。一个人拥有的财物不仅指汽车、股票、银行存款等通常意义上的财物,还包括受过何种教育、在何处受教育、在哪里居住等"软性"财物。名牌大学文凭、名车、豪宅、时尚服饰无疑都是显示身份和地位的标记。

(五)个人业绩

一个人的社会地位与他的个人业绩密切相关。比如,同是大学教授,如果你比别人干得更出色,你就会获得更多的荣誉和尊重。个人业绩除了职业上所取得的成就外,还包括其他非工作上的业绩,如见义勇为、支持公益事业等。一个人会在工作和非工作中,逐渐形成自己的行为模式,从而使自己归属于某一社会阶层。例如:钟南山、屠呦呦在中国人民的心中都占据着很高的地位。

(六)价值取向

同一社会阶层内的成员互动相对于不同阶层之间的互动更为频繁,这使得同一社会阶层的成员在价值观上具有共同点和类似性。因此,个体的价值观或个体如何处事待人的信念是表明他属于哪一社会阶层的又一重要指标。这种共同的价值观一经形成,就会反过来成为一项衡量标准,用以确定某一个体是否属于某个社会阶层。

(七)权力

所谓权力就是让他人按照自己的意志行动的能力,也就是一个人在群体和社会中向别人施加影响的能力。一般来说,权力越大的人,其社会阶层越高。

(八)阶层意识

阶层意识,指某一社会阶层的人意识到自己属于一个具有共同政治和经济利益的独特群体的程度。人们越是具有阶层意识,就越有可能通过有组织的政治团体、工会、消费者协会来维护自身的利益。从某种意义上说,一个人所处的社会阶层是与他在多大程度上认为自己属于该阶层密切相关的。

三、社会阶层对消费者行为的影响

营销人员通常假设属于不同社会阶层的消费者在购买动机上存在差异，所以社会阶层经常被当作细分市场的一个变数。虽然影响消费者行为的环境因素很多，但是同一社会阶层的消费者在需求、偏好、价值观念和行为模式上总会表现出某些共同之处。例如，为了展示某种社会地位，同一社会阶层的消费者可能赋予某种产品或服务一些象征意义，并热衷于购买和使用这种产品或服务。所以，社会阶层会影响消费者行为，消费者的行为反过来又会展示他们所处的社会阶层。

(一) 消费心理的差异

社会阶层之间的一个重要差别表现在其成员心理特点上的不同，特别是价值观念、信念和趣味的不同。比如，尽管有的消费者在取得丰裕的生活必需品方面存在某些障碍，但他们并不一定羡慕那些社会地位更高的人。因为对他们而言，维持一种更高社会阶层的生活方式有时并不见得是一件值得为之努力的事情。

不同社会阶层的群体具有消费行为上的差异，这可以用他们看待世界的不同方式来解释。中阶层的人通常比较关注未来，他们通常比较自信，愿意承担风险，相信自己能够控制自己的命运，尽量放宽眼界。相反，下阶层的人更关注现在和过去，他们关心安全性，关心自身及家庭。

(二) 产品选择和使用的差异

消费者所属的社会阶层不同，对商品或服务的偏好也就不一样。对于服装、住宅、游艇等具有象征意义的产品，消费者大多会根据自我概念或对于自己所属的社会阶层的知觉来进行选购；而家庭日常用品的购买，则更多地取决于收入水平。同一商品或服务对不同社会阶层的人来说，其意义可能也不一样。

(三) 接收和处理信息的差异

接收和处理信息的方式和效果也因社会阶层的不同而存在差异。低阶层的消费者获取信息的能力通常很有限，对信息的真假缺乏甄别能力。因此，他们在做出购买决策过程中可能更多地依赖亲戚、朋友所提供的信息。中阶层的消费者比较多地从媒体上获得各种信息，而且会更主动地进行外部信息的搜寻。随着社会阶层的上升，消费者获得信息的渠道也越来越多。就信息内容而言，社会地位越高的消费者越关心国家大事，对新闻和时事更加关注。因此，较高阶层的消费者会更多地收看新闻节目，订阅品位较高或与自己职业相关的报纸、杂志。

(四) 支出模式的差异

不同社会阶层的消费者所选择和使用的商品也存在差异。例如，高阶层消费者的住宅环境幽雅，室内装修豪华，拥有高档的家具和服装；中阶层消费者一般存款较多，住宅也相当不错，但他们对内部装修则不是特别讲究，高档的服装、家具数量不多；低阶层消费者的住宅区周围环境较差，在衣服与家具上投资较少。

（五）休闲活动的差异

社会阶层还与娱乐休闲活动的选择有密切的联系。一个人所偏爱的休闲活动通常是同一阶层或临近阶层所从事的某类活动，他参加新的休闲活动时往往也是因为受到了同一阶层或较高阶层的影响。

（六）消费、储蓄和信用卡使用上的差异

研究发现，消费、储蓄和信用卡的使用也与社会阶层有关。较高阶层的消费者具有更强的未来导向，并且在财务方面更有自信，因而更愿意在保险、股票、不动产上进行投资。相对而言，较低阶层的消费者更关心即时的满足，他们的主要兴趣在于提高其未来财务上的安全系数（如退休或失业以后如何维持生活）。因此，在信用卡的使用上，较低社会阶层的消费者倾向于在使用信用卡购买物品时采取分期付款的方式，否则便可能负担不起那些他们想要得到的商品；而较高阶层的消费者则把信用卡当成比现金更方便的替代物来使用。

（七）购物方式的差异

一般而言，处于不同社会阶层的消费者，其购买行为及所选择的购物场所会有很大差异。社会阶层是决定消费者购物场所的决定性因素，人们一般倾向于避免去与自己的社会阶层差异较大的商店购物。高阶层的消费者在购物时比较自信，喜欢单独购物，他们虽然对服务有很高的要求，但对于销售人员过于热情的讲解、介绍反而会感到不自在。他们特别青睐那些购物环境幽雅、服务品质上乘的商店，而且乐于接受新的购物方式。中阶层的消费者比较谨慎，对购物环境有较高的要求，但他们也经常在折扣店购物。低阶层的消费者由于受经济条件限制，对价格特别敏感，多在中、低档的商店购物。

（八）消费创新的差异

社会阶层较高的人容易接受新产品和新的消费方式，而社会阶层较低的人则较为保守，不愿意承担新产品及新的消费方式带来的风险。

【同步案例 9-1】

南方航空公司是中国第一个购买 A380 的航空公司，A380 的头等舱定价出来的时候，很多人都在质疑，价位这么高，会有人买吗？以京沪航线为例，头等舱的价格超过 4000 元。然而一段时间后人们发现，头等舱的位置往往很早就被预订了，而经济舱却不怎么卖座。此时，又有人说，A380 头等舱的价格定低了！然而，另一家航空公司——春秋航空则以廉价机票为主打产品，为了降低成本，他们甚至连饮用水都不提供给客人。除此之外，春秋航空公司对可以携带上飞机的行李重量也有着很苛刻的规定。但即便这样，春秋航空公司的机票仍然非常卖座。

材料来源：（1）http://news.sohu.com/20111027/n323659775.shtml，有改动。

（2）https://baijiahao.baidu.com/s? id=1620080247712428154&wfr=spider&for=pc，有改动。

问题：在同一条航线上，头等舱机票和廉价机票的价格相差甚大，但都非常畅销，这是为什么？

四、面向不同社会阶层消费者的营销策略

不同阶层的消费者之间确实存在着明显的差别，同一阶层内的消费者在需求、动机、偏好和消费行为上存在某些相似之处。所以，社会阶层的特征与营销策略的制订和实施效果具有密切的联系。

（一）市场细分

不同的社会阶层会有不同的消费行为和不同的利益追求，当然他们也会表现出对于不同产品的需求。例如，同样是购买电器，高阶层的消费者强调款式和颜色，而低阶层的消费者却重视其工作性能。不同的产品品种适合于不同的社会阶层细分市场。因此，根据社会阶层的消费心理差异及购买行为上的差异，企业可以给自己的产品、服务进行定位，找准目标消费者，积极主动地占领属于自己的市场。

（二）产品开发

不同社会阶层的消费者对于同一类产品的偏好和所注重的商品属性是有差异的。不同产品品种适合于不同的社会阶层细分市场。企业应根据不同社会阶层对产品的需求特点，有针对性地开发新产品，以满足不同社会阶层的消费需要。

（三）产品分销

不同社会阶层的消费者会到不同层次的商店购买商品。高阶层的消费者更有可能在高档百货公司购买商品。低阶层的消费者更喜欢在打折商店和邻近的商店购物，因为他们觉得这样更自在，并且能够与营业员建立起朋友关系，获取更多的信息。因此，要根据不同社会阶层的消费特点采取不同的产品分销手段。

（四）广告设计

社会阶层的价值观念可以为广告指明方向。营销者明确自己的目标市场属于哪一阶层以后，可以有的放矢地去设计广告、包装，使自己的产品真正地被目标市场的消费者所接受。

（五）市场动态导向

随着时间的推移，社会阶层内的消费心理会产生高低不同的波动，将其不同的变动点连接起来便构成了一个流动波，波峰与波谷的间距称作心理波幅，测定消费者的心理波动规律是制订消费品市场战略的重要依据之一。只有参照消费心理波动规律，及时地调控市场细分结构，不断开发新产品、增设新服务，才能对一定社会阶层的消费产生导向作用。

任务三　家庭与消费者行为

一、家庭消费

（一）家庭消费的概念

家庭是指两个或两个以上的个体由于婚姻、血缘或收养关系而共同生活的社会单位。它是以婚姻和血统关系为基础的社会单位，成员包括父母、子女和其他共同生活的亲属。家庭是人类基本的消费单位。家庭消费又称居民消费或生活消费，是人们为了生存和发展，通过吃饭穿衣、文化娱乐等活动对消费资料和服务的消费。

家庭的社会地位和经济条件不仅决定了家庭的购买能力，也决定了家庭成员的需求层次、消费水平、消费结构。家庭对消费的影响，主要体现在家庭的经济收入、家庭结构、家庭消费决策和家庭生命周期等方面。

（二）家庭消费的特征

1. 家庭消费的广泛性

在人们购买的商品中，绝大多数都与家庭生活有关，家庭消费几乎涉及生活消费品的各个方面，从最常见的日用品到高档耐用消费品（家电、轿车等），都以家庭为中心进行购买。

2. 家庭消费的阶段性

现代家庭呈现出明显的阶段性，大致可划分为单身时期、新婚时期、育幼时期、成熟时期和空巢时期五个阶段。处于不同发展阶段的家庭在消费活动方面存在着明显的差异，并且表现出一定的规律性。

3. 家庭消费的差异性

由于家庭结构、家庭规模、家庭关系、家庭收入水平等方面的不同，不同的家庭在消费行为上具有很大的差异。

4. 家庭消费的相对稳定性

排除家庭剧变等的特殊影响，大多数家庭的消费行为具有相对稳定性。家庭日常消费支出相对稳定，而且大多数家庭都能维持融洽而紧密的关系，其家庭消费观念与习惯具有很强的遗传性。特定的内外环境对家庭消费的稳定性具有重要的维系作用。并且，这种稳定性会随着社会经济的不断发展而呈现出稳步上升的趋势。

5. 家庭消费的遗传性

每一个家庭都归属于某一民族、社会阶层或宗教，并受一定的经济条件、职业性质及受教育程度的影响，由此形成自身的家庭消费特色、消费习惯和消费观念等。而这些具有家庭特色的习惯、观念，会在日常消费行为中由上一代潜移默化地传给下一代。当青年一代脱离原有家庭并组建自己的家庭时，便必然带有原有家庭消费特征的烙印。

二、家庭购买决策

（一）家庭购买决策的概念

家庭购买决策是指由两个或两个以上家庭成员直接或间接做出购买决定的过程。就一个家庭而言，收入总是有一定限度的，所以消费范围以及满足消费目标的程度也是有限的。在各种家庭需要难以同时兼顾的情况下，家庭的决策者要确保家庭的整体利益和重点利益，放弃某些消费。消费者的购买活动一般以家庭为单位，但是购买的决策者通常不是家庭这个集体，而是家庭中的某一成员或某几个成员。不同的家庭成员对购买商品具有不同的实际影响力。在一般家庭做出购买决策的过程中，我们通常可以发现家庭成员扮演着五种主要角色：

提议者：促使家庭其他成员对商品发生兴趣的人。

影响者：提供商品信息和购买建议，影响挑选商品或服务的人。

决策者：有权单独或与其他家庭成员一起做出买与不买决定的人。

购买者：购买商品的人。

使用者：使用所购商品或服务的人。

至于家庭中多少人充当这些角色，什么人充当什么角色，则要随着家庭的不同和所买商品的不同而变化。

（二）家庭购买决策的类型

1. 相互依赖型（民主型）

家庭购买决策由夫妻双方协商、相互参谋决定。这种类型在现代家庭中最为普遍，这是因为现代人受教育水平提高，夫妻双方都有经济收入，在家庭生活中平等共享的意识增强。

2. 各自做主型（自主型）

家庭中的每个成员都有权相对独立地做出有关商品的购买决策。这种家庭属于开放型，一般文化层次较高，收入较为宽裕。这种购买决策的类型常见于不太重要的购买活动中。

3. 子女主导型

购买决策主要由子女决定。这一类型的购买行为带有明显的青年消费者的特点，如对新商品兴趣较为强烈，形成购买决策的速度较快，易产生购买冲动等。

不同家庭决策类型的购买行为会有很大的不同。另外，家庭中主要的决策者或权威者，对家庭中其他成员的购买行为往往会产生很大的影响。

【教学互动 9-1】

随着女性社会地位和经济地位的逐步提高，个人收入和财产不断增多，很多品牌都在女性身上寻找商机。有报告显示，75%的中国家庭总消费是由女性决策的。根据阿里巴巴的数据,阿里在线电商销售额中的70%由女性消费者贡献。"她经济"已成为一个不可忽视的领域,引起零售商、品牌商的重视。女性在家中扮演着女儿、母亲、妻子等多个角色,多变的角色影响着消费。相比于男性,女性的消费明显更偏于感情化,在家庭消费中占据着重要地位。

材料来源:https://www.zhongguocaifu.com.cn/news/details-106365.html,有改动。

互动问题:为什么"她经济"在家庭消费中占比最高?

(三)影响家庭购买决策的家庭因素

家庭在做出购买决策时不外乎两种可能:一种是个人说了算;另一种是大家商量,共同决定。影响购买决策的家庭因素主要有家庭结构(类型、人口、受教育程度)、家庭收入、家庭消费计划、家庭生命周期及家庭决策类型等。

1. 家庭结构

家庭结构包括家庭类型、人口数量、家庭成员的受教育程度等,极少数家庭中还有不同宗教信仰的家庭成员。

(1)家庭类型

我国的家庭结构虽然稳定,但从统计学的角度来看,整个社会的家庭结构又具有动态性的特点。统计表明,我国的家庭结构仍以三口之家为主,但丁克家庭、单亲家庭、独身家庭等所占的比例在逐渐提高。

(2)人口数量

人口数量对家庭消费的影响:一是影响以家庭为购买单位的商品的消费数量;二是影响消费决策过程,家庭人口越多,商品信息的来源就越广;三是影响家庭的生活水平和消费质量。

(3)受教育程度

受教育程度影响家庭成员获取商品信息的方式。受教育程度不同,在理解广告、公关宣传、商品功能说明、商品使用说明、商品包装说明时,都会产生差异。受教育程度越高,消费者的理解能力通常就越强,搜集商品信息的能力也越强,购买决策受周围环境的影响越小,越愿意相对独立地做出购买决策。而受教育程度越低,通常理解能力就越低。

2. 家庭收入水平

家庭消费水平同家庭收入水平成正比,收入水平的高低决定着消费水平的高低。随着家庭收入水平的提高,恩格尔系数呈现下降趋势,居民消费档次明显提高。一般来说,家庭经济收入越高,购买力越强,家庭购买决策的观念越淡薄,且容易被所有成员接受;反之,在做购买决策时,家庭成员越小心谨慎、共同参与。

3. 家庭消费计划

家庭消费计划是指一个家庭在较长的时间内,统一管理家庭收入,并对日常消费和长期性消费支出做出具体的计划安排。家庭消费计划是消费技能的体现,影响家庭消费质量。家庭消费计划具体反映在三个方面:一是对家庭收入做出相应的支出计划;二是对消费商品做出购买计划;三是对家庭成员的消费需要做出安排。总的来说,善于制订家庭消费计划的家庭,虽然会限制一些成员的消费行为,但整个家庭的消费质量会比较高;如果整个家庭没有消费计划，在收入一定的情况下，其消费质量肯定会降低。

4. 家庭生命周期

家庭的生命周期会导致家庭消费结构的变化。在家庭生命周期的不同阶段，家庭规模和人口不同，收入水平不同，家庭负担也有差别，家庭的消费行为和消费重点也不同。在家庭生命周期的不同阶段，家庭消费决策的侧重点也有所不同，最终将导致家庭消费结构的变化。

三、家庭生命周期不同阶段的消费特点

家庭生命周期是指一个家庭从建立、发展到分解过程中所经历的一个个生活阶段，这些不同的生活阶段形成了周期。消费者心理学对家庭生命周期的分析，就是根据家庭生命周期的不同阶段，确定每一个阶段的家庭生活特征，再按照这些特征来分析消费过程和消费结构的变化。对家庭生命周期的划分，有五阶段、六阶段、九阶段甚至十阶段的划分方法。这里着重介绍传统的九阶段划分法，见表 9-1。

表 9-1　传统家庭生命周期（九阶段）的消费特点

阶段	特点	消费行为
未婚	不再在家里生活的年轻单身者	几乎没有财政负担，有足够可支配收入满足自己的消费。支出主要为租房、基本的家庭装饰、服饰、旅行、娱乐、电子产品、餐饮等方面
新婚	年轻且无子女	在家庭财政上有一定结余，夫妻两人的收入能有更多随意购物的机会，能将结余放入储蓄或投资
满巢 I	年轻已婚夫妇，最小孩子在 6 岁以下	家庭消费达到顶峰，对家庭财政状况感到不满，孩子的教育、娱乐、生活用品占据主要地位，家庭在早教、外出就餐、旅游、接受家政服务等方面的支出增多
满巢 II	已婚夫妇，最小孩子在 6 岁以上	家庭财政状况有所好转，夫妻在职位上的提升使收入增加，同时抚养、教育支出增多，额外支出也增多，受广告影响不大
满巢 III	年长夫妇及一起生活的孩子	家庭财政更加好转，如有子女已工作，耐用消费品购买增多，如新家具、家电、健身器材等，外出旅游多，享受更多服务
空巢 I	年长夫妇，但无孩子在家生活，一家之长尚在工作	对家庭财政状况感到满意，关心旅游、健康食品或药品，不太关心新产品，喜欢旅游，购买家庭装饰品、奢侈品等
空巢 II	年长夫妇，没有孩子在家生活，一家之长已经退休	收入急剧下降，开始追求新的爱好和兴趣，如外出旅游，参加老人俱乐部等，维持原有住房，购买与健康有关的产品与服务。电视和手机是主要信息来源和娱乐方式
孤寡者 I	孤寡者尚在工作	收入的状态良好，有工作或者足够的积蓄，并有朋友和亲戚的关照，家庭生活比较容易
孤寡者 II	孤寡者业已退休	收入来源减少，对身心保护有特别的要求，生活更加节俭

【同步业务9-1】

随着经济的迅速发展，越来越多的家庭为了方便出行和其他用途而购买了私家车。假如你是一家汽车店的销售员，请你以家庭生命周期为线索，为不同类型的家庭做一份购车计划。

业务分析：根据传统的划分法，家庭生命周期可划分为九阶段：未婚、新婚、满巢Ⅰ、满巢Ⅱ、满巢Ⅲ、空巢Ⅰ、空巢Ⅱ、孤寡者Ⅰ、孤寡者Ⅱ。处在不同家庭生命周期阶段的家庭在人员构成上是不同的，因此其汽车消费有不同的特点。

业务流程：

第一，根据相关知识，确定不同家庭生命周期阶段的消费特点；

第二，通过线上调查和到汽车4S店进行实地调研，确定不同家庭生命周期阶段的收入水平及支付能力；

第三，为不同阶段的家庭制订购车计划。

四、中国家庭变化趋势及其对消费行为的影响

随着社会的变迁、市场经济的逐步完善，中国家庭的构成发生了较大变化，出现了很多新的家庭形式及新的家庭消费理念。因此，有必要研究当代中国家庭变化的状况及其引发的家庭消费模式的转变，以制订合理的营销策略。总体说来，当代中国家庭结构的变化呈现出以下特点：

1. 空巢家庭增多

随着生活水平的提高，人口寿命延长，中国很多城市都已经进入老龄化阶段，往往形成子女不在身边共同居住的家庭格局。对于空巢老人来说，他们的生活需求和消费能力较为低下，大部分的家庭开支集中在医疗、保健、药品方面。空巢家庭增多也催生了一系列新的消费需要，如俱乐部活动、老年大学学习、旅游娱乐、家政服务等。

2. 家庭重组现象越来越普遍

现代社会的离婚率增高，带来的是家庭结构的复杂化，单亲家庭及再婚组合家庭增多。在这种情况下，家庭的收入水平、人口数量、成员构成都发生了较大变化，原有的家庭消费模式也会被打破。单亲家庭使得家庭消费负担增加，也促成了孩子托管等新的消费需要产生，在一定程度上提升了儿童在家庭购买决策中的话语权。对于再婚组合的家庭来说，要视双方关系如何及孩子数量的多少来决定家庭的消费状况。

3. 单身家庭的出现

造成单身人口数量增加的原因有很多，结合我国的国情来看，主要有四个方面：其一，婚姻观的改变。现代年轻人崇尚个人主义，不愿过早受到婚姻、家庭的束缚，因此，独身状态较为普遍。其二，年轻一代面临的生活压力较大，工作竞争激烈、生活节奏快，从而推迟了结婚的时间。其三，结婚费用的增加以及对婚姻的高质量追求使得很多年轻人不会轻易选择结婚。其四，男女比例失调。单身家庭的消费决策和个体的消费决策融为一体，其消费特点是时尚化、个性化及潮流化。

4.丁克家庭增多

越来越多的年轻人由于各种原因,选择不生育孩子,夫妻二人组成家庭。这样的家庭模式必将影响家庭消费格局。

5."满巢"家庭的独立化

现代年轻夫妇的"大家庭"观念较为淡薄,大多数夫妇越来越偏重选择"小家庭"的生活模式,使"小家"的消费决策独立于"大家"之外,但又在一定程度上沿袭着"大家"的消费模式,二者在消费上保持了相当密切的关系。"满巢"家庭的独立使得市场上的家庭消费主体增多,商品消费的数量也成倍增加。

【教学互动9-2】

互动问题:"三孩"政策落地,生育政策再松绑后,我国的家庭结构将有什么变化?

【同步案例9-2】

孩子拥有更多的消费参与权和决策权

腾讯数据实验室基于腾讯数亿用户的大数据积累,结合面向全国一至四线城市超过1500户家庭的线上调研和线下面访,发布了《2018中国少儿家庭洞察白皮书》(以下简称"白皮书")。白皮书指出了一个值得深度思考的现象:在教育理念升级的影响下,家庭成员的话语权已经发生了微妙的变化,儿童越来越成为家庭的核心,"一人带动全家"的趋势愈发明显。不同于80后、90后遭到的"绑架式溺爱",05后、10后获得了更多的自主权,他们的意见会被尊重,兴趣也会被理解,因而较过去有了更多参与消费决策的机会。目前,子女的全年消费支出占家庭全年总收入(税前)的22%左右,且仍在持续攀升。

材料来源:https://page.om.qq.com/page/OuvoarWXjwyYiajCGBATp0Kg0,有改动。

问题:从材料中我们可以看出家庭消费决策有什么变化?

要点巩固

一、单选题

1.消费者在社会交往中,要么将他人视为与自己同一层次的人,要么将他人视为不同层次的人,这体现出社会阶层的( )特征。

A.多维性 B.同质性 C.动态性 D.层级性

2.家庭要受一定的经济条件、职业性质及教育程度的制约,由此形成家庭消费特色、消费习惯和消费观念等。而这些具有家庭特色的习惯及观念,会在日常消费行为中由老一代潜移默化地传给年轻一代,这体现了家庭消费的什么特征?( )

A.广泛性 B.阶段性 C.差异性

D.相对稳定 E.遗传性

二、多选题

1.社会阶层的决定因素有( )。

A.教育 B.职业 C.收入 D.拥有财富

E. 个人业绩　　　　　F. 价值取向　　　　G. 权利　　　　H. 阶层意识

2. 家庭决策的类型可以分为(　　　)。

A. 相互依赖型　　　B. 子女主导型　　　C. 各自做主型

3. 影响家庭购买的因素有(　　　)。

A. 家庭结构　　　　B. 家庭收入水平　　C. 家庭消费计划

D. 家庭成员学历　　E. 家庭生命周期

三、简答题

1. 以你购买手机或电脑的经历为例，对你的消费产生影响的社会群体有哪些？他们对你产生了什么影响？

2. 分析你的家庭所处的家庭生命周期，并说一下你们家在消费上有什么特点？

即学即用

关于人们无比关心的体重与胖瘦，一本美国杂志刊登过的一则广告曾尖刻地写道："你的体重是你社会等级的宣言。"一百年前，对于62%的人超重的美国社会来说，肥胖是成功的标志，但如今肥胖是中下阶层的标志，身体超重意味着在管理自己体重上的失败。

材料来源：https://baijiahao.baidu.com/s? id = 1625606144043305396&wfr = spider&for =pc，有改动。

问题：这个材料体现了美国不同社会阶层中什么样的消费差异？

2021年中国家庭消费三驾马车：旅游、保健、教育

《中国美好生活大调查》数据显示，2021年排在国人消费意愿榜单前三位的是旅游、保健养生和教育培训。看来受疫情影响，大家都憋坏了，太想出去玩耍一下了！这也是在经历了三年下滑后，旅游消费意愿第一次上扬。

回顾过去十年的数据，大调查惊讶地发现，中国人在教育培训上的消费呈螺旋状上升趋势。2020年更是提高了7.5个百分点，成为消费市场增幅最大的行业。

材料来源：https://baijiahao.baidu.com/s? id = 1702887017385670658&wfr = spider&for =pc，有改动。

问题：现阶段我国家庭消费有什么特点？

课堂延伸

扫码阅读:《95后身上的标签，传递出哪些消费新趋势？》。

二维码

项目十 影响消费者行为的情境因素

学习目标

＊职业知识目标：

1. 了解消费购买活动中的情境类型；
2. 掌握创造有利于消费者获取信息的环境的方法；
3. 了解商店选址的意义、商店选址时应考虑的因素、商品陈列的作用；
4. 掌握商店选址的原则和技巧；
5. 掌握购物网站设计的要素，提升消费者在线购物的体验。

＊职业能力目标：

1. 能够熟练分析购物情境的构成因素；
2. 能够初步分析、开发和利用情境商业。

学前思考

在网购风靡的当下，众多的实体店都面临着空前的危机，很多实体店的生意大不如以前，甚至很多干脆选择了关门。那么是不是以后实体店就都将不再存在了呢？

思政导言

在现今社会，网络购物越发普及，消费者足不出户就可以购物，价格实惠，种类繁多，还能送货上门。但是线上购物时无法见到产品实物，同时网页上也可能暗藏很多购物陷阱，关于网络消费的投诉也逐年递增，例如：以次充好、实物与宣传不一致、网络支付环境的安全性差、商家的刷单行为、网购消费者个人信息泄露等。对于以上这些问题，需要各电商平台对入驻商家进行严格的审查，后期要对商品的质量和服务进行监督管理，努力为消费者创造一个诚信、有序、安全、健康的网络购物环境。

《优化营商环境条例》明确指出市场主体应当遵守诚信、守法经营，恪守商业道德意识。政府及有关部门应采取多种方式及时听取市场主体的反映和诉求，了解市场主体在生产经营中遇到的困难和问题，并依法帮助其解决问题。企业和营销人员在营销过程中要规范促销，做好售后服务及投诉举报处置等工作。作为消费者，要有基本的法律知识，要有维权意识，要学法守法用法，敢于拿起法律武器维护自己的合法权益。

思政学习园地

扫码阅读：(1)《优化营商环境条例》；(2)《中华人民共和国消费者权益保护法》；(3)《中华人民共和国反不正当竞争法》。

二维码

理论精讲

任务一　情境与消费行为

一、情境的概念

本书中的情境也称为消费者情境，指独立于消费者和单个刺激客体(如一种产品、一个电视广告等)之外，能在某一具体时间、地点，影响消费者购买行为的一系列的环境因素。

二、情境的构成

消费者情境由五个因素构成：物质环境、社会环境、时间、任务和先行状态。

(一) 物质环境

物质环境，指不占据空间的物质环境，它常常表现为无形的或不可见的物理因素，如地理位置、气味、声音、灯光、天气等围绕在商品周围的因素。

1. 色彩

色彩在现代商业空间中起着传达信息、烘托气氛的作用。通过对色彩进行设计，可以创造一个亲切、和谐、鲜明、舒适的购物环境。

2. 气味

宜人的气味通常对人有积极的影响。经营者如能根据所经营的商品特征适宜地散发一些宜人的气味，可以使消费者在购买过程中精神爽快、心情舒畅。

【同步业务10-1】

业务分析：无印良品店内通常弥漫着其品牌香薰精油的味道。消费者在逛无印良品时，会因为淡淡的精油味道而感到安心舒适。同时，消费者会因为爱上某种产品而顺带爱上这款味道舒适的精油。若有谁将精油买回家使用，很可能会回忆起在无印良品的消费经验。

业务要求：请分享一个气味营销的案例。

3. 声音

声音对消费者的购买行为既有积极的一面，也有消极的一面。舒适的背景音乐可以引发消费者的购买情趣，而噪声会对消费者的心理产生消极的负面影响。

4. 照明

灯光照明是商场的"软包装"，体现着一定时期内销售主体的诉求，也是向消费者传递购物信息的媒介。商场中照明使用的光源一般可分为三类：自然光源、灯光照明光源和装饰陪衬光源。在使用这些光源时，要注意与商场内的基本灯光照明相协调，还要注意与周围的商品相协调。

（二）社会环境

社会环境，指购买过程中对消费者的购买行为产生影响的其他人，包括购物同伴、营业员、人员密度等。

1. 购物同伴的影响

人们逛商店的原因很多，比如有人把购物看作一种社交方式，以此来建立与他人的良好关系，或把购物看作一种展示自我的方式，因此，很多人愿意结伴去购物。

购物过程中的商品或品牌都是高度可见的，因而不可避免地要受到购买同伴的影响。比如，在就餐时，如果是你请客，你就必须考虑同伴的口味、食品的档次等。同伴还会影响消费者的购买决策。在商品信息的收集、选择等方面，同伴的影响都是不可忽视的。

2. 营业员的影响

在交易的过程中，营业员与消费者实现了商品与货款的交换，也反映出了营业员的交际能力与交际技巧，而其交际能力与交际技巧对消费者的购买行为会产生一定的影响。

3. 人员密度

人员密度，指营业面积与消费者之间的对比关系，它反映了商场内人们之间的拥挤状态，也是影响商场环境气氛的重要因素。没有人愿意在非常拥挤的商店中买东西，因为在那样的环境中人们既没有安全感，又会体验到一种压抑感。所以在设计商店时，要考虑客流量与营业面积之间的关系，尽量减少消费者的拥挤感。

（三）时间

时间，指消费情境发生时消费者可支配时间的充裕程度，也指购买活动发生的时机，如一天中的某个时段、一年中的某个季节、距离上次购买的时间、距离发薪水的日期等众多时间因素,都会对消费行为产生影响。

【同步思考 10-1】

问题:从情境的角度分析,越来越多的设在居民区内的小型连锁超市(或便利店)成功的原因是什么?

提示:小型连锁超市(或便利店)的引进和成功实际上是因为利用了人们的时间观。随着工作和生活节奏的加快,很多消费者感到时间压力很大,没有时间逛大型的百货商场,而小型连锁超市(或便利店)可以满足他们的购物需求。

(四)任务

任务,指消费者当时所特定的购买目的,即购买某商品是自己使用、与家人共用,还是送人。即使是购买同样的商品,由于购买目的的不同,消费者的购物策略和选择标准也完全不同。

(五)先前状态

先前状态,指消费者带入消费情境中的暂时性的情绪,它既影响消费过程,又受消费过程的影响,如短时的情绪(一时的焦急、愉悦、兴奋等)或暂时的状态(现金紧张、疲劳、生病等),并不是个人的持久特征。人们在愉悦的情绪状态下看什么都顺眼,不易与人发生冲突,因而能保证购买过程的顺利进行;相反,如果消费过程不顺利,消费者就会感到沮丧、不开心。

三、消费者情境的类型

我们可以将消费者情境分为四种类型。

(一)信息获取情境

信息获取情境,指对消费者的购买行为产生影响的获取、交流商品或商场信息的情境。对消费者来说,有些信息是偶然得到的,而有些信息是通过自己有意识的搜寻而得到的。据统计,在零售商店中约有 2/3 的购买决定是消费者到商店后才做出的,因此,营销人员应尽可能地营造便于消费者获取信息的环境。营销人员可以利用广告向消费者传递信息,利用促销活动传递信息,利用网络等现代科技手段向消费者传递信息。

【同步案例 10-1】

花西子——不同网络社交平台的营销策略

花西子品牌定位准确,其产品有独特的记忆点,它通过营销让消费者保持长期的新鲜感,用的是从产品营销上升到品牌营销的方式。其产品营销策略是饱和式投放不同层级的"网红",达到全网(微博、抖音、小红书、快手等)都在用、都在夸的效果。其品牌营销策略则是深度绑定大 KOL 进行直播带货,同时辅以众多明星矩阵背书及"种草安利",品牌知名度的上升速度惊人。它的年销售额从 2018 年的 4319 万暴涨到 2019 年的 11.3 亿,2020 更是达到了 30 亿。

问题:列举花西子在不同网络社交平台的营销技巧。

(二) 购买情境

1. 商场接触

商场接触的核心问题是如何将消费者吸引到商场里来。这一方面涉及商场的位置,另一方面涉及消费者对商店形象和商店品牌的认知。商店位置指的是商店坐落于哪个区段、交通是否便利等。在其他条件差不多的情况下,消费者一般会选择离家较近的、交通比较便利的商店。商店形象指消费者对商店所有特点的整体印象。这些特点包括商店所能提供的商品(质量、价格、品种等)、服务(营业员的态度、付款方式、售后服务等)、硬件设施(如自动扶梯、卫生间等)、商店气氛及商店声誉等。

2. 商品接触

商店内的商品陈列及商店氛围对消费者的商品接触有较大的影响。商品陈列的相关知识见本项目的任务二。商店氛围既可以使消费者很乐于在商店中逗留,也可以使消费者觉得郁闷,想尽快结束购物。

(三) 消费情境

在不同的消费情境中,人们会有不同的消费体验。比如,在一个服务周到、整洁优雅的快餐店里就餐,人们会变得愉快。不同的产品可能会适用于不同的情境。比如,结婚典礼上收到的礼物与生日聚会上收到的礼物很可能是不一样的。对营销人员来说,可以直接控制有些产品的消费情境,比如在服务业(如餐馆、旅店)内,消费者购买的主要产品和服务就是消费环境本身。还有一些产品,营销人员则无法控制其消费情境,如消费者购买冰箱后,其使用时间有可能长达 10 年,营销人员便无法控制冰箱的消费情景。

(四) 处置情境

处置情境是指消费者在产品使用前或使用后如何处理产品或产品包装的情形。消费者对产品的处置可能因产品的不同、消费者本人特点的不同而有差异。

需要特别指出的是,随着人们环保意识的增强以及国家有关政策的出台,越来越多的营销者感到有责任保证产品不会污染环境或危害健康,例如:快餐店使用可降解的塑料快餐盒,在购物中心设置分类垃圾箱等。

四、情境营销及其应用

情景营销就是在销售过程中,营销者运用生动形象的语言给消费者描绘一幅使用产品时的美好图像,激起消费者对这美好图像的向往,并有效刺激消费者购买欲望的手段。情景营销以沟通心灵的对话和生活情景的体验来达到营销的目的。如果企业要以情境为思路去制订或改进营销策略,需要假设产品的特性是不变的,进而才能去研究应该将产品置于哪一种情境之中。

(一) 以心理体验为核心

消费者不仅消费产品本身,更希望借助消费行为来表达和传递某种信息。一般说来,消费者希望表达、传递的信息包括自己的地位、身份、个性、品位、情趣和认同等。产品的信息与哪些有形物质同时出现才能够提升消费者的辨识度，这些有形物质应该具备什么特征(颜色、气味、声音等)，这都是营销人员需要研究的问题。营销人员在运用情景营销的手段时，需要围绕消费者的核心诉求，用富有感情色彩的语句勾勒出美好的图景，最大限度地满足消费者的心理体验要求。

(二)逐步激发消费者的想象力

消费者在进入商店之前，已经收集了许多关于品牌、产品的信息。营销人员需要特别关注的，就是一步步地激发消费者的想象力，刺激其购买欲望。营销人员要让消费者将注意力牢牢锁定在某件产品上，要让消费者产生相关的想象。消费者会想象使用这件产品时的美好体验，并被这种美好体验所深深吸引，进而引发购买欲望。

(三)情境营销要因人而异

没有哪一种情景描绘能让每一位消费者都喜欢。因此，是否了解消费者的情况与心境，决定了情境营销能否成功。以市场定位为例，如果一家餐厅将自己定位为同事聚餐的场所，那么应针对"同事"这一特定关系的特点做出相应的布置。

【同步案例10-2】

2011年，《光明日报》曾报道过北京8号学苑，这是一家以80后为主题的概念餐厅，餐厅对其会员的要求是出生日期在1980年1月1日至1989年12月31日之间。餐厅的整体布局以学校课堂作为主题风格，服务员的称呼是值日生，装修得简单而怀旧。十几年来，虽然8号学苑一直地处胡同之中，并不突出，但只要到了饭点，屋外等待就餐的人便会将餐厅堵得严严实实。

材料来源：https://www.chinanews.com.cn/cj/2011/01-07/2771644.shtml，有改动。

问题：80后主题餐厅为什么这么火?

任务二　物质环境与消费行为

物质环境可以包括很多方面，主要是指与消费者购买行为有关的商店布局与商品陈列两个方面。

一、商店布局与消费行为

商店布局指的是商店内外的布置和设计。商店的地理位置、店面设计、名称、橱窗布置等都能对消费者产生或大或小的影响。

(一)商店的地理位置

俗话说"一步差三市"，与其他行业相比，地理位置对商业企业的影响至关重要。

1.商圈分析

商圈是指店铺吸引消费者的地理区域，是店铺的辐射范围，由核心商业圈、次级商业圈和边缘商业圈构成。核心商业圈的消费者占店铺消费者总数的55%～70%，是离店铺最近、消费者密度最高的区域；次级商圈的消费者占店铺消费者的15%～25%，位于核心商业圈的外围，消费者较为分散；边缘商业圈包括了所有其余的消费者，消费者最为分散，见图10-1。

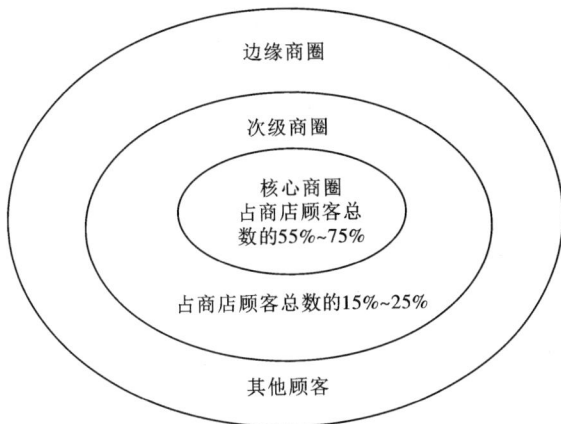

图10-1　商圈的分布

2.商店选址

（1）商店选址的意义

首先，选址是一项长期性投资，店址一经确定就难以变动，店址选择得好，企业可以长期受益。其次，选址是影响商店经济效益的重要因素。古人非常重视"天时""地利""人和"，对于商店来说，占有"地利"的优势，就可以吸引消费者。最后，商店选址是制订经营目标和经营战略的重要依据。

（2）商店选址时应考虑的因素

①地区经济

普遍来看，当消费者的可支配收入增加时，其消费的商品质量和服务档次才都会有所提升。所以，一般大型商店应设置在经济繁荣、发展速度较快的地区。

②区域规划

在最终确定商店的选址前，必须向当地有关部门了解选址潜在地点的建筑规划。这往往涉及选址及附近建筑物的拆迁和重建，如果在成本收回之前就遭遇拆迁，将会使企业蒙受巨大的经济损失或失去原有的地理优势。

③文化环境

一个地区的社会文化环境由文化教育、民族习惯、宗教信仰、社会风尚、社会价值观念、文化氛围等因素构成。这些因素影响着消费者的消费行为和消费模式。

④消费时尚

一定时期内的流行风向能在很大程度上影响消费者的消费方式和消费方向。比如，由于时间的碎片化，人们对于短视频的关注越来越多，消费者也会在一些主流短视频平台上购物。

⑤商店的可见度和形象特征

商店的可见度是指商店位置的明显程度，是通过往来的车辆和徒步旅行人员的视角来进行评估的。具有鲜明特征的商店形象更容易引起人们的注意，并形成深刻的印象。

3.商店选址的原则

①易达性原则

易达性原则即进入性原则。商业企业的地点应分布在交通最便捷的区位，即最容易进入的区位。商业企业的服务对象是消费者，商业行为是产品、服务与消费者在时间和地域上的结合。所以，商店应位于人流集散最方便的地区。

②接近购买力原则

一般来说，商业企业的存在是以服务一定的人口为前提的，这种维持一个商业企业存在的最低服务人口数量被称为该企业的"人口门槛"。商业企业的利润建立在消费者购买力的基础上，而购买力水平取决于消费者的消费水平。因而，商业企业在选址时必须考虑该区域的人口密度、人口数量。

③接近商业中心原则

商业中心是城市人流、物流、资金流的中心，是城市商业活动的焦点。商业活动有扩延效应，一旦一个商业中心形成，在其附近的商业企业就会有利可图。商店在选址时，要特别考虑这一点，尽可能地享受商业中心带来的地域、人流红利。

（二）店面设计

店面主要指的是商店的进出口通道及外部设施，包括招牌、店门、橱窗、霓虹灯等能引起消费者注意的外观结构。

1.店门设计形式

根据商店类型的不同，店门设计有以下几种形式：

（1）经营贵重商品的商店应采取"两小一大"的总体设计，即小店门、小橱窗、大招牌。

（2）经营日用品的百货商场在门面装饰上应采取"三大"的总体设计，即大招牌、大店门、大橱窗。

（3）农副产品、副食品、水产禽蛋类商店，店门设计要突出的是实用性。

（4）专业店在装潢上要着重突出商品特色和经营特色，店门不宜过大。

（5）超级市场和自选商场的门面应该采取"两大一小"的总体设计，即大招牌、大橱窗、小店门。

【教学互动 10-1】

2020 年 11 月 30 日，宜家东京涩谷店开幕，这间 7 层楼高的店面是继 2020 年 6 月开业的宜家原宿店之后，在日本开业的第二家城市店。除了丰富的家具和饰品，宜家涩谷店还开设了玩具和游乐场设备区，让更多人在家庭出行时也能享受到不同的乐趣。为了庆祝开业，宜家邀请了三位东京的插画师进行了主题创作。围绕着涩谷标志性的城市景观和宜家的特色商品，三个别具一格的宜家小世界被描绘了出来。

材料来源：https://www.digitaling.com/projects/144557.html，有改动。

问题：请思考宜家新门店的店面设计有哪些亮点？

2.店面设计的基本要求

对于商家来说，门店的装修设计非常重要，如果自己的店面独具一格、吸引眼球，那么消费者自然会多起来。商业性门店量大面广，经营服务的项目和种类繁多，并且所处的环境各异，其规模和设施的标准也各有不同。

（1）要与经营的产品品种及特色相适应

必须对所售商品的类型、形态、色彩、质感、数量与风格等特点进行分析，目的是利用各种人为的设计元素去突出商品的各种特点，而且不能喧宾夺主。让消费者最方便、最直观、最清楚地接触商品是首要目标。

（2）要与目标消费者的购买心理相适应

在设计门店前，必须充分了解该门店目标消费者群体的喜好，设计出他们喜欢的门店环境，这样才能提高购买率。

（3）要与整个建筑物甚至整个建筑群的风格相适应

店面设计要和周围的建筑风格相统一，要做到重点突出、主从明确，富有节奏和韵律感。

（4）要在消费者心目中建立特有的形象

店面设计要从品牌定位开始，在为门店形象确定风格基调后，要使每一个元素都相互衔接，使店内呈现的整体感官实现价值最大化，让消费者产生强烈的兴趣和购物欲望。

【同步案例10-3】

浙江省非物质文化遗产——缸鸭狗汤圆

"三更四更半夜头，要吃汤团'缸鸭狗'。一碗下肚勿肯走，两碗三碗发瘾头。一摸口袋钱勿够，脱下衣衫当押头。"这段老宁波人耳熟能详的顺口溜道出了宁波老店缸鸭狗的百年发展之路。

缸鸭狗由宁波海曙人江定法创办。1926年，缸鸭狗的雏形还只是一个在老城隍庙摆卖汤圆的小摊子。早年的学徒经历让江定法学会了一套生意经，凭着他活络的头脑和勤快的态度，四年下来，小摊子发展成了开明街泰和桥边的店面，贩卖的食物也从单一的汤圆发展到酒酿圆子、豆沙圆子、各色汤圆等多品种小吃。

有店必有名，江定法灵机一动，便取自己小名"江阿狗"在宁波话里的谐音，将店名定为"缸鸭狗"，配上当时宁波越剧团小有名气的舞美设计师王云标先生绘制的招牌，就此定下了缸鸭狗百年不变的形象。这块招牌上画了一只缸、一只草鸭和一只黄狗，中间嵌着"汤圆"两个小字，意象生动，颇有风趣，一时间就被广识于市。

材料来源：http://www.fengsuwang.com/minjian/gangyagou.asp，有改动。

问题：你认为"缸鸭狗"成为宁波家喻户晓的百年老店的原因是什么？

（三）招牌设计

商店招牌的主要作用是对店名和经营的产品做出招示。因此，招牌应该醒目、鲜明、新颖，给人以呼之欲出之感，使之有强烈的时代气息和艺术欣赏价值。

一般而言，招牌设计包括商铺命名、文字书写、色彩设计、选材制作等内容。招牌的形式一般有文字型、文图型、形象型和实物型等。在招牌材料的选择上，除要求强烈的质感对比外，还要考虑它的耐腐蚀、耐污染能力。

(四)橱窗布置

橱窗既是商店门面的总体装饰的组成部分，也是商店的第一展厅。它以所售商品为主体，利用布景、道具和画面装饰为衬托，配合适当的灯光、色彩和文字说明，进行商品展示和信息传递。橱窗对消费者购买行为的影响有三个方面：一是吸引消费者注意，激发其兴趣；二是产生联想，增强消费者的购买欲；三是利用暗示，增强消费者的购买信心。

在进行橱窗设计时，要综合考虑市场动态、消费习惯和审美趋势，根据陈列商品的性质、用途和特点突出商品，还要经常变换商品，以适应消费者的心理，吸引消费者的注意。

二、商品陈列与消费行为

商品陈列指的是商品在货位、货架和柜台内的摆放、排列等。从促销的角度看，商品陈列可以作为最直接的实物广告，从而对消费者产生影响。店内商品陈列应当从遵守"三易原则"，应以消费者为考量点，让商品易看、易摸、易选。

(一)商品陈列的作用

1. 通过不同形式的排列展示商品的形态美与时尚美等，引发消费者的购买欲望。

2. 向消费者推荐商品，特别是新的商品品种和流行商品。

3. 对于积压滞销的商品，通过商品陈列进行巧妙的搭配组合，使其引起消费者的注意和兴趣。

(二)不同陈列方式对消费者的影响

商品在柜台及货架上摆放的位置、搭配及整体表现形式，是消费者接收商品信息，清晰、准确地感知商品形象，获得情绪体验的重要环节。商品的陈列应根据消费者的心理特性，讲求便利性、实用性、艺术性和视觉冲击性。

1. 醒目陈列

商品摆放力求醒目突出，以便迅速引起消费者的注意，可以从陈列高度、数量、商品特点等几个方面体现。

商品的摆放高度和宽度应适合目标消费者群体的视线、视角，这样消费者才可能接收更多信息，容易清晰地感知商品形象，方便消费者选购。

商品陈列数量上，要使消费者产生商品丰富、有充分挑选余地的印象和心理感受，激发消费者的购买欲望。

突出商品特点指凸显商品独有的质量、款式、性能、造型、包装等特性，从而可以有效地刺激消费者的购买欲望。

2. 重点陈列

商店内商品众多，要使消费者在同一时间内对所有的商品都给予同样的关注是不可能的，因此要重点突出，兼顾其他商品。一般来说，消费者需要大量购买的商品是陈列的重点，次要的商品附带陈列，从而使得消费者对重点商品产生注意后，可以附带关注到大批的次要商品。对于需要特别宣传的商品或有特殊意义的商品，可以采用这种醒目的排列方法，这样既有利于陈列商品的销售，也可能带动其他商品的销售。

3. 专题陈列

可以结合某一事件或节日，集中陈列有关的商品，以渲染气氛，利于某类商品的销售。例如，年关将至时，相关企业会集中推出一系列与过年有关的产品，这样既渲染了气氛，又给企业带来了利润。

4. 季节陈列

商店可以随着季节的变化，调整季节性强的商品的陈列方式。季节陈列有利于应季商品的销售，使消费者产生与自然环境和谐一致、愉悦顺畅的心理感受。

5. 组合陈列

将互补性商品、替代性商品、连带性商品等陈列在一起，可以激发消费者潜在的购买意识，方便相关商品的销售。例如，将牙膏和牙刷摆放在临近的地方。

6. 艺术陈列

商店可以利用各种商品的格调、色彩、包装，甚至气味等进行巧妙布局，使其相互映衬，达到整体的艺术效果，同时能够赋予商品以高雅的艺术魅力，吸引消费者进行购买。艺术陈列的方式有直线式、形象式、多层式、单双层式、均衡式、艺术字式、斜坡式等。

7. 裸露陈列

裸露陈列是目前商家经常采取的形式。消费者可以自由地接触、选择、试用商品，有利于消费者减少心中的疑虑，坚定购买信心。

三、物质环境与营销策略

(一) 有创意的装修才可以吸引消费者

1. 色彩

很多时候，消费者喜欢根据自己对色彩的喜好来选择店家。为了投其所好，店面装修时需要了解目标消费者的心理。

2. 香味

现在讲究视觉营销，但是也要讲究味觉营销，要充分利用香味的吸引力，将敏感人群牵住。室内空调与清新剂、香味剂的选择，要在整体规划时加以考虑。

3. 音乐

音乐具有极大的情绪感染力和情感传达功能，商场可以充分利用音乐吸引消费者。消费者听到一些比较惬意、舒适的音乐，无形之中就会对这家店产生一定的好感。

4. 灯光

有了灯光的渲染，商品才能呈现出最完美的状态，对于消费者也才会更加有吸引力。

对于消费者而言，灯光起到了引导作用。店面中的灯光主要是为了展现商品的色彩与质感，强调商品的特征，制造出特别的气氛，使店面变得更加有魅力。

(二)用特色化的名称或招牌

门店的名称会对门店的生意产生较大的影响，因为消费者对于门店的第一印象就是基于门店名称的音、形、义而形成的。优美的名字很容易给人留下良好的印象，反之，用字生涩、名不副实的店名往往会招来消费者的反感，给门店的经营带来不良影响。

(三)合适的商品陈列方式

对整体开放式空间内的全系列产品进行适宜的组合配置，可以巧妙体现品牌、产品的风格、逻辑、功能、美感和魅力，潜移默化地激发消费者的购买意识，引导其进行消费。这就是合适的商品陈列方式的作用。

四、购物网站设计与消费行为

随着互联网技术的发展，购物网站越来越受到人们的青睐。不论是从商家角度，还是从消费者的角度出发，购物网站的设计都十分重要。人们的审美要求不断提高，对购物网站的艺术性需求也越来越高。

(一)购物网站环境设计的要素

购物网站(网店)不同于实体店铺，从目前的网络技术发展水平来看，客户主要还是通过文字描述和图片展示来了解网上的商品，而不能像在实体店铺里一样与商品进行"亲密接触"。因此，在"装修"店铺和描述商品时，要合理运用色彩、图像、文字等元素，这和实体店铺有一些异曲同工之处。

1. 色彩

网店的主题色调应该与商品特性相符合，或与目标消费群体的特性相符合。如果网店主营女性时尚产品，那么比较适合的主题色是偏粉色、红色的柔和浪漫色系。如果网店主营手机、单反相机等数码类产品，那么蓝色、黑色或灰色系往往会给消费者带来理智、高贵、沉稳的感觉。

2. 店铺招牌

店铺招牌就是显示在网店最上面的横幅，它通常也会显示在每个商品页面的最上面，是传达店铺信息、展示店铺形象的最重要的部分。招牌设置合理，既能"传情达意"，又能让客户"赏心悦目"，会给客户留下美好的第一印象，并且有可能让客户继续停留在网店里浏览、选择商品。反之，可能会给客户不专业的感觉，从而降低客户对店铺和商品的信任度，导致客户不敢轻易下单。因此，店铺招牌要真正发挥招揽客户的作用，在设置时须遵循"明了、美观、统一"的原则。明了就是要把主营商品用文字、图像明确地告知客户；美观指图片、色彩、文字的搭配要合理，要符合大众的审美观；统一指招牌要与整个网店的风格一致。

3.商品分类

商品分类，顾名思义就是把网店里的商品按一定标准进行分类，就像超市里有食品区、日用品区、家电区一样。对网店来说，合理的分类一方面便于消费者查找，另一方面有利于卖家促销。合理分类的主要原则是标准统一。例如，女性饰品店可按商品属性(如发夹、项链、戒指等)来分类；化妆品店可按使用效果(如美白系列、祛痘系列、抗皱系列等)来分类。此外，在分类排列时，可把新品、特价等较易引起消费者兴趣的商品放在相对高的位置，这样更容易受到消费者的关注。

4.网店促销

网店促销是指以免费、低价或包邮等形式出现的商品促销活动，它对提升人气、推广商品、拉动销售有一定的促进作用。但在现实中，卖家的商品促销活动没有有效传递给客户的现象并不少见。究其原因，主要还是"卖点"不够突显，没有吸引到客户的目光。因此，为了能让客户及时了解到网店的促销活动，可以运用强烈的对比色或突兀的字体，在网店首页最引人注目的位置把促销商品展示出来。

5.商品描述

完整的商品描述通常包括介绍商品的文字、图片、售后服务、交易条款、联系方式等内容。在网络上，商品描述是客户详细了解一件商品的最主要方式。因为网店与实体店铺不同，在实体店里，客户若对某件商品感兴趣，他可以用眼睛去看，用手去摸，用鼻子去闻，而网店里的商品具有虚拟性。因此，为了能全面地传达商品信息，商品描述在内容上应尽可能详细，在表现手段上除了常用的文字、图片外，还可使用声音、视频等。

(二) 提升消费者在线购物的体验

在电子商务发展的初期，低廉的价格和丰富的产品是商家占领市场、赢得消费者的主要手段。而随着线上市场的不断成熟，大小企业纷纷开拓线上市场，竞争愈加激烈。而消费者对于网购的诉求也从最初的追求低价变得越来越与线下的诉求趋同，完美、个性化的购物体验依然是消费者最终的需求。因此，优化消费者的体验，就成为购物网站营销工作中举足轻重的部分，而服务细节则将直接决定能给消费者带来怎样的购物体验。

1.提升网页的视觉体验

商场购物环境是否舒适轻松，商品陈列是否合理，是否能够快速找到所需商品，对线下购物的消费者来说很重要。与在实体店购物不同，在线上购物时，店铺页面和单品页就是购物环境。购物网站的页面要轮廓清晰，主次分明，只需展示消费者最急需了解的产品信息；应尽量减少消费者的点击次数，消费者到达想去的页面的点击次数越少，可能的回报就越高；线上店铺的产品品类划分要清晰明了，甚至要更优于实体店，这样才能让消费者很快地找到所需产品；要在有限的屏幕空间上将视听多媒体元素进行有机的排列组合，重点突出，同时，所有的图像、文字，包括背景颜色、区分线、字体、标题、注脚，都要统一风格。总之，只有符合消费者的需求，网站的设计才有价值。

2.提升消费者对网站的信任度

网站要形成明确的运营政策和正确的沟通方式，遵守国家制定的互联网购物规范，提高消费者对网上购物的信任度。要让消费者确实感受到购物环境、个人信息的安全。

3. 增强商品的易搜索性

要保证通过搜索和导航功能可以让消费者快速、方便地找到自己所需的产品。例如通过语音输入、文字键入、图片导入都可以立即开始有效的搜索。好的导航和搜索系统有助于商家的定位。利用不同的商品类别和基于消费者使用习惯而设置的标签，可以建立清晰的导航系统，有助于消费者清晰地浏览网站。

4. 建立稳定的购物车系统

有个稳定的购物系统是很重要的。要将购物车置于页面上的明显位置，保证随时可以访问，还要显示购物车内的商品，保证点击即可退出。这虽然是很基础的工作，但在一些网站上，消费者仍然不能直接进入购物车，除非他们添加商品。当那些没有完成购买，暂时离开网站的消费者再次返回购买页面时，要保证他们可以看到自己购物车中的商品。

5. 设置"顾问型"客服专员

消费者浏览网上店铺时，看到的只有商品图片，随着技术的进步，有些店铺增加了商品展示视频，但是消费者基本无法第一时间掌握商家、店铺的实力，容易产生距离感和怀疑感。与消费者进行网上交流，仅仅是服务消费者的第一步。一个有着专业知识和良好沟通能力的客服，可以给消费者提供更多的购物建议，更好地解答消费者的疑问，更快速地对消费者的售后问题进行解答。在非工作时间，也可以设置电子客服来应对一些简单的提问，增强消费者的购物体验。

6. 双向延长售后服务时间

网络购物流程复杂、相对漫长，这决定了其售后服务的过程要长于线下。从消费者选购好商品完成付款开始，就要开始售后服务流程了。等待货物到手的过程很容易让消费者的心理产生变化。货物发出后的每一环节都应该通知消费者，让消费者在这个流程中可以掌握每一环节的信息，能够跟踪自己购买的商品，使消费者跟卖家的联系更加紧密，使消费者感受到卖家对消费者的关心。在消费者收到商品后，要为消费者提供完善的售后跟踪服务。要设置专门人员，每天了解店铺是否有负面评价，一旦发现必须及时做出处理，第一时间与消费者沟通。出问题不要紧，最关键的是出问题后解决问题的态度，这是最能赢得消费者忠诚的。

7. 物流配送信息及时跟进

网购中最重要的一环就是物流。尤其在"双十一""618"等一些活动中，订单量不断增加，销售额迅猛增长，它们对物流的考验有目共睹。除少数电商企业拥有自己的配送系统之外，其他网店均依托第三方物流公司完成运输，网店对此是很难掌控的。虽然不可控，但是有几个环节是可优化的：一是缩短下单到发货的时间差，发货后，第一时间发消息提醒消费者关注物流信息，让消费者感受到网店的效率和关怀；二是客服团队及时跟进发货，在派送延迟、失误的情况出现之前及时跟物流公司沟通解决，将物流导致的问题尽力控制在最小的范围内，尽量避免消费者产生不满。

网购是一个虚拟的购物过程，但这个过程中包含了数据、服务沟通、物流配送、售后服务等环节，任何一个环节都是很重要的。所以，提升消费者网站购物的体验，需要在各个方面进行改善。

要点巩固

一、单选题

1. 在法国，有个饭店的老板，把他饭店里的墙壁全部粉刷成淡绿色，令客人感觉幽雅、舒适，吸引了众多消费者。但由于人们留恋这种舒适环境，就餐时间加长，而且进餐后久久不肯离去。这样餐桌的利用率自然就降低了。于是，老板又把墙壁粉刷成红色和橘黄色，这种热烈的色彩一方面能刺激人们的食欲，同时又不适于客人进餐后久留，因而餐桌利用率显著上升。

(1) 上述案例反映了消费情境中的哪个情境？(　　)

A. 社会环境　　　B. 物质环境　　　C. 任务　　　　D. 先前状态

(2) 案例中反映了消费情境中哪一个具体要素？(　　)

A. 灯光　　　　　B. 音乐　　　　　C. 气味　　　　D. 购物同伴

2. "人多好集市"这句谚语说明了商店选址的(　　)原则。

A. 易达性原则　　　　　　　B. 接近购买力原则

C. 适应消费者需求的原则　　D. 接近中央商业中心的原则

二、多选题

1. 商圈是指店铺吸引消费者的地理区域，是店铺的辐射范围，由(　　)构成。

A. 核心商业　　　B. 外周商业圈　　　C. 次级商业圈　　　D. 边缘商业圈

2. 对于经营日用品的百货商场，在门面装饰上应采取"三大"的总体设计，即(　　)。

A. 大招牌　　　　B. 大橱窗　　　　　C. 大店门　　　　　D. 大柜台

3. 许多超市将口香糖、木糖醇、巧克力等放在收银台附近，根据消费者情境中的相关知识，这种商品陈列的理由有(　　)。

A. 这类产品的购买多属于冲动型消费

B. 排队顾客有充足时间驻足环视产品

C. 排队结账的队伍长度影响消费者的耐心

D. 在结账队伍两侧的陈列应该以快消品为主

三、判断题

1. 人际环境指购买过程中对消费者购买行为产生影响的其他的人，包括同伴与营业员两大方面。(　　)

2. 消费者本人的特征与产品本身的特征都是影响消费者行为的情境因素。(　　)

3. 据有关的调查显示，大部分消费者逛商店的总是有意无意地按顺时针方向行走。(　　)

四、简答题

1. 消费者购买活动中的情境类型有哪些？
2. 商品陈列的作用具体表现在哪几个方面？
3. 商店选址的意义是什么？应考虑哪些因素？
4. 简述提升消费者在线购物体验的措施。

即学即用

一、案例分析

"情景故事法"演绎沉浸式商业展陈艺术

市场竞争的核心是吸引和保留消费者。只有那些能深入体察消费者需求，并以合理价格和有效方式满足其需求的商业企业，才能在市场上立稳脚跟、赢得消费者的青睐。"情景故事法"由情景派生而出，"情景"即情境，是打造沉浸式商业展陈的法门。它通过营造场景、营建特殊语境，使消费者的经验或记忆、情绪与场景产生对话，进而让消费者享受"沉浸式"的购物体验。

重庆光环购物公园——生态栖息之境

重庆光环购物公园总建筑面积达 42 万平方米，其中 17 万平方米为购物中心，共分为七层。纵跨七层高达 42 米的绿色植物景观、动静交互主题社交空间、多元化创新的业态分布，形成了人与自然、商业与生活的连接。其中的亮点为"沐光森林"，秉承"Living Mall，Living More 与生活·共生长"的宗旨，围绕"自然生态、多元融合、灵感启迪、引力聚合"四大核心价值，创新打造了自然生态与城市功能完美融合的"城市自然共同体"，让购物者可以"像逛公园一样逛街"。20 多米飞瀑垂空而下的"花之瀑布"带来了丰富的空间层次感。"悬浮森林"浮悬于 40 米高空，媲美于《阿凡达》中潘多拉星球浮岛的"悬浮秘境"，将奇幻的电影场景还原为真实的视觉感官。聚合了多重体验的重庆光环购物公园，让人们在逛街购物时也仿佛置身于森林之间，有着奇妙购物体验。

材料来源：https://baijiahao. baidu. com/s？id = 1703361880300486224&wfr = spider&for =pc，有改动。

问题：

(1)上述案例中的"情境"指的是哪些方面？

(2)商场为何设置主题情景体验式的布局？根据上述案例，分析情境商业产生的原因。

二、社会实践

以小组为单位，选择百货公司、超市、折扣店、便利店，观察、收集不同业态的商店的消费者类型及不同商店情景中的物质环境信息，然后进行分享。

项目十一 消费群体的消费行为

学习目标

*职业知识目标：

1.掌握不同年龄、性别、职业的消费者的消费心理和消费行为特征；

2.掌握暗示、模仿和从众行为对消费行为的影响；

3.掌握消费习俗对消费行为的影响；

4.掌握消费流行对消费行为的影响。

*职业能力目标：

1.能够从营销者角度分析不同消费群体的消费行为；

2.能够充分利用暗示、模仿和从众行为对消费心理的影响，制订合理的营销策略；

3.能够掌握消费流行风向，制订营销策略。

学前思考

如今，网络直播盛行，主播带货的商品经常出现断货和供不应求的情况，对这一现象你有何见解？

思政案例

网络诈骗之非法校园贷！火药桶！别碰！

据国家反诈中心统计，从2020年到现在，"注销校园贷"骗局共发生了5.1万起，损失金额26.5亿元。受害人普遍反映，借贷平台审核不严，几乎只要申请人申请，连财务状况都没有审核，就马上能贷出大额贷款。

2015年，中国人民大学信用管理研究中心调查了全国252所高校的近5万名大学生，撰写了《全国大学生信用认知调研报告》。调查显示，为了弥补资金的短缺，有8.77%的大学生会使用贷款，其中网络贷款几乎占了一半。

材料来源：https://www.thepaper.cn/newsDetail_forward_13426631，有改动。

思政导言

不良网络校园贷知多少，树立正确消费观

近几年来，网络校园贷案例时常发生，祸害了不少大学生和家庭。其危害覆盖面和危害程度不容小觑。"零首付、零利息"都是这些平台的噱头。然而，这些所谓的"低息"却经不起推敲，且审核程序、条款明细等方面都存在不少漏洞。天下没有免费的午餐，当代大学生应该是理性的一代，在消费方面应该根据实际情况量力而行，做一个新时代的理性消费者，不被社会不良风气所影响。企业应为目标消费群体提供符合他们消费水平的商品，注重产品本身的质量、功能性和性价比，这是企业的立足之本。营销人员不能一味地讲噱头，不能让消费者盲目购买劣质的流行品，应正确引导消费者进行合理消费。

思政学习园地

扫码阅读：《关于进一步规范大学生互联网消费贷款监督管理工作的通知》。

二维码

理论精讲

任务一 消费群体的消费行为

一、消费群体概述

(一)社会群体的概念及特征

1. 社会群体的概念

社会群体，指通过一定的社会互动和社会关系结合起来并共同活动的人群集合体，人数为两个或两个以上。集体规模可以比较大，如几十人组成的班集体，也可以比较小，如经常一起上街购物的两位朋友；群体人员之间一般有较经常的接触和互动，从而能够相互影响。

2.社会群体的特征

(1)经常性的社会互动

社会群体是以一定的社会关系为纽带的个人的集合体。群体成员间保持着经常性的互动关系，社会群体中的人际关系以彼此了解为纽带，并以一定的利益和感情关系为基础，转瞬即逝的互动不能形成社会群体，因为群体互动关系的形成与发展需要一定时间的交往。

(2)相对稳定的成员关系

社会群体一旦形成，便确定了相应的成员身份，这些身份便结成特定的社会关系。这种社会关系表现为两种形式：一种相当明确，另一种则相对模糊。如家庭中的成员关系便是相当明确的。家庭通常由父母及子女组成，他们之间存在的夫妻关系、父子关系、母子关系、兄弟姐妹关系都是明确的，不能随意混淆。而在相对松散的群体中，也存在成员身份。如有着相同爱好并经常在一起活动的人，大家能够彼此接受，但对于不认识的人则不愿意接受。这就是成员身份的一种表现，在这种模糊的成员关系中，成员之间的关系不明确，但是相对稳定。

(3)具有明确的行为规范

社会群体在最初形成的时候，只有简单的互相认同关系。然而，随着经济的发展，社会群体往往会在内部形成稳定的交往方式，进而形成一定的公认的规范，用来协调成员的行为，以保证群体的功能得以实现。不论是通过互相信任和彼此接近形成的一些承诺，还是复杂的规章制度，都是社会群体具有一定行为规范的表现。

(4)具有共同一致的群体意识

社会群体要求成员在群体活动中保持一致，根据群体活动特征能够明确区分群体内成员和群体外成员，并把本群体视为一个整体，形成一致的群体意识。具体说来，群体意识即群体归属感，就是成员认为自己属于某个群体。这种意识一旦形成，群体成员就会感受到与群体外的人有了明显的区别，同时对本群体有了相应的期望和归属意识。

(5)群体由一定数量的成员组成

一个社会群体一定是由两个或两个以上的人组成，他们为达到某种目标而组成相互影响、相互作用的人群集合体。群体中的成员持续交往、相互作用，他们通过心理和行为相互影响和学习，具有一些共同的信念和态度。同时，群体中的成员自觉不自觉地与群体保持一致。

(二) 消费群体的概念及形成

1.消费群体的概念

消费群体，指具有某些共同消费特征、消费心理或消费习惯的消费者所组成的群体，也可以说是具有共同消费特征的消费者所构成的群体。消费群体是特定的社会群体，具有消费方面的共同特征及规律。同一群体成员之间一般经常接触和互动，从而能够相互影响，因此，同一消费者群体内部的成员在消费心理、消费需要、消费行为、消费习惯等方面都具有许多共同之处，而不同消费者群体之间则存在诸多差异。

2.消费群体的形成

消费群体是在内在因素与外在因素的共同作用下形成的。

第一，消费者生理、心理方面具有不同特点，由此形成不同的消费者群体。这是基于消费者自身的内在因素而形成的消费群体，主要的内在因素包括性别、年龄、个性特征、生活方式、兴趣爱好等。

第二，基于不同的外部因素也可以形成不同的消费群体，这些外部因素包括生活环境、所属国家、民族、宗教信仰、文化传统、政治背景、生产力发展水平、气候条件等，这些因素天然地划分出多种消费者群体。

(三) 消费群体的类型

1. 按照人口统计因素划分

人口统计因素，指人们的性别、年龄、职业、民族、经济收入、受教育程度等人口变量。这些变量一般很容易确认和测量。根据人口统计因素可以划分出不同的消费群体。

(1) 根据年龄划分，可分为少年儿童消费者群体、青年消费者群体、中年消费者群体和老年消费者群体。

(2) 根据性别划分，可分为男性消费者群体、女性消费者群体。

(3) 根据职业划分，可分为工人、农民、知识分子、政府公务员等消费者群体。

(4) 根据收入水平划分，可划分为高收入、中收入、低收入等消费者群体。

(5) 根据民族划分，可分为汉族、回族、满族、藏族、苗族、壮族等多个消费者群体。

(6) 根据宗教划分，可分为信仰佛教的消费者群体、信仰基督教的消费者群体、信仰伊斯兰教的消费者群体等。

2. 按照自然地理因素划分

自然地理因素是企业经常使用的一个划分标准，具体又可以分为下两种情况。

(1) 根据国家、地区划分

如：国内消费者群体、国外消费者群体；欧洲地区消费者群体、亚洲地区消费者群体；华北地区消费者群体、华东地区消费者群体等。

(2) 按照自然条件、环境及经济发展水平划分

如：山区消费者群体、平原消费者群体、丘陵地区消费者群体；沿海消费者群体、内地消费者群体；东部消费者群体、西部消费者群体；城市消费者群体、乡村消费者群体等。

3. 按照群体自身的特征划分

(1) 正式群体和非正式群体

正式群体，指具有明确的组织目标、正式的组织机构、完备的组织章程、共同的规章制度、准确的活动时间的消费者群体。非正式群体，指结构比较松散，为完成某种临时的任务而组成的团体，如旅游团、参观团等都属于非正式群体。这种团体对成员的作用也是临时性的，随着群体任务的完成，群体对成员的约束力也会消失。

(2) 所属群体与参照群体

所属群体，指一个人实际参加和实际归属的群体，这种群体可以是一个实际存在的正式组织，也可以是一种非正式的组织。所属群体的构成有两种情况：一种是由具有共同或相似的信念、价值观、审美观的个体构成的群体，一种是受到各种社会和自然因素的制约而形成的群体，它不以个人的意志为转移。在现实生活中，家庭是最基本的所属群体。

参照群体，指消费者心理上向往的群体，也是消费者做出购买决策时的比较群体。该群体的标准和规范是消费者行为的指南，是消费者希望通过努力能够达到的标准。消费自觉或不自觉地把自己的消费行为与这种标准进行对照，力图改变与之不相适应的地方。因此，参照群体对消费者的价值观和消费行为具有明显的影响。参照群体既可以是一个实际的组织群体，也可以是虚拟或想象中的群体。一般情况下，参照群体是比自身更高层的社会阶层或具有消费者所向往的消费方式的各类群体。

4. 按照消费者的心理因素划分

在现实生活中，人们会发现许多消费者尽管在年龄、性别、职业、收入等方面具有相似的条件，但表现出来的购买行为却并不相同。这种差异往往是心理因素的差异造成的。可以作为群体划分依据的心理因素有生活方式、性格、心理倾向等。

（1）根据生活方式划分，可分为不同民俗民情的消费者群体、不同生活习惯的消费者群体、紧追潮流的消费者群体、趋于保守的消费者群体等。

（2）根据性格划分，可分为勇敢或懦弱、支配或服从、积极或消极、独立或依赖等不同的消费者群体。

（3）根据心理倾向划分，可分为注重实际、相信权威、犹豫怀疑等不同的消费者群体。

（四）消费群体对消费者心理的影响

通过对消费者群体的分析，掌握消费群体的消费行为特征和规律，可以揭示消费群体对成员的影响。

1. 规范消费

规范通常是指人们行为模式中的一系列规则、标准，有正式规范和非正式规范两种表现形式。非正式规范是群体成员在长期的实践过程中自然形成的行为准则，成员通常会自觉遵守有关的规范，适应和顺从群体的行为准则。例如，在我国，中秋节期间要吃月饼，端午节时要吃粽子等。

2. 群体压力

消费群体有共同的信念、价值观和行为规范。这种信念和价值观对消费者个体不带有强制性，但当群体成员不遵守有关行为准则时，就会感到群体规范有种无形的压力或某种强制性倾向，迫使其适应和顺从，否则就可能受到嘲讽、讥笑、议论等。

3. 服从心理

一般情况下，消费者对群体的行为有信任感，觉得大多数人的意见不会有错。因此，消费者在消费时就会产生服从大多数人、"跟着感觉走"的消费心理。可见，多数消费者都希望自己能与大多数消费者保持一致，有个体服从群体的消费心理。

4. 从众心理

从众就是人们常说的"随大流"，是个人放弃自己异于他人的消费信念、态度或行为，而在消费行为上与群体保持一致的现象。例如：人们到一个不熟悉的地方就餐时，一般都喜欢到人多的地方吃饭，因为人们会觉得这里人多肯定是因为它的菜好吃。

在社会生活中，消费者往往希望得到群体的认可和支持，寻求社会认同感，只有这样才觉得自己的消费是安全、可靠的。因此，大多数人具有从众的消费心理。

二、不同年龄的消费群体

不同年龄阶段的消费群体的社会地位、自我概念、生活方式、所处的家庭生命周期、经济实力等都不相同，不同年龄阶段的消费群体因而形成了不同的消费心理。

根据消费者的年龄，我们可以把消费者分为5个消费群体：少年儿童消费群体（18岁以下）、青年消费群体（18~40岁）、中年消费群体（41~60岁）、老年消费群体（61岁以上）。

（一）少年儿童消费群体

1.儿童少年消费群体的消费心理和行为特征

（1）儿童消费群体（0~11岁）

儿童消费群体的依赖性极强，容易受到父母、家人、邻居、同学等的影响。他们的从众行为、模仿行为尤为突出。未进入幼儿园的消费群体的消费行为多为生理性消费，且完全受父母的支配，进入幼儿园之后则有了模仿、从众、攀比等社会性的消费心理。

（2）少年消费群体（12~17岁）

随着年龄的增长，知识范围和社会活动范围也不断扩展，少年消费群体在购物上的个性化也较之前更为明显。但由于经济实力的局限，他们消费行为的依赖性也很强，要征求家长的意见才能完成购买行为。这个消费群体的消费行为很容易受到当前社会流行的影响，他们会购买同学们都喜欢或自己喜爱的偶像所推荐的产品，且十分果断。

2.针对少年儿童消费群体的营销策略

少年儿童消费群体构成了一个庞大的消费市场，开发潜力很大。企业要根据时代的发展潮流，把握少年儿童的心理特征，开发出具有时代特征的新产品，满足、激发和引导少年儿童消费群体的消费欲望。

（1）根据不同年龄的特点，采取不同的策略

少年儿童没有经济来源，他们的消费行为受到成人的影响。年龄段不同，成人的参与程度也不同。乳婴期的儿童，一般由父母为其购买商品。因此，商品的设计、定价要符合父母的消费心理，满足父母对商品质量、审美情趣、价格等方面的要求。学龄前的儿童会不同程度地参与购买商品的活动，因此企业既要考虑父母的要求，也要考虑儿童的兴趣。商品的外观要尽量符合儿童的心理特点，价格要符合父母的要求，用途上要迎合父母提高儿童智力、保证安全等方面的要求。

（2）改善外观设计，提高商品的吸引力

儿童以直观的、具体的形象思维为主，对商品优劣的判断较多地依赖商品的外观形象。为此，企业在设计儿童用品的造型、色彩时，要考虑儿童的心理特点，力求生动活泼、色彩鲜明、形状多样，以提高商品的吸引力。

（3）树立品牌形象

儿童的识记往往具有随意性，到了少年时期，识记的持久性逐渐增强，一些别具特色

并为少年儿童喜爱的品牌、商标或造型一旦被其认识,就很难被忘记。相反,若某种商品使他们产生不良印象,想要他们改变其观点也是很困难的。因此,企业在给商品命名、设计商标和进行广告宣传时,要针对少年儿童的心理偏好,使他们能够对商品产生深刻的印象。

【同步思考 11-1】

问题:作为当代的大学生,你的生活方式是怎样的,这些生活方式对你的消费行为有着哪些影响?

(二)青年消费群体

青年消费群体的市场前景巨大,对新产品的接受度高,产品范围广,他们是经济实力和购买力不断攀升的一个消费群体。

1. 青年消费群体的消费心理和行为特征

(1)支付方式发生变化,积极接受超前消费

在各年龄段的消费群体中,青年消费群体最能接受超前消费。相比之前,如今多种超前消费支付渠道开通方便,使用也方便,促进了中国超前消费意识和超前消费经济的发展。面对喜爱的产品,青年消费群体极其愿意通过超前消费的方式进行购买。

(2)追求时尚,强调个性

青年消费群体在做出购买决策时,对产品的外观是不是能彰显个性、表达自我十分看重,他们求新、求奇、求美、求便的购物动机十分明显。他们希望能不落俗套地展现自我、追求个性。

(3)注重情感,冲动性强

在青年购买商品的过程中,情感和直觉因素起着相当重要的作用,一般偏重感性,容易感情用事。在消费活动中,他们的计划性购物相对较少,冲动性购物较多,容易受客观环境的影响,情感变化强烈,经常发生冲动性的购买行为。

2. 针对青年消费群体的营销策略

与传统的营销方式相比,新兴的网络营销、自媒体营销等方式的效果更为突出。例如,KOL 的粉丝黏性相当强,可以寻找条件匹配的 KOL 进行营销合作,效果会比较好。

(1)满足青年消费群体多层次的需要

要满足青年生理和安全等方面的需要,还要满足他们社会交往、自尊、成就感等方面的精神需要。因此,针对青年开发的产品要能满足他们多层次的心理需要,以刺激他们产生购买动机。

(2)开发时尚产品,引导消费潮流

青年人的消费观念新颖别致、时代感强,他们追求时尚、新颖和美。他们具有冒险精神,任何新事物、新知识都使他们好奇、渴望。企业要认真分析和研究青年消费群体的流行规律,预测青年消费市场的变化趋势,适应青年消费者的心理,有针对性地开发各类时尚产品,引导青年消费者消费。

(3)注重个性化产品的生产和营销

企业在产品的设计、生产过程中,要改变传统思维方式,要面向青年消费者开发

有个性、有特性的新产品，以树立青年消费者的个性形象。在市场销售的过程中，也应注重个性化。例如，在商场设立形象设计顾问，帮助消费者挑选化妆品、设计发型；在时装销售商店，帮助青年消费者进行个性化的着装设计，推荐符合他们气质的衣服和饰品等。

（4）做好售后服务工作

青年人有很强的自尊心，在使用商品后，特别重视别人对自己所使用商品的评价。如果他人给予肯定的评价，就会感觉非常满意，进而大力向他人展示、炫耀，以显示自己的鉴别能力。相反，若发现产品达不到预期，就会感到失望和不满，会散布否定评价，进而影响商品的销售。企业在出售商品后，要收集相关信息，不断改进和完善产品的功能、质量、款式等。同时，要及时处理消费者的投诉，以积极的态度解决产品存在的问题，使青年消费者对企业的服务感到满意。

【同步案例 11-1】

年轻人消费理性的回归

近些年来，以一众本土品牌为代表的"国潮"消费文化兴起，正在吸引越来越多年轻人的目光。以李宁、飞跃、回力和故宫文创为代表的国货品牌，既迎合了"Z世代"年轻人（95后、00后）对于追捧潮流文化和张扬个性的需要，又通过传统中国文化元素的植入进一步提高了年轻人对国货的认可程度，使得新国货成为消费市场上难以忽视的潮流。

一部分老字号品牌开始尝试通过产品设计和品牌形象的革新来吸引"Z世代"的关注。例如，飞跃和回力就充分利用这一契机更新产品种类、重塑品牌形象，不仅得到了年轻人的认可，甚至还漂洋过海，在欧洲成为价格不菲的新时尚符号。属于一代人童年回忆的大白兔奶糖则突破了传统的产品种类，进军咖啡、唇膏和香氛等领域，并得到了年轻人的认可。这些品牌完全有能力为新一代年轻人打造"国货即潮流"的新观念。

材料来源：https://baijiahao.baidu.com/s? id=1707113069938524958&wfr=spider&for=pc，有改动。

问题：当代年轻人推崇国货，掀起购买国货的热潮，作为一名企业管理者，你该如何生产或营销自己的产品？

（三）中年消费群体

中年消费群体对一定的产品保持着忠诚，是所有年龄段消费群体中经济实力最强的一个群体。他们倡导理性消费，不像少年儿童、青年消费群体那样容易引导，也不容易发生冲动性消费。

1. 中年消费群体的消费心理与行为特征

（1）量力而行，计划性强

他们对于超前消费的接受程度不高，不提倡"寅吃卯粮"。他们基本上都是"上有老，下有小"，除了自己，还要考虑老人、小孩的消费需求，所以会更加理性地判断是否该进行消费，而不会因为个人喜好就冲动消费。

（2）冲动购买减少，理智购物

中年消费者比较看重产品的实际使用价值、耐用程度、性价比、信誉度等。他们还会考虑商品能否和自己的社会地位、职业需求相匹配。

（3）注重社会身份

中年消费群体注重建立和维护自己的社会身份，注重个人气质和内涵的体现。他们想把消费与社会、环境、自然紧密联系起来，突出表现自己的个性、兴趣爱好、身份地位等。中年消费者具有求质量、求使用价值、求方便、求价廉、求信誉、注重身份、求个性的消费特点。

2.针对中年消费群体的营销策略

（1）定位上更加突出产品本身

中年消费群体对外部设计并不重视，他们更在意产品的实用性、性价比、实际效果等。所以针对他们所生产的产品，外观上不需要过于花哨，要把开发的重点放在产品本身，宣传上也要强调产品的性能、质量等，这样才能更打动他们。

（2）提高售后服务质量，以增强中年消费者对产品的忠诚度

中年消费者的购买力强，购买活动多。他们非常重视产品的实际效用，一旦商品出现问题，在可以包退包换的条件下，多数中年消费者会提出退换商品的要求。此时，经营者要提供良好的服务，切实解决问题，否则就会失去忠诚的消费者。

（3）宣传方式合理化

在中年消费者做出购买决策的过程中，消费者的购后行为对下次购买会起到十分重要的影响。他们相信自己的购买和使用经验，相信朋友、家人等相关群体使用后的评价，但是对网络、自媒体营销有一定的"免疫力"，因此一次美好的购物经历对他们来说远比广告更有影响。

（四）老年消费群体

1.老年消费群体的消费心理及行为特征

（1）追求情怀消费，忠诚度高

老年消费群体是所有年龄段消费群体中品牌忠诚度最高的消费群体，他们几十年的习惯性消费造就了他们极高的品牌忠诚度。但是他们理性消费的程度不高，容易受到感情因素的影响，特别是一些空巢老人。

（2）需求结构发生变化

随着年龄的增长，老年消费者的健康状况会出现一定的问题，所以保健品、药品成为老年消费群体的主要消费品。目前，城市里的退休老人对旅游产品也十分热衷。他们更注重产品本身，对产品的外形与外界宣传并不敏感。

（3）注重实际和良好的服务

老年消费者的心理稳定程度高，注重实际，重视情感，较少幻想。他们特别关心商品的质量、使用性能以及携带是否方便等；要求商品在使用时易学易用、操作方便，以减少体力和脑力的负担。质量高、售后服务好的商品能够使老年人用得放心，不必为其保养和维修消耗太多的精力。同时，老年消费者希望购物场所交通便捷，具有良好的购物环境和销售服务，商品标价和产品说明清晰明了，商品陈列的位置和高度适当，便于挑选，购买手续简便。老年人有很强的自尊心，在购买商品时，对销售人员的服务态度十分敏感，希望服务热情、耐心、周到。

（4）防范意识明显

老年消费者虽然消费经验十分丰富，但由于生理和心理机能衰退，对于假冒伪劣商品及具有欺骗性的经营手段的判断、识别能力下降，容易上当受骗，蒙受经济损失。因此，他们在购买商品时顾虑较多，防范意识较强，在做决策时犹豫不决。

（5）补偿性消费心理

子女成人独立、经济负担减轻之后，有些老年消费者产生了强烈的补偿心理，试图补偿过去因条件限制而未能实现的消费愿望。在美容美发、衣着打扮、营养食品、健身娱乐、旅游观光等方面，他们有着与青年消费者类似的兴趣。

【同步案例 11-2】

珠宝店向老年消费者过度推销

2021 年 8 月，60 岁的陈女士在商场购物时，被某珠宝店内的几名店员簇拥着推销珠宝。经过洗脑式的推销，陈女士答应购买总价 68 万元的珠宝。因不懂手机操作，店员用陈女士的手机分两次将 10 万元转入其个人账户。陈女士索要票据时，店员称消费不足 20 万不能出具收据。陈女士担心已交费用拿不回来，就回家取来银行卡，在店员诱导下又刷卡支付了 10 万元，总计支付了 20 万元作为定金，整个交易过程没有合同及签字确认。陈女士回家后深感不对劲，要求珠宝店退款，但遭到了拒绝，遂向广东省东莞市消费者委员会石龙分会投诉。石龙分会的工作人员约谈了珠宝店相关负责人，指出其推销行为涉嫌诱骗、误导年过六旬的老年人，涉嫌侵犯消费者的知情权和公平交易权。经调解，珠宝店退还了陈女士 18.5 万元定金，剩余 1.5 万元定金以店内等价物品冲抵，未支付的 48 万元不再追索。

材料来源：https://baijiahao. baidu. com/s？id＝1727336791853055084&wfr＝spider&for＝pc，有改动。

问题：老年消费者具备了一定的消费经验，但为什么还是很容易被诱导消费？

2. 针对老年消费群体的营销策略

（1）开发的商品要注重实用性、方便性、安全性及舒适性

企业要认真分析和研究老年消费者的消费特点，有针对性地设计和开发满足老年消费者需要的产品，要重视商品的实用性、方便性、安全性及舒适性。

（2）帮助老年消费者增强消费信心

老年消费者在购买心理和行为上常常表现出反复权衡、仔细挑选、犹豫不决的特点。营销人员要采取相应措施，增强老年消费者的消费信心，如：制订商品无理由退换制度、提供售前咨询和售后服务。

（3）开发的产品要符合老年消费者子女的消费心理

在老年消费者的消费过程中，有些商品由子女为其购买。因此，企业开发的商品要能够满足老年消费者的消费欲望，同时也要符合其子女的心理需要。子女很容易直接影响老年消费者的购买决策。所以，在营销过程中要考虑老年人子女的消费心理。

三、不同性别的消费群体

在消费方面，女性消费群体与男性消费群体存在着差异。这两个群体在价格感知、获

取信息的途径、对网络营销的敏感程度、购物目的和对商品的关注点上都存在着差异。所以,在营销过程中,要注意产品主要目标消费者群体的性别差异,才能使企业获得更高的市场占有率。

(一)购买决策过程中存在的差异

1. 消费需要上的差异

为了满足被尊重的需要,男性消费群体会购买名车、名表来展示自己的身份。女性消费群体更偏向于购买美容美妆类的产品、奢侈品牌背包来展现自己的经济实力,获得更多的社会认同感,满足自己被尊重的需求。

2. 信息搜集上的差异

对于网络营销,女性消费者明显比男性消费者更为敏感。女性消费者更愿意花时间观看直播带货并在直播中进行消费,也更愿意了解和接受网络上的各类博主推荐的产品。

而男性消费群体对价格的感知程度更低,商品降价并不能很好地引导他们进行消费。男性消费者更清楚自己的消费目的,与女性相比,不容易受到参照群体的影响。

【同步思考 11-2】

问题:男性与女性消费群体收集信息的方式不同,请分别说一下面对男性和女性消费群体时应该如何进行产品宣传?

3. 购物评价与选择上的差异

女性消费群体在购买过程中,更注重产品的包装、颜色和款式。她们在使用产品的过程中更希望听到他人正面的评价。男性消费群体更愿意购买自己喜欢的品牌和性能合适的产品,他们对于别人的正面评价的需求没有女性消费群体那么高。他们对产品的性能、质量、耐用程度、口碑的要求更高。

4. 购买决策上的差异

女性消费群体更容易受到参照群体的影响。而男性消费群体有明确的购买需要,相比之下更不容易受参照群体的影响。

5. 购后行为上的差异

在做出购买决策的过程中,女性很容易受到情感的支配从而做出购买决定。她们有着复杂且犹豫的购买决策过程,而且她们在购买之后更愿意表达出不满情绪。男性消费群体的购买行为更为理性,不易被营销信息所影响,他们的品牌忠诚度和重复购买率较女性消费群体更高,在购买之后也不经常表达不满情绪。

【同步案例 11-3】

冲动型消费是女性给互联网企业出的难题?

有人说,阿里巴巴的钟声能在纽约股票交易所高调响起,是因为它的 70% 的买家是女性,55% 的卖家是女性,如果没有她们,不可能有今天的结果。所以女性的钱真的更好赚吗?由于女性推动经济的效果明显,所以可以将女性消费群体带动的经济发展称为"她经济"。

"她经济"也给旅游行业、餐饮行业带来了消费新风口。此外,还有很多细分领域也符合女性的角色属性,比如母婴、美妆、自拍、健康等。女性经济产品正从粗放走向精细,不仅要求产品质量，而且要求产品价值。

但是，女性消费中有较大比例属于冲动消费，这种冲动消费必将给互联网企业带来新的考验。

材料来源：https://www.sohu.com/a/147174236_714773，有改动。

问题：请思考，如何引导女性消费者，将"她经济"的挑战转换成机遇？

（二）女性消费群体

1. 女性消费群体的心理与行为特征

（1）注重美感，追求时尚

爱美之心，人皆有之，爱美心理是女性消费者普遍存在的心理状态。在消费活动中，追求时尚、感受流行是大多数女性消费者乐此不疲的事情。现代女性与社会交往的机会增多，她们情感细腻、善于联想，她们走在时尚前沿、追求品位，具有一定的审美能力，比较注重商品的色彩美、造型美和艺术美，容易尝试与接受新鲜事物，她们是时尚消费的主力军。

（2）注重情感，追求意义

女性的消费行为非常感性，对商品的形状、颜色等因素十分关注，而且往往会在情感因素的作用下产生购买动机，有时甚至会冲动消费。同时，女性消费者又比较关心商品所包含的情感意义，如果商品表达了爱情、青春等主题，能够唤起她们美好的回忆，她们就会特别倾心。

（3）注重实效，追求便利

女性消费者有着精打细算、勤俭持家的美德。她们希望所购买的商品既能最大限度地满足自己的某种需求，又具有物美价廉、经久耐用等优点。女性大多为经济型消费者，购物时对商品的实用性和价格十分敏感，物美价廉是她们购物的基本标准。在选择商品时，她们十分注重商品的实际效用。现代女性既要工作，又要操持家务，她们迫切希望减少和降低家务劳动的时间和强度，因而非常喜欢那些能给生活带来方便的商品和服务。

（4）挑剔细腻，决策谨慎

女性消费者观察事物比较细腻，注重产品在细微处的差别，有较强的挑剔性。在购物时，她们舍得花费大量时间选择商品，对不同商品进行仔细比较后才会做出取舍。

（5）重视个性，与众不同

个性化是女性消费群体最基本的特征之一。随着时代的进步，女性消费者购买商品不只是为了满足对物的需求，而主要是看重商品的个性特征，希望通过商品来展示自我，达到精神上的满足。

（6）自尊心强，展示自我

女性消费者通常都有较强的自我表现意识和自尊心，对外界的评价反应敏感。她们希望通过明智的、主动的消费活动来体现自我价值。她们往往认为自己所购买的商品符合社会潮流，渴望得到他人的认可和赞扬，不愿意别人说自己不懂行、不会挑选。

2. 针对女性消费群体的营销策略

（1）产品策略

随着社会的发展，女性消费群体的需求更加多变了。针对女性消费群体，从时尚到健身，再到医疗保健和家庭护理，都需要量身定制产品和服务，以满足她们不断变化的需求。

①突出美感。要求产品的造型美观，外包装漂亮、精美，色彩和谐，款式新颖、时尚，能够美化消费者的自我形象，美化个人生活环境。

②讲究实用性。产品要具有实用性，要特别注意一些设计细节，要能最大限度地满足女性消费者的需要，能给她们带来实际的好处。

③注重便利性。在购买、使用、保养、维修等方面要方便，能节省时间。每一种能节省时间、降低家务劳动强度的产品，女性都愿意尝试。

④注意多样化、个性化。既要生产不同规格、色彩、样式的产品来满足不同年龄、不同职业的女性消费者的需要，又要努力塑造品牌的个性化形象，满足消费者表现个性的需求。很多女性消费者是凭着自己的感觉来购买商品和服务的，追求的是品牌的独特性，喜欢的也是那些能体现自我个性的商品。

⑤追求体验。女性在购物时喜欢货比三家，既要求商品物美，也看重价廉，追求高性价比。她们注重产品的体验和品质，对生活质量有着更高的要求。她们不仅要求商品"能用"，还希望商品"好用"，甚至能带来"享受"。

（2）促销策略

在促销策略上，一是可以利用打折、现场促销等活动来激发她们的购买欲望；二是可以发挥促销员的引导作用；三是推出一系列以关爱女性为主题的营销活动，赋予产品以情感因素，赢得女性消费者的信赖和忠诚；四是在做广告时以情定位，以情动人，把情感与广告内容进行自然的联系，紧扣女性消费者的情感，引起她们的感情共鸣。

（3）价格策略

可以根据市场类别选择低价策略、高价策略，还可以运用灵活的心理定价策略。比如，对一般日常生活用品采取低价策略，在广泛进行市场调查的基础上，定出最低的价格，这样才能保证女性消费者在货比三家时，选中自己的产品。而对新产品、儿童消费品、化妆品、女性服装、保健品、珠宝首饰等，要采用高价策略，利用"一分钱一分货""好货不便宜"的心理，使女性消费者感到所购产品物有所值。灵活运用价格心理策略，因为产品的价格不仅是价值的表现，它还具有社会心理价值。女性消费者自我意识较强，在购买过程中富于联想，对产品价格十分敏感。因此，企业应注重产品价格的心理功能，让广大女性消费者通过产品价格获得心理上的满足。

（4）销售环境

女性消费者在购买服装、首饰、化妆品时，比较追求浪漫的心理感觉。因此，销售这类商品的商店在布置店内环境时要符合女性消费者的心理，外部环境要交通便利、外观华丽，内部环境要清洁、明亮、宽松，使女性消费者能悠闲地浏览商品，从而产生购买欲望。千篇一律的消费场景对女性消费者的吸引力越来越弱，零售渠道的同质化严重影响了消费体验。要根据女性消费群体的心理特点，打造个性化的零售场景。

（5）服务艺术

营销人员在为女性消费者服务的过程中，要注重服务方式和服务艺术。营销人员要注意语言的规范，要有礼貌，讲究语言表达的艺术性。要尊重女性消费者的自尊心，赞美女性消费者的选择，切忌批评女性消费者的选择。

(三)男性消费群体

1.男性消费群体的心理与行为特征

(1)购买目标明确,决策果断

男性消费者一般会先选择好购买目标,犹豫不定的心理状态一般发生在购买之前。一旦确定购买目标,他们进商场之后就直奔目标而去。他们不愿意在柜台前花太多的时间,会干脆果断地将购买愿望转化为购买行动。在购买过程中,他们富有主见和独立性,有时甚至武断。

(2)注重产品的整体质量和使用效果

男性消费者对于商品信息的收集较为全面,购物时很注重产品的整体质量,注重产品的使用效果。他们在购买现场,对商品的个别属性一般不过于挑剔,购买速度较快,并且很少有反悔的情况发生。近年来,除了满足日常的消费需要外,实现自我价值成为男性消费的新目标,对品质生活的需求日益凸显。

(3)购买动机具有被动性

在许多情况下,男性消费者购买动机的形成往往是因为受到了外界因素的影响,如家里人的嘱咐、同事朋友的委托、工作的需要等,其购买动机的主动性、灵活性都比较差。我们常常看到这样的情况,许多男性消费者在购买商品时,会事先记好所要购买的商品的品名、式样、规格等,如果商品符合他们的要求,便会采取购买行动,否则就放弃购买。

(4)购买产品时力求方便、快捷

男性消费者遇到自己所需要的产品时,一般会迅速购买。他们对商家出售产品时的种种烦琐手续、拖延时间的作风十分反感。这种力求方便、快捷的心理,在购买日常生活用品时表现得尤为突出。

(5)购买频率低,购买金额大

男性消费者一般是贵重商品和大件耐用品的购买者,这些商品的购买频率较低,但金额较大。QuestMobile《2021男性消费洞察报告》显示,每月网上消费超过1000元的男性消费者占总消费人数的55%,高于女性消费者的占比。

(6)喜欢代表权力和地位的商品

男性消费者往往对能显示权力和地位的商品情有独钟。这种消费心理主要与男性的社会角色和社会期望有关。人们常以男性的职务和地位来评价其个人价值的大小。传统轿车广告中注重渲染权力氛围,就是因为过去轿车的目标消费者主要是男性。

2.针对男性消费者群体的营销策略

企业应根据男性消费群体的特点,采取有针对性的营销策略,占领男性消费市场。

(1)产品的开发与设计要符合男性群体的需求

越来越多的中国男性希望自己以一个好丈夫、好爸爸的形象出现,在家庭生活消费中,越来越多的男性开始主动负责采购家庭消费品。因此,企业要考虑男性消费群体注重产品的整体质量和使用效果,力求方便、快捷等消费心理,开发出符合男性消费群体需求的产品。

（2）购买过程要快捷便利，服务周到

在购买过程中，男性消费者希望购买流程快捷便利，营销人员专业干练，在他需要帮助时，服务人员可以迅速、简洁、全面地解决问题。男性消费者一般不大受市场环境气氛、广告宣传和他人议论的影响。但是，服务人员热情的态度、周到的服务，对男性消费者的购买情绪容易产生积极影响。

（3）注重品牌形象的塑造

有消费能力的男性消费者倾向于追求品质消费，购买高品质的商品。企业应注重塑造品牌形象，洞悉男性消费者的消费偏好与习惯，掌握其消费路径、消费心理，从而引导男性消费市场。

四、不同收入的消费群体

我国现阶段经济持续快速发展，人们的收入水平有了很大的提高，但人们的收入差距不断扩大，收入分层现象加剧，形成了不同的收入群体，各群体之间的消费心理与消费行为又有着很大的差异。以收入作为标准，可以将人们分为低收入群体、中收入群体、高收入群体。

（一）低收入群体

1. 低收入群体概述

低收入群体是当前需要重点关注的对象。低收入群体在社会活动中处于弱势，享有的社会资源相当有限。低收入群体的收入水平低，收入增长缓慢。在一定程度上，低收入群体的消费能力受到制约，甚至有些低收入家庭面临着入不敷出的状况，长期面临着就业压力大、收入增长不稳定等情况，在消费方面处于弱势。我国一直都很重视低收入群体，有关部门积极出台各项帮扶政策，贫富差距正在慢慢缩小。

2. 低收入群体的消费心理与行为特征

（1）消费需要以满足基本生活需要为主，恩格尔系数高

低收入群体的消费结构较为单一，大部分消费行为都是为了满足温饱。在日常的消费活动中，低收入群体往往会自觉地抑制或终止消费行为，仅满足自身最为基本的生理需求。低收入群体的消费主要以食为主，其次是衣、住，其他方面的支出相当少，生活的计划性相当强，不会随意开支。低收入群体对食品的需求仅停留在温饱层面，更加关注价格，不太关注营养合理等方面。

（2）特别强调商品的实用性

由于可支配消费的资金少，以及勤俭持家的消费观念根深蒂固，低收入人群在选购商品时首先关心的是产品功能、质量、使用寿命、安全性等实用性特征，对商品的外观、包装、款式等较少关心，对于是否时尚则更少考虑。

（3）具有强烈的求廉动机

低收入群体普遍对商品的价格十分敏感，热衷于购买经济实惠的中低档商品、过季处理商品等。

（4）更多地以家庭为单位购买

由于低收入人群的消费支出极其有限，而以家庭为单位进行购买可以平衡开支，获得较大的购买利益，因此，在低收入群体中，以家庭为购买决策单位统筹开支是一个普遍的现象。

3. 针对低收入群体的营销策略

加强对低收入人群的服务，满足他们的需求，不仅能提高他们的幸福感、获得感，而且可以开辟一个巨大的市场，推动企业的发展。

（1）在产品质量方面多下功夫

企业要注重产品的性能、寿命、可靠性、安全性、经济性等方面，要让产品变得更实惠，让更多的人买得起、用得上，解决低收入群体的消费痛点。

（2）慎重制定商品价格，注意运用反向定价策略

低收入人群规模庞大，价格敏感型消费者仍是其中的主流，他们对价格变动的承受能力较弱，而且反应敏感。低收入群体的大部分收入都用于生活消费，相关企业可以运用反向定价策略，计算自己的经营成本和利润后，推算出产品的批发价和零售价，为低收入人群提供负担得起的产品。

（二）中收入群体

1. 中收入群体概述

中收入群体处于社会中间阶层，包括大部分城市居民和较为富裕的农村居民，一般包括公务员、国企职工、教师、医生、一般企业职员等。有研究认为，中收入群体是消费的引导者，他们的生活方式与消费方式促使他们成为主要的消费群体。他们不需要担心温饱问题，又有一定的购买力。

2. 中收入群体的消费心理与行为特征

（1）消费比较活跃，多样化

中收入群体处于小康生活之中，其消费要求从数量向质量转变，其需求比较活跃，除衣、食、用等基本生活消费外，对行、住、文化娱乐、高档消费品等有强烈的欲望，而且乐于接受新的消费方式。

（2）具有较强的求名心理

中收入群体工作稳定，收入较高，社会交往较为广泛，因此比较注意个人形象的维护，比较倾向于购买中高档次的名牌商品，尤其是服装、鞋帽、手表、文具、烟酒、交通工具等可视性强的商品，对名牌商品有一定的偏爱。

（3）比较易于接受新产品

中收入群体的文化水平较高，知识比较丰富，对各种新上市的产品比较敏感，而且对于科技含量高、具有时代特色、富有艺术情趣的新产品的接受速度较快。

（4）自主决策能力强

中收入群体通常比较理智，消费的计划性较强，在购买商品前比较注意收集有关信息，经过分析和判断后才会做出购买决策，一般不会人云亦云，不轻信口头传播的信息。因此，他们的购买决策过程相对较慢，自主决策能力较强。

（5）储蓄心理较重

中收入群体在消费决策上比较谨慎、独立、有远虑，因此资金准备一般比较充分。他们十分看重储蓄，而在消费上有所节制。

3. 针对中收入群体的营销策略

（1）注意产品内在价值与外在价值的统一

中收入群体在购物时，既关注产品的功能、质量、使用寿命、安全性等内在价值，又关注售后服务等外在价值。内在品质是他们选择的先决因素，售后服务及不断积累的口碑则是他们忠于品牌和产品的终极因素。这要求企业不仅要保证产品的质量，还要投入更多的精力进行服务，让中收入群体通过外在价值收获"从容舒心"。

（2）注意实施名牌策略

由于有一定的购买力，中收入群体的品牌意识比较强烈。在条件允许的情况下，中收入群体在消费时首先考虑的是商品的品牌。他们会通过购买名牌产品来表现品位，与其他人进行交际，从而形成一个交际圈并获得尊重。

（3）注意传播信息时的科学性与内容的完整性

中收入群体有一定的独立思考能力和经济能力，所以企业在宣传产品时不能夸大产品的功效或进行违背常理的宣传，不然容易导致中收入群体的反感。科学和完整的商品信息才能受到中收入群体的认可。

（三）高收入群体

1. 高收入群体概述

一般而言，高收入群体包括私营企业主、中层管理者、商界名人等。高收入群体收入较高，有丰富的社会资源，不会为基础生存消费担忧，对大众消费没什么特别关注，更倾向于追求精品化、个性化的消费，比较注重高档的产品和服务，以及精神文化方面的需求。

2. 高收入群体的消费心理与行为特征

（1）追求享受，不厌奢华

高收入者普遍追求高品质的消费生活，并以此作为个人事业成功和社会地位的象征。

（2）具有强烈的求名、求新动机，品牌偏好明显

高收入群体是高学历、高品位、高消费需要的"三高"消费群体，注重自身的社会形象和个性表现，对社会舆论和来自群体内的行为规范比较敏感，易于接受新事物和大品牌，并会由此产生相应的品牌偏好。

（3）自主消费意识强烈

自主消费意识包括主动发现、了解所需产品的相关信息，在购买产品前对产品进行独立、理性的判断。高收入人群在认知所需商品，特别是大件商品时的主动性高，独立性和理性十分突出，经常通过自己的判断选择商品。

（4）关心健康，注重保健

高收入者特别关注保健消费，更关注休闲娱乐、健身强体等方面。

3. 针对高收入群体的营销策略

（1）不断开发新产品、高档产品

在针对高收入群体的产品开发工作中，应该考虑新产品是否能够满足高收入群体求新的购买动机，要创新和完善产品功能，体现卓越的品质，这样才能得到高收入群体的青睐。

（2）大力塑造品牌形象，实施名牌战略

好的品牌形象是吸引高收入群体最为重要的因素之一。所以针对高收入群体，必须宣扬企业文化，树立优质的品牌形象。

【同步案例11-4】

全球市场份额提升，奢侈品迎来涨价潮

根据观研报告网发布的《中国奢侈品消费行业现状深度研究与发展前景预测报告（2022—2029年）》，2020年受新型冠状病毒肺炎疫情影响，全球奢侈品市场受到冲击，消费规模缩小为2170亿欧元，市场交易额同比下降23%。而我国的奢侈品市场没有出现疲软现象，依旧强势增长，成为全球唯一奢侈品市场正增长的国家，市场规模达3460亿人民币，比2019年增长了46%。2021年，全球奢侈品消费回暖，市场规模2830亿欧元，国内奢侈品消费规模4710亿人民币，比2020年增长了36%。中国市场在奢侈品行业的地位越来越重要，在全球奢侈品消费市场中所占份额逐年递增。

虽然我国是全球奢侈品消费规模最大和增速最快的国家之一，但在市场中很少见到具有优势的民族自主品牌的身影，国内市场纷纷被国外奢侈品巨头抢占先机。我国奢侈品品牌发展起步时间晚，目前仍处于幼年阶段。

材料来源：https://www.chinabaogao.com/market/202203/577690.html，有改动。

问题：你认为应如何打造中国的奢侈品品牌，吸引中国的高收入人群？

任务二 暗示、模仿与从众行为

一、暗示

（一）暗示的概念、特点

1. 暗示的概念

暗示又称心理暗示，指用间接、含蓄的手段、方式和方法对个体或群体的心理和行为产生影响。暗示往往会使别人不自觉地按照一定的方式行动，或不加批判地接受一定的意见或信念。暗示可通过各种不同的形式影响消费者或消费群体的购物心理和购物行为。

2. 暗示的特点

（1）无对抗的态度。在暗示过程中，暗示者和受暗示者双方完全出于自愿，行动协调一致，整个过程是在和平友好的气氛中进行的。

（2）不明显的方式。暗示的方法和形式比较隐蔽和秘密，在对人心理和行为产生影响

的过程中,不易被人注意和察觉。

(3)无意识的接受。暗示的信息不受暗示对象主观意识的盘查、批判和抵制,暗示对象会不知不觉地按一定的方式行动或接受一定的意见或信念。

(二)暗示的类型及相关营销策略

根据手段的不同,可以把暗示分为语言类暗示、非语言类暗示(包括行为暗示、信誉暗示、情景暗示等)。暗示不只有正面的暗示,还有反面暗示。

1.语言类暗示及相关营销策略

语言类暗示,指通过各种语言,包括口头语言、书面语言来对消费者的心理和行为进行潜移默化的影响,从而达到营销目的,刺激影响消费者购买目标商品。例如销售人员会对消费者说:"我们的优惠活动今天结束,您明天买就不是现在的价格了。"销售人员暗示消费者尽快完成购买,消费者也会由于语言类暗示做出购买决定。还有一些品牌在广告时会标注"连续四年销售冠军",暗示目标消费者有很多人都在购买,目标消费者出于从众心理,很可能被打动,从而做出消费决策。

2.行为暗示及相关营销策略

行为暗示,指通过某些行为潜移默化地向消费者传递某种信息。如今,很多餐饮行业在利用"排队文化"做出暗示,如喜茶、茶颜悦色、海底捞等,不管是线上还是线下,每次消费者都要花费很长时间等待,我们可以看出行为暗示的效果不容小觑。

【同步案例11-5】

从排队文化看餐饮品牌如何做好营销

喜茶、海底捞、星巴克……永远在排队、预定、抢购。近年来,网红品牌层出不穷,排队、拍照、发朋友圈,成为探访网红品牌的标准流程。为了买一杯奶茶、一盒点心,排队一两小时的现象并不鲜见。为什么同样是做品牌,喜茶、星巴克连条正经广告都没有,照样天天生意火爆,这些受追捧的品牌都做了什么?排队背后蕴藏着什么样的营销逻辑?有研究表明,"排长队"会让消费者对产品的质量更有信心。排队是一种饥渴营销的套路,企业利用从众心理进行饥饿营销,而排队的过程能够满足人们的归属需求。

材料来源:https://baijiahao.baidu.com/s? id = 1685676525672416030&wfr = spider&for =pc,有改动。

问题:你认为材料中提到的品牌营销成功的主要原因是什么?

3.信誉暗示及相关营销策略

为了证明产品是值得信赖的,企业会拿出一些权威机构的证明文件来证明自己的信誉,从而让消费者解除对产品的顾虑,达成营销目的,刺激消费。或者,企业会找权威专家、知名人士给产品代言,消费者基于对代言人的喜欢与信任,也会认可这些产品的信誉度。

4.情景暗示及相关营销策略

设置一个情景,暗示消费者使用其中的产品就可以让自己也拥有这个情景中的一切,这就是情景暗示。比如洗发水广告,强调的是清爽不油腻的洗发效果,就会让广告中的人物置身于森林中,让他吹着清风、听着鸟叫,暗示消费者只要使用这个产品,也会有同样清爽的感受。如果想反向暗示,以洗发水为例,可以在广告中详细描述有头屑时的各种尴尬场景，暗示消费者再不使用这种产品很有可能遭遇到同样的尴尬，消费者为了避免这些场景发生在自己身上，就会产生购买动机。

二、模仿的概念与特点

模仿是指仿照一定的榜样做出类似动作和行为的过程。在消费活动中，消费者的模仿一般具有以下的行为特点：

(一) 自愿性

在消费行为中，模仿行为完全出于消费者的自我意愿，没有来自外界的压迫或强制。消费者会根据自己的榜样群体的消费情况、消费理念、消费的品牌完成自己的消费。

(二) 不完全性

模仿行为并不是百分之百地复制榜样的所有消费行为。比如，一个 KOL 给粉丝介绍了自己平时常用的 5 个产品，价格、功能各不相同。粉丝可能会从这 5 个商品里挑选与自己更为匹配的 1~2 个商品进行购买和使用，而不是盲目地复制所有的消费。

(三) 规模大小不定

每次模仿消费的规模都不一样，有些时候规模小到只有个别的消费者参加，而有时规模大到全社会都参加，从而形成流行性的消费。

(四) 对新事物十分敏感，接受能力强

消费行为中的模仿者都愿意接受新鲜事物，他们对新事物十分敏感，接受能力强。

(五) 有理性、感性两类模仿者

模仿可以是消费者的理性行为，也可以是一种感性行为。消费意识明确的消费者通常经过深思熟虑之后再选择模仿对象，而观念模糊、缺乏明确目标的消费者的模仿行为往往带有较大的盲目性、冲动性。

(六) 内容广泛、形式多样

所有的消费者都可以模仿他人的行为，也可以成为他人模仿的对象。而消费领域中的一切活动都可以成为模仿的内容，只要是消费者羡慕、向往他人的消费行为，无论这种消费行为流行与否都有可能被模仿。

三、从众行为

(一) 从众的概念与行为特征

1. 从众的概念

消费者的从众行为，指消费者为得到群体成员的认可或满足群体的某些期望，会

表现出与大多数成员相似的购买意向，并采取相似的购买行为。从众行为不仅出现在消费行为中，而且是一种普遍的社会行为。社会心理学研究认为，从众行为产生的原因是人们为了寻求社会安全感和认同感，人们认可主流价值观，认为被大多数人选择的都是好的。

2. 从众的行为特征

（1）从众是迫于社会群体的压力产生的，多数是从被动产生到顺从的过程

从众行为的产生往往是被动的，为了被群体接受和认可，消费者才形成了从众行为。当消费者对某类商品不了解，或是获取商品信息比较困难时，多数人的购买行为就成了消费者了解商品的最有效途径，这时的消费者是被动的，只能通过仅有的信息购买产品。就算消费者了解某产品，但是因为多数人讨厌这个产品，消费者通常也不会选择这个商品，从而形成一种被动的消费行为，这是一种权宜的被动行为。

（2）从众消费会由小规模发展到大规模，是一种流行消费的开始

从众现象通常由少数人的模仿、追随开始，继而扩展变为多数人的共同行为。多数人的共同行为出现后，又刺激和推动了更大范围内的消费者进行相同或相似的消费行为，从而形成更大规模的流行消费。

（二）从众行为在营销策略上的运用

1. 分析产品因素

企业要对各类产品进行分析，分析获取产品信息的途径是否便捷，分析是否需要丰富的知识储备，从而得出消费者购买这种产品时发生从众行为的可能性的高低。例如，在购买笔记本电脑时，女性消费者没有男性消费者对笔记本电脑那么了解，相关的知识储备不足，女性消费者在挑选笔记本电脑时会显得信心不足，便很有可能发生从众行为。

2. 分析群体因素

群体因素包括群体规模的大小、群体内的感情倾向是否明显、引导群体消费的意见领袖的影响力大小等。群体规模越大，群体内的感情倾向越明显，意见领袖的影响力越大，个体消费者发生从众行为的可能性越高。

值得一提的是，从众行为会对宏观经济的发展产生重要的影响。因此，政府部门可以通过各种途径宣传正确的消费观念，鼓励健康的消费行为，然后利用从众心理的影响，带动其他个体消费者，促进全社会健康文明的消费氛围的形成。营销人员也可以利用从众心理抓住时机进行宣传，培育新的消费市场，引导消费时尚的形成或改变。

在特定条件下，从众行为也可能导致盲目攀比、抢购风潮等畸形消费现象的发生。对于这种消极影响，政府和企业必须采取积极措施加以防范。另外，从众行为还有可能扼杀消费者的创新意识，使新的消费观念、消费方式的产生遇到阻力。对此，政府和企业要格外关注，采取多种措施避免从众行为的负面影响。

任务三　消费习俗

一、消费习俗的概念

消费习俗，指一个地区或民族的人们在长期的经济活动与社会活动中由于自然的、社会的原因所形成的独具特色的消费习惯，分为物质文化习俗和社会活动文化习俗两大类。消费习俗主要包括受饮食习俗、服饰习俗、节日习俗、喜丧嫁娶和精神文化特色影响而产生的消费行为。做好消费习俗的研究，对企业营销策略的制订有积极的指引作用，同时可以引导消费者健康消费。

二、消费习俗的类型

总的来看，消费习俗包括物质生活消费习俗和社会活动消费习俗两大类。

(一)物质生活习俗

物质生活习俗主要包括饮食习俗、服饰习俗、住宿习俗、日用习俗等。这些习俗或以民族传统为基础而形成，或以地区生活习惯为基础而形成。

(二)社会活动习俗

社会活动习俗主要包括喜庆性消费习俗、纪念性消费习俗、宗教信仰性消费习俗、社会文化性消费习俗等。

喜庆性消费习俗是人们为了表达美好的情感、实现美好的愿望而产生的各种消费需要和行为方式。纪念性消费习俗是人们为了纪念某人或某事而形成的某种消费风俗与习惯。信仰性消费习俗是某种宗教信仰引起的消费风俗习惯，具有浓厚的宗教色彩，并且具有很强的约束力，属于一种特殊的消费习俗。社会文化性消费习俗是社会经济、文化发展引起的消费习俗，它建立在较高文明程度的基础之上。

三、消费习俗的特点

(一)长期性

习俗是各地区、各民族、各国家的民众在漫长的社会生活过程中，逐渐形成和发展起来的习惯。一种习俗的产生和形成需要经过若干年乃至更长的时间，在人们长期的生活中，习俗潜移默化地进入生活的各个方面，对人们产生强有力的影响。

(二) 社会性

习俗的产生和沿袭离不开社会环境,它是社会风俗的组成部分,因而具有浓厚的社会色彩。某些具有较强社会性的风俗,由于受社会环境、意识形态等的影响,也会随着社会的发展而不断发展变化。

(三) 地域性

习俗通常带有强烈的地域色彩,是社会风俗的组成部分。例如,广东人有喝早茶的习惯,这与当地的社会文化、气候等有关。

(四) 非强制性

习俗的产生和沿袭不是强制的,它通过无形的社会约束力量发生作用。它具有无形而又强大的影响力,使消费者潜移默化地受到影响,并以此规范自己的消费行为。

四、消费习俗对消费行为的影响

(一) 消费习俗对消费心理的影响

1. 促进消费心理的稳定性

由于消费习俗的影响,在购买商品时,消费者往往会经常性地购买那些符合消费习俗的商品。习惯性购买心理是在漫长的社会生活中逐渐形成和发展起来的,一旦形成,就具有一定的稳定性。

2. 强化消费心理

消费习俗具有民族性、地域性的特点,它对本地区、本民族、本国民众的消费心理与消费行为产生了强烈的影响。许多人对自己的消费习俗引以为荣,有强烈的自豪感,这更强化了消费习俗的长期性和稳定性。

3. 影响消费者的心理变化

消费习俗对消费者心理的变化既可以起阻碍作用,也可以起促进作用。一般来讲,当新商品或新的消费方式与消费习俗发生冲突时,由于受消费习俗的制约,消费者的心理变化十分困难;而当新商品或新的消费方式与消费习俗具有共同点时,会加速消费者心理的变化,使消费者迅速接受这种新商品或新的消费方式。

【同步业务 11-1】

假设你是某食品公司的营销人员,公司生产各类糖果、零食。请你调查某一地区的消费习俗,并根据所了解的内容制订一套营销方案。

(二) 消费习俗对购买行为的影响

1. 使购买行为具有普遍性

消费习俗是人们普遍认同、接受者众多的行为方式,它能够在某些特定的情况下引起消费者对某些特定商品的普遍需求。

2.使购买行为具有长期性

消费习俗是人们在长期的社会实践中逐渐形成和发展起来的,习俗一旦形成就会世代相传地影响人们生活的各个方面,稳定地、不知不觉地、强有力地影响着人们的购买行为。

3.使购买行为具有周期性

消费习俗是周期性出现的,它使购买行为具有反复性和重复性。

4.使购买行为具有稳定性和习惯性

消费者轻易不会改变原有的消费习惯和生活方式。受消费习俗的长期影响,消费者的购买行为具有超强的稳定性和习惯性。

五、利用消费习俗进行营销

(一)挖掘消费习俗,引导消费

消费习俗是长期延续下来的消费习惯,在几十年甚至几百年的时间中已经形成了较为固定的消费模式,其内涵和意义已经根植在人们的心中。因此,研究与挖掘消费习俗的内涵,对消费习俗中具有传统文化特点、适应当前环境与观念变化、具有积极影响的内容进行汇总、整理与提炼,并通过多种途径广为传播,加深人们对特定消费习俗的了解,不仅有助于消费习俗的延续,满足人们在物质上、心理上和情感上的需求,而且有助于引导消费行为,达到促进销售的目的。

(二)加强产品创新,满足消费行为

企业要不断创新产品,以产品的实用价值来满足消费者的物质需求。在产品设计上,从整体到细微之处都要用心,充分体现出产品符合消费习俗的特征。

(三)适应社会变化,关注习俗经济

企业要不断适应消费习俗的变化,抓住商机,针对不同的习俗开发一些产品,满足消费者的需求,并获得一定的利润。

【同步案例11-6】

三月三

在壮族的传说中,三月三是壮族始祖布洛陀的诞辰日。这一天是壮族祭祖、祭拜盘古和布洛陀的重要日子。三月三歌圩又叫歌婆节,是壮族的重大节日。三月三这天,壮族家家户户做五色糯饭,染彩色蛋,欢度节日。在歌圩中,还有抛绣球作为定亲信物的习俗,所以歌圩又是恋爱中的青年传达情意的场合。

材料来源:https://www.thepaper.cn/newsDetail_forward_12172846,有改动。

问题:你的家乡有哪些消费习俗,你认为应该怎样利用这些消费习俗去进行营销?

任务四　消费流行

一、消费流行的概念

消费流行，指一种或几种商品在一个地区内、在一段时间内为多数人使用或追求的消费趋势，即人们在消费活动中，对商品或服务所形成的风行一时的消费模式。消费流行不仅是一种心理现象、社会现象，也是一种十分重要的经济现象。企业需要通过对消费流行进行分析，才能正确地制订和调整营销战略。

在当今的消费时代，一种产品的生命周期及流行期较之前越来越短，各类产品更新换代的速度越来越快，短时期内的消费流行现象给所有企业带来了新的发展机遇，也带来了各种挑战。只有准确把握消费流行的风向，以消费流行为指导，制订出符合当下消费流行趋势的营销策略，企业才能更好地迎接挑战，立于不败之地。

二、消费流行的形成原因

(一)外部客观因素

1.社会经济水平发展

社会生产力和消费者购买力的提升为消费流行创造了有利的客观经济条件。社会生产力水平的高低，直接决定着产品更新换代的速度。换而言之，生产力水平越高，产品更新换代的速度就越快。再加上网络技术的迅速发展，产品的销售范围由局部区域发展到全国乃至全世界。产品需求量的增加、社会生产力水平的提升、网络技术的发展等客观条件为消费流行提供了有利的客观条件。

从消费者购买力方面来说，只有在大部分消费者购买力范围内的商品才会形成消费流行。时下流行的消费品的价格与消费流行的范围有着密切关系。大多数消费流行的产品都是价格亲民的产品，超过当时当地消费者消费水平的产品很难流行，这是由消费者的购买力决定的。

2.商品自身优势

在同类型产品众多、竞争压力巨大的市场中，某一产品能脱颖而出，成为消费流行的产品，这与产品自身在质量、功能、价格、品牌文化等方面的优势是分不开的。

3.媒体传播方式

消费流行的特点是时间短、变化快、参与人数多。信息的沟通在其中起了十分重要的作用。对消费流行起重要影响作用的传播方式主要有产品传播、人际传播、广告传播、政治宣传、文化传播等。信息传播的渠道越畅通，越容易形成流行，影响也越大，人们也会越快地加入消费流行的潮流之中。比如，现在网络带货主播推荐的产品时常卖到断货，与之前网络并不发达的时代相比，如今的消费流行发生得更加容易。

4. 消费流行的地区特点

（1）在不同的地域，由于民族、宗教、地理位置、社会文化等的不同，人们在消费上也存在着很大差异。人们更容易接受符合文化传统、文化氛围和消费习俗的商品。一些使人们的消费习俗发生重大变化或与文化氛围格格不入的商品，很难形成消费流行。

（2）地区的资源条件主要包括物产、劳动力价格、能源等，也与消费流行的产生有关。例如，当某种款式、色彩的时装流行时，江南地区可以使用丝绸作为面料。而在盛产棉布的地区，当地的企业一定会从当地的资源条件出发，在保留款式、色彩等流行元素的基础上，以棉布来代替丝绸。这样，就可以适应当地消费者的消费习俗，满足当地消费者的需求。

【同步思考 11-2】

问题：请认真回忆，近期有哪些消费流行正在发生，你是否参与其中？你是出于何种心理决定购买这些流行商品的？

（二）内部心理因素

1. 模仿、从众心理

模仿是指仿照一定榜样做出类似动作和行为的过程，如今社会中引领消费流行的角色多种多样，娱乐明星、体育名人、权威专家、网络红人等都能够成为在消费流行中被模仿的对象。为了拥有与被模仿者相似的生活方式，或出于对被模仿者的喜爱和信任等原因，模仿者愿意跟风购买商品，形成消费流行。在消费领域中，从众表现为消费者自觉或不自觉地跟从大多数的消费行为，以保持自身行为与多数人的消费行为一致。

2. 攀比心理

消费者在购买过程中有时会有争强好胜的心理，企图展现自己的社会地位、经济实力等，从而产生购买行为。相邻的两个社会阶层的文化背景、经济实力都是很接近的，出于攀比的心理，有人会购买相同的品牌、相同的产品，这便促成了消费流行的发生。

3. 偏好心理

偏好心理，指消费者对于某类商品或某种品牌的产品产生特殊爱好而进行购买的动机。出于偏好心理形成的消费流行在一定程度上依靠的是消费者对品牌的情感因素。例如：国货引发的消费流行中就包含着人们对于老品牌的情感因素。

4. 求实心理

每个消费者在消费时都或多或少地存在着求实心理。当消费流行产生时，求实心理突出的消费者会从流行的商品中找出自己真正需要的商品，不被所谓的流行所迷惑。如果商品的质量、效果、使用价值都可以满足他们的需要，他们的宣传对流行的发展将起到一定的积极作用。一旦他们发现流行产品的使用价值与盲目跟风的购买者传递的信息不符时，他们将对流行的发展起到阻挠作用。

5. 求便心理

具有求便心理的消费者更加关注在消费时如何节省时间。如今，消费者的生活节奏加快，消费者不愿将过多的时间和精力放在消费上。因此，越方便购买的产品越容易形成消费流行。

三、消费流行的特征

(一)骤发性和短暂性

消费流行往往体现为消费者对某种商品或服务的需求急剧膨胀，在短期内爆发、扩展、蔓延，具有来势猛、消失快的规律，故而常常表现为"昙花一现"，其流行期或三五个月，或一两个月。同时，流行产品的重复购买率低，多属一次性购买，这也缩短了流行时间。

(二)周期性和循环性

所有消费倾向都有一个初发、发展、盛行、衰老、过时的过程，这个过程即为消费流行的周期。人们的消费常常表现出一种回返特征，这就是循环性。在消费市场上，在一段时间里，为人们所偏爱的某种商品往往供不应求，十分紧俏。但是，只要消费"热"一过，这种风靡一时的紧俏商品就会成为明日黄花无人问津。然而，一段时间之后，那些早已被人们遗忘了的商品又可能重新在市场上流行起来。

(三)地域性和梯度性

消费流行受地理位置和社会文化等因素的影响。在一定的地域内，人们形成了某种共同消费习惯，并区别于其他地域。因而甲商品在 A 地流行，但在 B 地就不一定流行，甚至还可能被禁止使用。消费流行具有扩散性，总是从一地兴起，然后向周围扩散、渗透，于是在地域上、在时间上形成流行梯度。

(四)新奇性和反传统性

求新求美是消费者永恒的追求，也是社会进步和需求层次不断提高的表现，这势必促使流行商品不断涌现。有人指出，"流行并不是自然形成的，而是有意制造出来的"。流行的源头是新奇，有了新奇，市场就有了新的兴奋点，也就有了发展的动力。消费流行与此相关的另一个特征是反传统性，在某些情况下，传统意味着守旧，而流行意味着新奇、时尚、与众不同。

【教学互动 11-1】

互动问题：从小作坊到大工厂，从广西小城走向全国各地，从名不见经传的街头小摊变身为实体经营的餐厅和全球畅销的"网红食品"，柳州螺蛳粉的跨越式发展仅仅用了几年时间。螺蛳粉在全国的网络上走红并非偶然，因为它作为地方特色食品，在竞争激烈的市场上找准了营销方向，形成了一种消费流行趋势。请思考，螺蛳粉是怎样影响消费者的？

四、消费流行对消费行为的影响

(一)影响消费者的需求与动机

消费者处于复杂的客观环境中,其购买行为受到外界客观因素的影响。消费者的需求是可变的、可诱导的。消费流行对消费者的需求会有一定的影响,尤其是在消费流行的范围广、持续的时间长的时候,很多消费者会根据流行的风向完成自己的购买行为,即便消费流行与消费者原本的购买计划不符。

(二)影响消费者的态度

从态度的特点来看,态度不是与生俱来的,而是后天形成的。他人的认可或不认可对消费者的态度有极大的影响。消费流行通过这种方式,用多数人的态度影响着消费者本人的态度。螺蛳粉独有的气味和味道不是所有人一开始就能接受的,但是螺蛳粉消费流行产生之后,在全国掀起了一阵狂潮,一跃成为网友们最爱不释手的网红食品之一。很多消费者的态度发生了180度的大转变,由接受不了转变为爱得疯狂,这种态度的大转变是消费流行深刻影响消费者态度的体现。

(三)影响消费者购买行为

消费流行作为一种重要的社会现象,对购买行为的影响是不可低估的。它使得消费者的购买行为具有以下特点。

1. 购买行为的集中性

消费流行能够在短时期内引起消费者普遍的购买行为。这种购买行为的集中性使得许多家庭或消费者个人出现"超前消费"的现象。

2. 购买行为的短暂性

消费流行的风潮越猛,其周期往往越短。消费者对流行商品的购买大多是一次性的,很少重复购买。实际调查中发现,流行商品的购买普及率远远高于一般商品,但重复购买率却低于普通商品。

3. 购买行为的一致性

消费者对于流行商品的购买行为具有一定的一致性。这是因为流行的发展趋势使人们的行为趋于某种一致化。消费者只有购买这一产品,才能获得心理上的满足。

【同步案例11-7】

酵母卖疯了,销售额是去年10倍!发生了啥?

新型冠状病毒肺炎疫情期间,面粉和酵母成为"爆品"。在上海的大型超市中,销售人员告诉记者,今年2月份至今,面粉的销量有显著的增加。业内人士表示,各大品牌的面粉的销售额是去年同期的4倍。蛋糕粉、奶油等与烘焙相关的产品的销售额也同比增长了将近300%。酵母在今年2月上旬的销售额甚至是去年同期的10倍。

问题:为什么面粉和酵母等产品的销量暴涨?

五、与消费流行有关的营销策略

(一)掌握流行风向,注重产品的创新设计

消费流行是在市场上发端的,企业要细心观察市场上的风云变化,预测流行趋势,尽早设计相关产品,做消费流行的引导者。那些能够满足消费者需求、引起消费者情感共鸣的产品极易成为流行产品。

【同步案例11-8】

"一墩难求"真实上演

2022年2月4日,北京冬奥会开幕,吉祥物冰墩墩迅速走红,出现了"一墩难求"的现象。冰墩墩到底有多火热?2月8日上午10点,《每日经济新闻》记者来到位于北京王府井工美大厦的2022年冬奥会官方特许商品旗舰店,实地体验了一番。在现场,冰墩墩已经断货,"一墩难求"真实上演,而且还有顾客凌晨就来排队了。2月23日,北京冬奥会主火炬已熄灭,被竞技点燃的消费热情却并未退去:闭幕式当天,100万个冰墩墩及多种商品售罄,奥林匹克官方旗舰店的特许商品卖出了160余万件、销售额近1.8亿元。

材料来源:https://baijiahao.baidu.com/s? id=1724293300365857244&wfr=spider&for=pc,有改动。

问题:如何看待冰墩墩等冬奥纪念品热销的现象?

(二)整合传播媒介

流行并不是自然形成的,而是被有意地制造出来的。我们从消费流行的变化过程中可以看到,它的产生是一个扩散的过程,受媒体传播的影响非常大。因此,要整合传播媒介,加强营销,扩大流行的范围,促进流行的发展。

其一,要多途径释放产品信息。产品上市前都要通过各种方式释放消息,引起人们的好奇,强化消费者的期待心理。

其二,要充分发挥新闻效应。新闻具有引导流行的权威作用。苹果公司的新产品上市时都要召开发布会,邀请全球媒体进行报道,这不仅吸引了消费者眼球、扩大了产品的知名度,而且引发了人们的从众行为和模仿行为。

其三,要大量发布创意广告。企业要推出新产品时,应配合各种媒体进行广告宣传,通过多种多样的途径让消费者天天看到、处处看到产品的广告。

其四,要努力开展体验营销。苹果公司十分重视消费者的体验需求,在全球各地陆续设立了"苹果体验店",这强化了消费者的体验感,提升了产品销量。

(三)掌握流行周期,适当定价

消费流行一般要经历初发期、发展期、盛行期、衰减期等阶段,因此,企业可以利用消费流行的周期,采取合适的定价引导消费流行。在消费流行的初发期,以高价进入市场,通过高价吸引消费者的眼球,并强化消费者的好奇心理;在消费流行的发展期、盛行期,可适当降低价格,使流行速度加快,让大量的消费者做出购买决定;在消费流行的衰减期,

可以大幅降价，甚至采取有奖销售、大甩卖的形式处理过时的产品，加速资金周转，同时为新产品的流行创造空间。

(四) 创建群体象征符号，促进群体消费

消费者有攀比、从众、模仿的心理，因此，要努力让产品、品牌成为某个群体的标志性符号，从而让大家可以通过这个符号进行群体区别并获得群体认同。这就会使消费者产生模仿心理、从众心理，消费流行也就自然而然地产生了。

【资料 11-1】

在 2021 年的"国庆档"，电影市场劲头十足。《长津湖》《我和我的父辈》两部主旋律电影掀起了观看主旋律电影的热潮。其中，《长津湖》的上座率遥遥领先，观众对这部战争史诗影片十分关注。两部影片也受到了年轻观众的欢迎。猫眼专业版的数据显示，在所有年龄群体当中，20 岁以下及 20~24 岁两个群体的观众给《长津湖》的打分最高，《我和我的父辈》则最受 20 岁以下的观众喜爱。90 后、00 后对主旋律电影的喜爱比之前更加明显。周围相关群体对产品的喜爱和偏好会导致个体消费者心理和行为上的变化，喜爱观看爱国主义题材的影片，也成了年轻消费群体身上的一种符合时代精神的标签。

材料来源：https://t.ynet.cn/baijia/31535715.html，有改动。

要点巩固

一、单选题

1. "一方水土养育一方人"讲的是习俗的(　　　)。

A. 长期性　　　　　　B. 社会性　　　　　　C. 地域性　　　　　　D. 非强制性

2. (　　　)群体更容易产生补偿性消费。

A. 少年　　　　　　B. 青年　　　　　　C. 中年　　　　　　D. 老年

二、多选题

1. 与男性消费群体相比，以下哪些属于女性消费群体的购买行为特征？(　　　)

A. 注重产品本身　　　　　　　　　　B. 容易被外界环境干扰

C. 对价格变化的感知敏感

D. 购买前犹豫不决，购买后的抱怨失望率高

2. 以下哪些特点不属于高收入消费群体的消费心理和消费行为？(　　　)

A. 大部分开支用于儿女教育经费　　　B. 对大众化消费已经毫无兴趣

C. 在消费行为方面比较谨慎　　　　　D. 存在一定的跟风行为

3. 影响消费流行形成的内部心理因素有哪些？(　　　)

A. 攀比心理　　　　B. 从众心理　　　　C. 偏好心理　　　　D. 求便心理

4. 消费习俗有哪些特点？(　　　)

A. 长期性　　　　B. 地域性　　　　C. 非强制性　　　　D. 社会性

5. 以下哪些选项属于新环境下吸引青年客户群体的新营销手段？(　　　)

A.与网红合作宣传　B.加强线下店铺员工管理
C.打折　　　　　　D.开通企业店铺直播

三、简答题

1.暗示分为哪几种类型?

2.什么是从众行为?

3.模仿行为的特点有哪些?

4.如何利用消费习俗进行营销?

5.如何运用消费流行进行影响?

6.消费流行的特征有哪些?

7.面向中收入群体的市场营销策略有哪些?

即学即用

不让老年人在智能化、信息化时代掉队

不久前,一段视频在网上引起广泛关注。某地一位大爷在超市买了一袋水果,付款时被收银员告知不收现金,只能用微信,大爷特别恼怒:"我拿的是人民币,不是假币,羞辱我呢? 羞辱我老头不会用微信啊!"好在在保安的协助下,大爷用现金完成了支付。

其实,类似的事情在我们身边屡见不鲜。网上购物、网上订票、网上约车,省时省力,好用方便。但对于许多60岁上下的老年人来说,新技术带给他们的往往是烦恼。这折射出了一个社会的痛点:在如今智能化、信息化新技术不断发展的时代,怎样来保护老年人,不让他们被遗忘和抛弃,让他们同享不断发展的新技术?

材料来源:http://paper.jmnews.cn/jmrb/html/2020-04/14/content_495536.htm,有改动。

问题:请结合所学知识,谈谈如何吸引、帮助老年人群体利用新技术进行消费。

课堂延伸

扫码阅读:(1)《让老人在数字化时代少碰壁,别再把他们视为"少数群体"》;(2)《消费领域"重女轻男"现象渐被打破"他经济"成风口》。

二维码

营销应用篇

第五模块

项目十二　影响消费者行为的营销组合

学习目标

　　＊职业知识目标：

1. 了解营销组合的概念及其与消费者行为之间的关系；
2. 掌握商品策略的含义、特点、类型以及其对消费行为的影响方式；
3. 掌握价格策略的含义、特点、类型以及其对消费行为的影响方式；
4. 掌握促销策略的含义、特点、类型以及其对消费行为的影响方式。

　　＊职业能力目标：

1. 通过案例分析，提高学生发现问题、分析问题和解决问题的能力；
2. 在了解营销组合因素的基础之上，能够帮助企业根据消费者心理、购买习惯的变化做出营销决策上的调整。

学前思考

　　为什么买的永远没有卖的精？营销做的事情就是"套路"消费者吗？

思政案例

创新营销模式，提升服务能力

　　因受疫情影响，2020年多家中国手机企业的收入都同比下跌，不过小米公司却在疫情期间获得远超预期的发展。根据小米集团发布的2020年第二季度财报，小米互联网服务收入增长强劲，达到59亿元人民币，同比增长29%，二季度广告收入达31亿元，同比增长23.2%，这进一步印证了小米"硬件+互联网+新零售"模式的先进性。

　　2020年上半年，小米营销的各条业务线路均实现逆势大涨，特别是电商广告收入创历史新高，第二季度同比增长15%，6月创下单月同比增长28%的历史最好成绩。小米营销没有用传统的流量思维做广告，而是利用小米特有的系统生态能力，将服务深入合作伙伴生意的全链条之中，帮助客户实现了用户生命周期管理。尤其是在疫情背景下，合作伙伴更希望可以降低成本，通过营销带动更多的转化与销售，小米营销用技术、精细化运营服务、媒体创新能力和庞大的生态链融合资产帮助客户有效地实现了控本增效。

　　材料来源：https://baijiahao. baidu. com/s? id＝1676163527851898875&wfr＝spider&for＝pc，有改动。

思政导言

小米营销致力于将"打扰"人的广告转变为"服务"消费者的信息，这就需要数据分析对消费者进行精准的画像并实现准确的消息投放，从而获得更高的销售转化率，提升客户的满意度。随着我国消费者自主意识的不断提升，传统的洗脑式、强推式的营销方式已经逐步退出市场，取而代之的是基于对消费者的更精准的了解和分析之上的销售和服务。营销不是要"套路"消费者，而是要更准确地发现消费者的潜在需求(包含实用需求和心理需求)，并将最合适的产品快速地提供给消费者。随着市场和技术的变化，企业需要与时俱进地洞悉和分析这种变化，提升自身能力，获取新增收入。营销者不仅要具备观测、分析市场趋势的能力，更要有创新解决问题的能力。

思政学习园地

扫码阅读:《"十四五"市场监管现代化规划》。

二维码

理论精讲

在影响消费者行为的外在因素中，市场营销因素是一个不可忽视的方面，现代企业越来越注重营销组合的应用。1960 年，美国密歇根州立大学的杰罗姆·麦卡锡教授将市场营销组合概括为商品、价格、渠道和促销的有效组合，市场需求在某种程度上受到这些"营销变量"或"营销要素"的影响。我们将从其中的三个方面探讨营销组合对消费者行为的影响。

任务一　商品因素与消费者行为

商品是消费行为的客体，是消费者进行一切消费行为的对象。企业只有通过向消费者提供合格的商品，满足消费者的需要，才可能从中实现自身的价值。从心理和行为的角度来看，商品具有两大类的功能:一是商品的基本功能，这类功能取决于商品本身的物理性质，包括实用功能、方便功能、舒适功能、安全功能、耐用功能等;二是商品的心理功能，这类功能主要取决于消费者对商品的认知、理解以及社会习俗的影响，是商品对消费者产生的心理效用。在这里我们着重讲述商品的心理功能。

一、商品名称与消费者行为

(一) 商品的命名及影响

商品命名,指企业赋予其生产的产品的称谓,它概括地反映商品的形状、用途、性能等特点,并使其区别于其他产品。

商品命名对消费者的主要影响:在接触到商品之前,消费者会通过产品名称来预判产品;好的商品名称可以吸引消费者的注意;消费者对商品的认识和记忆会依附于其名称之上;简洁明了、引人注目、富有美感的名称不仅可以使消费者更好地了解商品,还能带给消费者美好的印象,进一步促进销售。

(二) 商品命名的心理要求

要使产品的名称与消费者的心理相吻合,对消费者产生积极的影响,在命名时应注意符合下列心理要求。

1. 名实相符

商品名称要与其实际特征相符,使消费者通过名称能够迅速了解产品的基本效用和主要特征。例如,"Santana(桑塔纳)"是美国加利福尼亚州一座山谷的名字,以盛产葡萄酒而享誉世界。该山谷经常刮起强烈的旋风,当地人把这种旋风也叫作"Santana"。1982 年,德国大众汽车公司制造出了一种新型轿车,他们选择以这股著名的旋风来命名它,旨在希望刚投产的新轿车能如这股旋风一样拥有席卷世界的力量。

2. 便于记忆

商品的名称应易读、易记,不增加记忆难度,一般以 2~5 个字为宜。商品的名称主要用来吸引消费者,加深消费者对商品的印象。例如,蒙牛产品的命名,其中"蒙"代表着品牌来源于内蒙古,引申含义包括蓝天、白云、草原,这里是奶牛的故乡、牛奶的摇篮;"牛"代表产品是奶牛的牛奶,引申含义包括牛气、勤奋如牛、气壮如牛。

3. 引人注意

引人注意是商品命名最主要的目的,也是最重要的要求。好的商品名称应该能在同类商品名称中脱颖而出,迅速引起消费者的注意。例如,力士作为联合利华旗下非常成功的一款产品,原来的名字叫"猴牌"和"阳光牌",这些命名颇显俗气,并使得产品默默无闻。后来联合利华董事会通过了"力士"这个名字,使得销量大增。"Lux"来自拉丁语"Luxe",是"阳光"的意思,同时它容易让人联想到英语里的 lucky(幸运的)和 luxury(华贵的),因而在同类产品中更容易吸引消费者的关注。

【教学互动 12-1】

互动问题:在日常生活中,哪些商品的名字曾经瞬间引起了你的注意并让你印象深刻? 这个商品的名字让你产生了什么样的联想?

4. 激发联想

激发联想是商品命名的一项潜在功能。商品名称的文字或发音可以使消费者产生恰当、美好的联想，激发其对商品的美好想象并产生购买欲望。例如，"农夫山泉"矿泉水可以激发消费者的联想，"农夫"二字给人以淳朴、厚道的感觉，引申到产品本身，给人一种绿色安全的感觉；"山泉"二字会让人联想到清澈、甘冽的山泉水，山泉水都是在大山中流淌，没有污染，天然纯净，让人放心。

5. 避免禁忌

商品命名要考虑到根据不同国家、民族的社会文化的不同，消费者的习惯、偏好、禁忌也有所不同，还要考虑到语言差异，避免在销售区域触及禁忌或产生歧义。

【同步思考12-1】

问题：一些品牌的名称得不到消费者的喜爱，在中国市场内受挫的原因是什么？

(三) 商品命名的策略

1. 以效用命名

根据产品本身的性能和用途命名，可以直接反映商品的主要性能和用途，使消费者能迅速了解商品的功效，便于消费者了解产品，加快对商品的认知过程，从而可以迎合消费者追求商品实用价值的心理。比如，"气滞胃痛冲剂"，一看便知是治疗胃病的药物；"金鱼洗涤灵"是洗涤餐具或水果的洗涤剂；"玉兰油防晒霜""美加净护手霜"等均可直接从名称上了解商品的用途和功效。以效用命名的策略多用于日用工业品、化妆品和药品。

2. 以成分命名

以商品的成分或原料构成命名，可以方便消费者认识商品的特色和价值，为消费者认识产品价值提供资料，增强其信任感，例如三鞭酒、人参蜂王浆、珍珠霜等。以成分命名的策略多用于食品类、医药类、服装类商品。

3. 以产地命名

以产地命名主要是因为产品具有悠久的历史，特别是以产地而享有盛名，冠以产地的名称可以突出该商品的地方风情、特点，使其独具魅力，例如茅台酒、龙井茶、北京烤鸭、孝感麻糖等。以产地命名利用了消费者对著名产地产品的信赖心理，能够给消费者以真材实料、品质上乘、具有独特地方风味的感觉，满足消费者求名、求特、求新的心理，从而使消费者树立起信任感、产生亲切感。

4. 以外形命名

根据产品的形状、结构命名，其特点是形象化，能突出商品造型新奇、优美的特点，引起消费者的注意和兴趣，启发其形象思维，给消费者留下鲜明而深刻的印象。例如，有的食品名为"佛手酥""猫耳朵"，有的首饰用"繁星满天"命名等。以外形命名的策略多用于食品、工艺品。

5. 以色彩命名

以色彩命名突出了产品的色彩，可以刺激消费者的视觉感受，使之对商品留下深刻的印象。例如，"黑巧克力"中的"黑"突出了巧克力的纯度，"白玉豆腐"突出了豆腐的白嫩细腻，"白加黑感冒片"则突出了白片与黑片的不同效果。以色彩命名的策略常用于食品类产品。

6. 以人名命名

以人名命名，指以发明者、制造者、历史人物、知名人物或对该产品有特殊爱好的名人命名，如"范思哲""皮尔·卡丹""圣罗兰""李宁"等。这种命名策略将特定的商品和特定的人联系起来，借助消费者对名人的崇拜与信赖心理，使消费者睹物思人，引起丰富的联想、追忆和敬慕之情，从而使商品在消费者心目中留下深刻的印象，还可以体现商品悠久的历史和文化，表明该商品系出名门、正宗独特，以此诱发消费者的购买欲望。

7. 以制作方法命名

以制作方法命名的策略多用于具有独特制作工艺或研制过程的商品，如"二锅头"在制作过程中要经过两次换水蒸酒，且只取第二锅酒液的中段，酒质纯正、醇厚。以"二锅头"命名能使消费者了解该酒不同寻常的酿制工艺，从而提高商品的声望。

8. 以吉祥或美好的事物命名

以吉祥或美好的事物命名，可以迎合人们图吉利、盼发财的心理，如"百合"被子、"吉利"汽车等。

9. 以外来词命名

为满足消费者求新、求奇、求异的心理，对于部分进口商品，常常使用以外来词命名的方法，其要求是读起来要朗朗上口且寓意美好。例如："Coca-Cola"的中文名为"可口可乐"，让人们联想到可口的饮料带来的舒畅感觉，以及由此产生的愉悦心情。

【同步思考 12-2】

好名字，助力"Lux"风靡世界

力士是一个享誉全球的著名品牌，但它的名字在一开始并不是"力士"，其品牌命名的背后有一个很有意思的故事。

19 世纪末，英国联合利华公司向市场推出了一种新型香皂，曾在一年内先后采用"猴牌"(Monkey)与"阳光牌"(Sunlight)作为品牌名称，但一直打不开销路。1900 年，公司在利物浦的一位专利代理人提出了一个令人耳目一新的品牌名称——"Lux"，很快就受到了董事会的认可，并马上被采用。更换品牌名称的香皂销量大增，并很快风靡全世界，成了驰名世界的品牌。

问题：Lux 是个非常好的品牌名称，它好在哪？它的命名体现了商品命名的哪些策略？

二、商标与消费者行为

(一) 商标的含义

商品的品牌主要包括名称和标志两个部分。品牌名称是可以用文字表达的部分，品牌标志是用符号、图案或颜色等形式显示出来的部分。

商标不仅仅是一种图案标示，更是一个企业的形象及信誉的体现。"商标是不会说话的最佳推销员"这句话概括了商标最大的用处。

(二)商标的功能

1. 识别功能

商标相当于产品的"名片",它是区别于其他产品的重要标志。商标通过独特的设计、巧妙的构思、鲜明的标志吸引消费者,帮助消费者在做出购买决策时与同类商品进行比较,也便于消费者对商品的了解和记忆。

2. 保护功能

商标属于经济范畴,也属于法律范畴。产品的品牌标志经过注册后成为注册商标,商标在国家商标局注册后就受到法律的保护,禁止他人假冒或伪造。品牌受法律保护,这规范了企业的生产和经营活动,也维护了商品生产者、经营者的形象和信誉。对于消费者而言,品牌给予消费者某种程度的信赖感、安全感,也保护了他们的合法权益。

3. 确保产品、服务的品质

生产者通过商标表示商品为自己所提供,服务提供者通过商标表示某项服务为自己所提供,消费者也通过商标来辨别商品或服务,对其质量做出鉴别。这种鉴别关系到生产者、经营者的兴衰。因此,商标的使用促使生产者、经营者注重质量,保持质量的稳定。

【教学互动 12-2】

小米公司商标,精炼而不简单

小米公司的商标是"MI"字母形状(图 12-1),是英文 Mobile Internet 的缩写,表示小米公司是一家移动互联网公司。该商标倒过来看是一个"心"字,但少了一个点,代表小米公司要让消费者省一点儿心。另外,"MI"也是"米"的汉语拼音,正好对应公司及其产品的名称。从商标的设计来看,其颜色基调为橘黄色,明亮而抢眼,能够很好地抓住消费者的眼球;在橘黄色矩形中间是一个镂空的"米"字拼音,结构简单,但不失大气。总体来看,小米公司的商标非常具有科技感。

图 12-1 小米公司的商标

互动问题:选取一两个让你印象深刻的商标,并对其进行分析。

(三)商标设计的策略

1. 商标要容易辨认和记忆

商标要尽可能的简洁明快,才不容易与其他产品发生混淆。如"海尔""小鸭"等,其形象非常鲜明,容易记忆,消费者能在很多的品牌中一眼就认出来。

2. 商标的图案要别致、有个性，并能引起人们的联想

商标的图案要富有美感、有个性，这不仅便于消费者识记，也能引起人们的联想，刺激人们的购买欲望。例如，可口可乐的包装和设计就很有个性，十分醒目。

3. 商标与商品应和谐统一

商标与商品之间要有内在的联系，二者要名实相符，这样消费者才可以根据商标来推测商品的性能并产生联想，如"精工"手表、"健力宝"饮料等。

4. 商标的设计应避免引起法律纠纷

商标的设计要独特，不能照搬别人的创意，不能涉及宗教、民族、文化等禁忌，一定要避免引起法律纠纷。

【同步案例 12-1】

恶意注册商标不可取！

针对近期发生的杨倩、陈梦、全红婵等奥运健儿的姓名被申请注册商标事宜，中国奥林匹克委员会郑重提示：如未获得运动员本人或未成年运动员监护人的授权，不得以奥运健儿的姓名恶意抢注商标，有上述行为的，应及时撤回和停止实施商标注册申请。

《最高人民法院关于审理商标授权确权行政案件若干问题的规定》明确规定，商标标志或其构成要素可能对我国社会公共利益和公共秩序产生消极、负面影响的，人民法院可以认定其属于商标法中规定的"有其他不良影响"的标志。将政治、经济、文化、宗教、民族等领域的公众人物的姓名等申请注册为商标，属于前面所指出的"其他不良影响"。

材料来源：https://baijiahao.baidu.com/s? id＝1708487717332479644&wfr＝spider&for＝pc，有改动。

问题：从案例中可以看出，企业在设计、申请商标时应该注意什么？

三、商品包装与消费者行为

(一) 商品包装的含义

商品包装是在流通过程中为保护产品、方便储运、促进销售，按一定的技术方法所使用的容器、材料和辅助物等的总体名称。商品包装一般分为主要包装、次要包装和运送包装三个层次。

(二) 商品包装的功能

1. 展示功能

包装上的文字或图案等可以向消费者传递有关信息，如商品的性质、质量、用途、组成成分、生产厂家、保质期、使用方法及注意事项等。不同的包装可以表明不同的产品质量或档次，即高档商品在外包装材料的选择和设计上都要精美一些，而一些日用品用相对简单的包装就可以了。

2. 便利功能

便利功能指的是商品的包装要方便消费者的携带和使用。现代企业强调"以人为本"，要处处为消费者着想，要根据产品的性质、形状和用途等设计包装的结构、形状、材料、规格及开启方式等，以方便消费者选购、携带、运输、保管和使用。牢固结实的包装能使消费者产生安全感和便利感，方便的开关装置包装有利于消费者使用，适当的结构及分量有利于消费者携带，严密的包装有利于消费者贮存。

3. 美化功能

精美的包装不仅能美化商品，提高商品的档次和身价，增加吸引力，促进销售，还能使消费者得到美的享受，受到美的陶冶。包装常常和装潢结合在一起，称为包装装潢。装潢指的是商品外包装上的装饰。商品包装装潢的功能之一就是对商品进行美化，即通过包装的造型、色彩的搭配等，给消费者以美的享受。特别是对于艺术品、儿童用品等来说，商品的包装装潢就更为重要，甚至有的消费者购买某商品仅仅是因为它的具有艺术性的包装。

4. 促销功能

好的产品包装具有增加产品特色的广告作用，它有助于与竞争产品区别开来，默默地起着无声推销的作用，有利于在消费者心中树立产品乃至企业的良好形象。独特、精美的包装能吸引消费者的垂青，引起他们对商品的浓厚兴趣和强烈的好感，进而激发出购买动机。

【同步案例 12-2】

拒绝过度包装，倡导绿色消费

近年来，商品包装过度的问题备受各方关注。国家市场监督管理总局日前批准发布新修订的强制性国家标准《限制商品过度包装要求 食品和化妆品》。过度包装是指超出了正常的包装功能需求，比如商品包装空隙率、包装层数、包装成本等超过必要程度的包装。食品和化妆品与百姓的日常生活息息相关。目前，市场上部分食品和化妆品企业为了追求高额利润，设计和使用层数过多、空隙率过大、成本过高的包装，还将包装成本推到消费者身上。商品过度包装，既浪费了资源，又增加了消费者的负担，产生的包装废弃物更是对环境造成了污染。

《限制商品过度包装要求 食品和化妆品》规定了包装空隙率、包装层数和包装成本等方面的标准，以及相应的计算、检测和判定方法，并明确了标准适用于食品和化妆品销售包装，不适用于赠品或非卖品。

材料来源：https://baijiahao.baidu.com/s? id = 1709922364731660380&wfr = spider&for = pc，有改动。

问题：企业十分重视商品包装在销售中的重要作用，但是商品过度包装会导致怎样的后果呢？

(三) 商品包装设计的要求

1. 满足方便与实用的心理

人们消费心理的多元性和差异性决定了商品包装必须多元化才能吸引特定的消费群

体。但是购物者都有求便心理,方便与实用通常是最大的消费需求。例如:透明或开窗式包装的食品可以方便消费者挑选,组合式包装的礼品盒可以方便消费者使用,软包装饮料可以方便消费者携带。

消费者以追求商品的"实用""实惠"为主要目的,在选购商品时讲求经济实惠、经久耐用、价廉物美、货真价实。因此,相关商品的包装上要明确表示出商品的商标、成分、分量、价格、使用说明等,使消费者一目了然。

2. 满足求新和求美的心理

年轻的消费者富有朝气、爱赶潮流、易受外界因素的影响,他们在选购商品时不太注意商品是否实用和价格高低,往往被时髦和新奇的包装所吸引,从而产生购买动机。例如,凉茶饮料的包装原来主要采用绿色和蓝色等冷色调,而王老吉凉茶的包装一反常规,采用大红色调,吸引了消费者的注意,同时也让消费者从视觉上感到了火热,觉得必须马上饮用凉茶,从而使得该产品十分畅销。

3. 满足安全与环保的心理

长期以来,人们对商品包装的认识和实践是以市场需求和商品销售为基础的,在设计过程中很少涉及安全和环保问题。随着社会的进步与发展,绿色包装设计成了近年来包装设计的热点。人们要求用对人体无害、对环境无污染、可回收利用、可再生的材料来制作产品的包装。

(四) 商品包装设计的策略

1. 组合包装策略

组合包装策略,指将若干小包装件组合成一个较大包装件的策略。要先设计出造型优美的组合包装,然后将同类或相近的产品包装在一个个小包装之中,再把多个小包装组合成一个大包装。例如,消费者只要购买一个组合包装的食品,即可品尝不同的口味。采用这种策略,可以增强产品在货架上的视觉冲击力,便于消费者成件购买,有利于增加产品的销售数量。

2. 附赠品包装策略

附赠品包装策略,指在包装内额外赠送某些小商品,以吸引消费者购买的策略。附赠品可以是学习用品、连环画、玩具、奖券等,一般价格低廉,但对儿童、青少年有一定的吸引力,吸引着消费者重复购买。

3. 多用途包装策略

多用途包装,指产品用完后,其包装还有其他的用途。多用途包装策略不仅可以吸引消费者购买,而且其空包装还能发挥广告作用,例如装商品的纸袋还可以用来装其他东西,上面的商标等就能起到广告宣传的作用。

4. 等级包装策略

等级包装策略,指企业对不同等级的产品采用不同等级的包装,使包装的风格与产品的质量、价值相称。这种策略能显示出产品的特点,能够形成系列化的产品,便于消费者选择和购买。

5.数量差别包装策略

数量差别包装，指将商品按不同分量分装的包装，用于适应消费者的不同分量需求。

6.变更包装策略

改变包装设计往往可以给消费者带来产品焕然一新的感觉，特别是老产品，若其包装已使用多年，就应该推陈出新、变换包装。产品在不同的市场生命阶段，也应更换不同的包装，这样才有利于扩大销售规模。

7.习惯包装策略

习惯包装策略主要用于消费者经常使用的产品。对于这些产品，消费者既容易识别、便于记忆，也乐于接受。例如，化妆品的包装多用磨砂的玻璃瓶，而洗涤用品特别是洗手液的包装往往是透明的淡蓝色或淡绿色瓶子。习惯包装可以让消费者对某一包装形式产生深刻印象，日后看到此包装就知道里面是什么产品；同时，习惯包装又能起到很好的广告效果，让消费者对产品的真正用途一目了然。

8.错觉包装策略

错觉包装，指利用人的错觉进行包装的方法。例如：透明的饮料瓶的底部经常是有凹陷的，这样不仅美观、立体，而且看起来容量比较多；两盒同等分量的饼干，包装上的图案和字体粗大些的看起来要比图案和字体纤细些的要更多。

【教学互动 12-3】

互动问题：在市场中，我们常常发现消费者通过商品的包装判断其质量和价值，例如化妆品、酒类等。企业通过精美的包装让消费者知道里面的商品是高端、优质的，消费者觉得值得花更多的钱购买包装精美的商品。反之，当商品的包装不是很好时，消费者往往不愿意以高昂的价格来购买它。企业应如何通过商品的包装来体现商品的价值？请举例说明。

任务二　商品价格与消费者行为

企业在决定产品的价格时，要充分考虑市场上的消费者心理倾向所反映出的价格标准。在市场经济条件下，消费者的心理对市场价格的调整起着明显的影响作用。因此，企业在制定商品的价格时，首先要了解价格的功能。

一、商品价格的功能

(一)衡量商品价值

一般来说，商品的成本高，价格相应也高；商品的成本低，则价格也低。但企业确定其产品价格时不可能只单纯地考虑成本因素，还要同时考虑需求水平、竞争状况等其他因素，成本相似的产品的价格可能会有很大的差异。大多数消费者普遍以价格的水平来衡量商品的价值与质量的高低。

（二）调节消费需要

一般来说，价格上升，需求减少；价格下降，需求增加。消费需要的变动方向通常与价格变动的方向相反，但是，价格对需求的调节作用还会受到价格的需求弹性、消费者的心理需求强度和价格心理预期的影响。消费者心理需求强度越大的商品，其价格的灵敏度越高，价格调节的作用也越明显。

（三）产品定位

商品价格的产品定位功能主要表现在三个方面：一是社会地位的定位；二是文化修养水平的定位；三是气质、性格、能力等方面的定位。需要注意的是，这种价格定位有时与实际情况相符，有时可能与实际情况相距甚远，它受社会风气的影响作用很大。

二、消费者的价格心理

（一）习惯性心理

消费者受消费习惯、购买经验的影响，会逐渐对某些商品的价格形成习惯性心理。尤其是大多数日用消费品，由于消费者经常购买和使用这些商品，久而久之便会对这些商品的价格形成较为稳定的认识，一旦接触到这些商品就会很自然地联想到其以往的价格。这种习惯往往支配着消费者的购买行为，以往的价格会成为消费者衡量商品价格是否合理的尺度。如果某个商品的价格在他们认定的尺度内，消费者就乐于接受；如果超出这个尺度，消费者就不愿意接受。消费者的价格习惯一经形成，往往要维持相当长的一段时间，并支配着消费者的购买行为。

（二）敏感性心理

消费者对价格的敏感性是指商品价格的变动在消费者心理上的反应程度和速度。消费者对商品价格的敏感性是相对于对商品价格的习惯性而言的。商品价格的变动直接影响消费者的利益，影响消费者需求的满足程度，因而消费者对价格的变动一般都比较敏感。衡量价格敏感性的一个最常用的指标是消费者的需求价格弹性，即消费者对价格的反应程度。

（三）感受性心理

感受性是指消费者对商品价格及其变动的感知强弱程度。商品价格的高与低是相对的，消费者对商品价格高低进行判断时，总是与同类商品进行比较，或是在同一售货现场中对不同种类的商品进行比较，但是消费者在判断价格时常常会出现错觉。

（四）从众心理

对大多数消费者而言，他们在对商品价格进行认知时一般会有从众心理。也就是说，大多数消费者会在不知不觉中根据群体中大多数人对价格的认知而改变自己对商品价格的感觉和判断，并在购买行为上与群体中的多数人保持一致，其目的是寻求认同感和安全感，以免在价格方面上当受骗。这种价格上的从众心理在消费者购买新产品、不熟悉的商品时，以及在商品价格有调整时表现得尤为突出。因为这时的消费者失去了以往判断商品价格的心理依据，就自然而然地倾向于大多数人对商品的价格认知了。

(五)逆反心理

正常情况下，消费者总是希望买到物美价廉的商品，对于相同价值的商品总是希望其价格越低越好。但是，在某些特定的情况下，商品的畅销性与其价格会成反比关系，即并非价格越低越畅销，而是出现买涨不买跌的情况，这是消费者对价格的逆反心理导致的。

三、商品的定价策略

(一)新产品定价的策略

1.撇脂定价策略

当新产品初入市场时，可以利用消费者的求新心理，以及市场上缺少竞争对手的情况，先制定高价格获取高额的初期利润，以便尽早收回研发、生产成本。因为新产品具有较明显的优点，在投入市场初期，缺少竞争者，所以可以利用人们"高价即高档"的心理来进行销售。此种定价方法适用于市场需求弹性较小的产品。

2.渗透定价策略

渗透定价策略与撇脂定价策略正好相反，它以较低的价格来打开产品的销路，满足消费者追求物美价廉的心理，所以在定价时要低于消费者预期的价格。而当销路打开后，则要进一步提高产品的价格。这种定价策略具有较强的竞争性，所以适用于消费者会频繁购买的新商品。

3.满意定价策略

满意定价策略是一种介于撇脂定价策略和渗透定价策略之间的定价策略。满意定价策略根据消费者对新产品的期望价格来确定价格，比较符合消费者的购买能力，符合消费者的购买心理。利用此种定价策略可以使产品的价格最大限度地达到消费者的满意，得到消费者的认同，所以大多数的生活日用品都采用这种定价策略。

【同步业务 12-1】

某手机厂商研发出了一种具备投影功能的新型手机，市场上暂时没有竞争对手，并且在前期的调研中发现这一款新手机受到中高端商务消费者的欢迎。

业务分析：请你为这款新手机制定价格并谈一下你的依据。

(二)商品销售时的定价策略

1.尾数定价策略

尾数定价策略是指在确定零售价格时，利用消费者求廉的心理，制定非整数价格，以零头数结尾，使消费者在心理上有一种价格便宜的感觉，从而激起消费者的购买欲望。这种定价策略已被商家广泛应用，超市、便利店等经常采用尾数定价策略。

2. 吉利数字定价策略

吉利数字定价策略是指企业利用消费者对某些数字的偏好来制定价格，满足消费者的心理需要，并在无形中提升消费者的满意度。由于民族习惯、社会风俗等的影响，某些数字常常会被赋予一些独特的含义，如人们认为"8"即"发"，6和9都代表着好的寓意，是吉利的数字，因此企业经常采用这些数字进行定价。

3. 整数定价策略

整数定价与尾数定价相反，即按整数而非尾数定价，指企业把原本应该有小数的价格定为大于这个价格的整数。整数定价策略实质上利用了消费者按质论价的心理。整数定价会抬高消费者心目中商品的价值。该策略适用于高档和名牌产品，或是消费者不太了解的产品。

4. 声望定价策略

声望定价策略是指企业利用买方仰慕品牌的心理来制定大大高于其他同类商品的价格。在市场上有许多商品在消费者心中有极高的声望，如名牌工艺品、名牌高级轿车等。消费者购买这些商品的目的是通过消费此类产品获得极大的心理满足。他们重视的是商品的商标、品牌及价格是否能彰显高品质，重视商品能否显示出他们的身份和地位。

5. 组合定价策略

组合定价策略，指对相互关联、相互补充的产品，采取不同的定价策略，以迎合消费者的需求。对于一些既可单独购买，又可成套购买的商品，可以制定成套的优惠价格。消费者对购买次数较少的商品的价格较为敏感，对价值较高的商品的价格也较为敏感；反之，则不那么敏感。利用这一心理，可以将购买次数少、价值相对高的商品的价格定得低一些，而将购买次数多、价值相对低的商品的价格定得高一些，从而获得整体利润。

6. 习惯定价策略

消费者对一些商品的价格形成了习惯，可以依据消费者的习惯进行定价，这就叫作习惯定价策略。如果因为原材料涨价等原因确实需要提价时，应特别慎重，可通过改变包装、适当减少分量或推出新型号的办法来解决。

7. 招徕定价策略

招徕定价策略就是利用消费者对低价商品的兴趣，将少数几种商品的价格降到市价以下，甚至低于成本，以此招徕消费者，增加其他商品的连带性销售，以达到扩大销售的目的。采用招徕定价策略时应注意，用来招徕消费者的"特价品"必须是大多数家庭都需要的，而且其市场价格为大多数消费者所熟悉，这样才能使消费者知道这种商品的价格确实低于市价，从而吸引更多的消费者。

8. 分级定价策略

分级定价策略，指企业把不同品牌、规格及型号的同类商品划分为若干个等级，为每个等级的商品都制定一种价格的方法。这种策略使消费者产生一种按质论价、货真价实的感觉，因而容易被消费者接受。但等级的划分要适当，级差不能太大或太小，否则起不到应有的效果。

9.折扣定价策略

在特定的条件下，为了鼓励消费者大量购买或在淡季进行购买，企业可以适度调整商品价格，以低于原价的优惠价格出售产品，这称为折扣定价策略。折扣价格的主要类型包括现金折扣、数量折扣、功能折扣、季节折扣、价格折让等。影响折扣定价策略的主要因素有竞争对手的实力、产品的制造成本、市场总体的价格水平等。企业实行折扣定价策略时，还应该考虑企业的流动资金、金融市场上的汇率变化、消费者对折扣的疑虑等因素。

【教学互动 12-4】

森旺公司成立于 2020 年，是一家在我国南方地区从事水果零售的连锁企业。公司与多家水果基地密切合作，利用其自有的水果加工配送中心，将水果配送至门店，再通过线下及线上两种模式销售给消费者。森旺旗下经营着"优旺"和"捷旺"两个品牌。其中，"优旺"主要面向中高端消费群体，除销售精品水果外，还提供制作商务宴会果盘和 3 公里内 1 小时送达等特色服务。而"捷旺"主打"好吃不贵"，通过规模化采购控制成本，面向大众市场进行平价销售，保证水果新鲜。

互动问题：森旺公司针对"优旺"和"捷旺"这两个品牌，分别采用了什么定价策略？采用这些策略时应该注意什么？

(三) 调整价格时的心理策略

1.消费者对价格调整的心理反应

(1)消费者对调低商品价格的心理反应

企业调低商品价格一般会激发消费者的购买欲望，促使其大量购买，但有时降低商品价格反而会失去一些消费者，降低商品的销售量。

①受"便宜无好货，好货不便宜"的心理影响，消费者可能会对降价商品的品质产生怀疑。

②消费者自认为自己不属于低收入阶层，购买降价商品有损自尊，不能获得满足感。

③消费者会怀疑，商品降价可能是因为有新产品问世，老产品即将被淘汰，所以才降价，买了就会落伍。

④消费者可能想，商品已降价，可能还有进一步降价的空间，要等待新一轮的降价，以买到更便宜的商品。

(2)消费者对提高商品价格的心理反应

企业提高商品价格，通常对消费者不利，一般会造成消费需求的降低，影响商品销售，但有时适当地提高商品价格反而会促进商品的销售。

①消费者会觉得商品涨价可能是其具有某些特殊使用价值或有着更优越的性能，因此值得买。

②商品已经涨价，价格可能还会继续上涨，应尽快购买，以防将来购买要花更多的钱。

③商品涨价可能是因为将要断货，为避免急用时买不到，应预先购买。

【同步思考 12-3】

问题：一家大型超市将一台原本售价 2500 元的冰箱临时上涨了 10 元，销量没有受到什么影响，消费者也并没有任何反应。但超市将一块4.5元的肥皂上涨了0.2元，很快便引起消费者的关注。10元与0.2元，整整50倍的差距，却造成了不同的效果，是什么在发挥作用呢?

2.企业调整价格时的策略

根据消费者对商品降价和提价的心理反应，企业可以采取相应的降价策略和提价策略。

(1)商品降价时的策略

①降价的时机

商品降价能否促进销售，关键在于企业能否及时、准确地把握降价的时机和幅度，以及正确运用相关的技巧。降价时机选择得好，会大大激发消费者的购买欲望;时机选择不当，则无人问津。

确定何时降价是一个难点，通常要综合考虑企业的实力、产品生命周期所处的阶段、销售季节、消费者对产品的态度等因素。一般认为，日用消耗品可不定期地降价，如洗护产品等;季节性较强的产品可选择季节变化之时降价;与节日相关的产品可选择在节日的前后降价;接近过期的产品、滞销品要在最短的时间内进行低价销售。

②降价的方式

应当注意的是，某一商品的降价不能过于频繁，否则会造成消费者对降价的心理预期，或对该商品的正常价格产生不信任。另外，降价的幅度要适宜，幅度过小，激发不起消费者的购买欲望;幅度过大，企业可能会亏本，还可能造成消费者对商品品质的怀疑。

(2)商品提价的心理策略

①企业应做好宣传工作，向消费者解释清楚商品涨价的真实原因，力争消除消费者的不满情绪，还要以热情的服务减少消费者的损失，以取得消费者的信任和谅解。

②企业要尽量控制提价的幅度和速度，提价应循序渐进，不能急于求成，让消费者有一个接受和适应的过程。

③提价的方式

提价的方式有两种:一是产品价格明涨，即直接把产品价格调高;二是产品价格暗涨，即在不改变原产品价格的基础上，减少附加产品，取消优惠条件，如减少部分产品的功能、取消产品折扣、减少产品的包装等。

任务三　促销组合与消费者行为

促销是指企业利用各种有效的方法和手段，将企业及其产品的相关信息传递给消费者，使消费者了解和注意企业的产品，激发消费者的购买兴趣和欲望，并促使其实现最终的购买，从而达到扩大销售量的目的。促销的本质是企业与消费者之间的信息沟通过程，即企业作为信息提供者发出刺激消费者的各种信息，把信息传递给目标消费者，以影响其态度和行为。企业通常会综合运用各种促销方式，组成企业的促销策略系统。

一、广告

广告的意思为广而告之，是指向社会公众告知某件事情或某个事物。广告有广义广告和狭义广告之分，我们主要讨论狭义广告。狭义上的广告是一种市场营销行为，即商业广告，指企业(广告主)为推销商品或提供服务，以付费方式通过广告媒体向消费者或用户传播商品或服务信息的手段。广告最基本的功能是传递信息、沟通产需双方。

广告不仅能传递信息、刺激消费者的需求，还能增强企业的竞争优势，使消费者尽快做出购买决策，促进企业产品的销售。

(一)广告的功能

1.诱导功能

优秀的广告都是以理服人或以情感人，以此争取消费者的好感和信任。广告的诱导功能有两层含义：一是优秀的广告能够唤起消费者美好的联想，给消费者以某种美的享受，激发其购买的动机；二是制作精良的产品广告能够迅速引起消费者的注意，进而激发其对该产品的兴趣和向往，从而形成新的消费需要，促进销售。

2.认知功能

认知功能，指广告可以向消费者公开传递有关商品的商标、品牌、性能、质量、用途、使用和维护方法、价格、购买地点等信息，使消费者对其有所认识，并在头脑中形成记忆。广告有多种传播渠道和传播形式，能够打破时间、空间的局限，及时、准确地将商品及劳务信息传递给不同地区、不同层次的消费者，广泛影响消费者。

3.教育功能

在现代生活中，广告已经成为人们生活的一部分。质量上乘的广告以其科学、文明、健康、真实的内容与表现形式，一方面可使消费者增加商品知识，掌握正确的选购和使用知识，引导消费者树立合理的消费观念；另一方面，设计巧妙的广告还可以通过各种各样的艺术表现形式使消费者在获得信息的同时丰富精神文化生活，得到美的享受。

4.便利功能

现代商品社会中，商品的种类和数量不计其数，新产品不断涌现。而广告通过各种媒体，及时、反复地传播商品或服务的信息，便于消费者简单、快捷地收集有关信息，对各种商品进行较为充分和有效的比较，为做出购买决策提供充分依据，节约购买时间，降低购买风险。

5.促销功能

广告通过对商品或服务的宣传，可以诱导消费者产生购买动机，促使购买行为的实现，进而实现促销的目标。

【教学互动 12-5】

扫码观看某汽车的广告视频。

互动问题：该广告中体现了我们所学的什么知识？

二维码

（二）做广告时的策略

1. 以理服人

不同的消费者的认知能力是不同的。针对知识水平较高、理解判断能力较强的消费者，采用双向式呈递策略的效果较好。双向式呈递策略是把商品的优劣两方面都告诉消费者，让消费者感觉到广告的客观公正，结论由自己推出。因为知识水平较高、理解判断能力较强的消费者普遍对自己的判断能力非常自信，不喜欢别人替自己做判断。如果广告武断地左右他们的态度，会适得其反地引起他们的逆反心理，从而拒绝接受广告内容。对判断能力较差、知识面狭窄、依赖性较强的消费者，可以采用单向式呈递信息的方式。判断能力较差、知识面狭窄、依赖性较强的消费者喜欢听信别人，自信心较差。针对这些特点，广告应明确指出商品的优势，直接劝告消费者应该购买这件商品。

2. 以情动人

古语云："感人心者，莫先乎情。"在消费者态度的三种成分中，感情成分在态度的改变上起着主要的作用。消费者购买某一产品时，往往不一定都是从认识上先了解了它的功能和特性，而是因为从感情上对它产生了好感。广告如果能从消费者的感情方面入手，往往能取得意想不到的效果。

【教学互动 12-6】
互动问题：如果生活中没有推销活动，会引发哪些问题？

二、人员促销

人员促销，指通过促销人员直接与消费者洽谈、宣传商品，实现销售目的的活动过程，它具备信息传递的双向性、推销过程的灵活性等特点。

（一）人员推销的功能

1. 销售产品

推销是商品由推销人员向推销对象运动的过程。在这个过程中，通过寻找消费者、接近消费者、推销洽谈，进而达成交易，完成商品销售。推销员不仅要说服消费者购买产品，维护与老顾客的关系，而且还要善于培养和挖掘新顾客，还要根据消费者的不同需求，采用不同的推销策略，不断扩大市场。

2. 传递信息

在市场经济中，商品琳琅满目、各具特色，消费者根据自己的需要找到所需商品，厂商完成销售，都离不开传递商品信息这一过程。而人员推销不仅要满足消费者对商品的需要，也要满足消费者对商品信息的需要，它可以及时地向消费者传递真实、有效的信息。推销人员可以向消费者提供公司的经营状况、经营目标、产品性能、用途、特点、使用方法、价格等信息。

3. 提供服务

人员推销还可以通过提供各种服务，帮助消费者解决各种问题，满足消费者多层次、多方面的需求。通过服务，可以提高消费者的满意度，从而为企业和产品树立良好的信誉。

4. 收集情报

人员推销是一个信息的双向流通过程。推销人员是企业通往市场的桥梁，是企业联系市场的纽带，是企业获取情报的重要渠道。推销人员能够向企业反馈其所需的市场信息：一是消费者信息，如消费者对产品及企业的态度，消费者的需求、购买习惯、购买方式及经济状况等；二是市场需求信息，如产品的市场需求状况及发展趋势，产品在市场中的优势和劣势等；三是竞争者信息，如竞争者产品的更新状况、价格、质量、品种、规格及竞争者的促销手段等。

(二) 人员促销的策略

1. "刺激-反映"策略

采用这种策略时，推销人员要不断地进行探索性交谈，以便在尚未了解消费者的情况下，观察消费者的反映，然后根据了解的情况，及时运用一系列常用的刺激需求的方法，对消费者进行宣传，促使消费者购买商品。

2. "需要-满足"策略

推销人员可以通过市场调查和分析，掌握消费者的需求情况，在洽谈过程中，推销人员要帮助消费者认清自己的需要。在双方有了基本的共识之后，推销人员要努力证明产品是适合消费者需要的。

3. "公式化"策略

推销人员可针对不同的推销对象，精心设计、选择公式化语言，引导消费者实现对产品的购买。

4. "诱发-满足"策略

采用这种策略的要点是要先引起消费者的兴趣和需要，再说明产品可以如何满足这种需要。

三、公共关系

建立良好的公共关系能够改善企业与公众的关系，增进公众对企业的认识、理解与支持，树立企业及产品的良好形象，为企业发展创造一个良好的环境。

(一) 良好的公共关系对消费者的影响

建立良好的企业形象；搜集信息，监测市场环境；咨询建议，决策参考；舆论宣传，创造气氛；交往沟通，协调关系；教育引导，服务社会。

(二) 建立良好公共关系的策略

1. 口头宣传

口头宣传有直接宣传(面对面)与间接宣传(利用广播、电视)两种形式。不过，建立公共关系大都采用直接宣传的方式，即通过演说、报告、讲座、座谈、会晤等方式，以生动的语言对宣传对象进行说服和开导。这就要求宣传者必须注意语言的准确性、规范性、通俗性、鼓动性、幽默性等，同时还必须根据听众的经验、知识水平、心理状态和习惯随时调整自己的表达方式。

2. 直观宣传

直观宣传是指以静态(如宣传册、口号、摄影作品等)或动态(如团体操、模特表演等)的方法来刺激公众的视觉感知，使其形成或改变心理状态。

3. 借助心理效应

建立公共关系经常采用以下三种手段。

(1)借助"权威效应"。心理学实验表明，如果宣传者具有很高的声望，他的宣传就易于被公众所接受。当然，应用"权威效应"的前提是必须弄清楚公众是否真正承认这种权威，否则不仅不会产生权威效应，而且会适得其反，引起公众的逆反心理。

(2)借助"名片效应"。名片效应是权威效应的一种延续。借助名片效应，可以把自己的观点列入公众所能接受的观点中进行传播，从而促使宣传对象接受我们宣传的观点。名片效应的是这样发生效果的，把公众所接受的但与自己的观点无本质联系的观点也作为宣传内容来介绍，使宣传者成为公众心目中受欢迎的人，进而使宣传对象自觉地接受要宣传的观点。

(3)借助"自己人效应"。这也是"权威效应"心理效果的继续。"自己人效应"，指通过宣传者与宣传对象在职业、地域、民族、研究领域等方面的共同性和相近性，给宣传对象以"自己人"的印象，使其产生亲近、欢迎的情绪，进而使宣传对象最大限度地接受宣传的观点。

4. 超前宣传与同步宣传

现代社会的一个基本特征是工作和生活节奏加快，因此组织机构的宣传必须是迅速、及时和高效的。对此，公共关系宣传可采用超前宣传的策略和手段。所谓超前宣传，就是在公众预料的情势发生之前，使公众有相应的心理准备，从而达到避免错误解释的目的。超前宣传一般有较大的难度，它要求公共关系工作人员具有较强的掌握事态发展趋势的能力。在实际的公共关系宣传过程中，人们一般更多地运用同步宣传的策略。同步宣传是与某一事态的发展和变化同步进行的，因而可以在传播某一态势的有关信息的过程中促使公众在较广阔的背景下做出正确的分析和判断。

【同步案例12-3】

波司登的逆势增长

与众多服装类公司2020年上半年业绩的哀鸿遍野相比，波司登却出现了逆势增长。这家主营羽绒服的公司公布的2019/2020年财报显示，截至2020年3月31日，实现营业收入121.9亿元，同比增长17.4%；股东应占溢利为12.03亿元，同比增长22.6%。值得注意的是，这份年报包含了2020年第一季度，也就是受疫情影响最严重的一段时间。

2018年，波司登紧跟市场需求，坚持"聚焦主航道、聚焦主品牌、收缩多元化"的战略方针，通过提升渠道力、产品力、传播力，实现了在主流市场需求下的品牌价值重塑，激活主流消费者心中的"羽绒服专家"认知。

波司登和央视合作，又联手分众传媒，一举完成了中国两大媒体的布局。波司登通过联手这两大头部媒体资源，将品牌自身的专业品质和价值传递给了消费者。

从产品设计来看，消费者能明显感受到波司登品牌高端化、时尚化的趋势。波司登采用了和国外知名设计师联名设计的方式，提升了产品的设计感和品牌的认可度。

从波司登天猫旗舰店来看，2019年吊牌价在1800元以上的羽绒服的成交额占比由2018年的14%上升至20%。

除了设计新款与门店的升级，为了与快时尚产品定位切合，波司登还对供应链进行了改进。公司在每季度召开订货会时，都会按照一定比例的小订单订货，再根据市场的后续反应，通过追单模式调整产品结构和产量。

材料来源：https://baijiahao.baidu.com/s? id = 16735963281033784798&wfr = spider&for =pc，有改动。

问题：波司登采取了哪些措施实现了逆势增长？它在销售时采用了哪些促销手段？

要点巩固

一、单选题

1. 品牌能直接、概括地反映或描述商品的产地、形状、用途、成分等，便于消费者认知和区别商品，使消费者在购买商品时能很快地做出选择。这是品牌的(　　)。

A. 象征功能　　　　B. 识别功能　　　　C. 促销功能　　　　D. 增值功能

2. 包装最基本的功能是(　　)。

A. 美化商品　　　　B. 促销商品　　　　C. 增值商品　　　　D. 保护商品

3. 从信息沟通的方式来看，(　　)是典型的双向沟通方式。

A. 销售促进　　　　B. 人员促销　　　　C. 公共关系　　　　D. 广告

4. (　　)是一种短期行为，大量使用会降低品牌的忠诚度，增加消费者对价格的敏感度。

A. 公共关系　　　　B. 广告　　　　　　C. 销售促进　　　　D. 人员促销

5. "买涨不买落"等现象是价格的(　　)在发挥作用。

A. 习惯性心理　　　B. 感受性心理　　　C. 错觉心理　　　　D. 逆反心理

二、多选题

1.包装的功能包括(　　)。

A.美化商品　　　　B.促销商品　　　　C.增值商品　　　　D.保护商品

2.广告的功能包括(　　)。

A.信息功能　　　　B.传播功能　　　　C.促销功能　　　　D.形象功能

3.人员推销的基本功能是(　　)。

A.销售商品　　　　B.传递商品信息　　C.提供服务　　　　D.反馈市场信息

4.新产品上市,快速收回成本的定价策略以及快速占领并渗透市场的定价策略分别是(　　)。

A.撇脂定价　　　　B.满意定价　　　　C.中档定价　　　　D.渗透价格

5.以下说法中正确的是(　　)。

A.习惯性心理是由于消费者长期、多次购买某些商品,通过对某些商品价格的反复感知而逐步形成的。

B.折扣定价策略会使企业在短期内没有利润或利润很少,但它是企业扩大市场占有率的一种有效竞争手段。

C.在企业促销中,广告是普遍受到重视且应用最为广泛的一种促销方式。

D.一般来说,降低商品价格,一般会造成需求减少,影响商品销售。

6.消费者的价格心理包括(　　)。

A.习惯性心理　　　B.敏感性心理　　　C.从众心理　　　　D.逆反心理

三、简答题

1.试述商品命名的策略。

2.商品价格与消费心理有怎样的关系?

3.与消费者心理有关的定价策略有哪些?

4.基于消费者行为研究的广告策略有哪些?

即学即用—能力提升

一、选择两家超市,在相同的时间内,调查这两家超市推出的促销活动的类型、内容、形式,并对比异同。

二、选择一家超市,选取 10 款商品,观察它们的包装,分析它们采用了什么包装策略。请说一下哪种包装最能吸引你,为什么?

三、案例分析

根据已公布的数据,2012—2019 年,农夫山泉连续 8 年保持着中国包装饮用水市场占有率第一的位置。2019 年,在茶饮料、功能饮料、果汁饮料市场,农夫山泉的市场份额稳居中国前三。而在 1998 年,刚刚问世的农夫山泉在娃哈哈、乐百氏,以及其他众多的饮用水品牌面前还显得势单力薄。经过短短几年的发展,农夫山泉不仅抵抗住了众多国内外品牌的冲击,而且稳居行业前列。

2020年9月8日，农夫山泉在港交所上市，首日高开85.12%，总市值一度超4400亿港元，创始人钟睒睒成为中国首富。农夫山泉的成功要素之一是其差异化的营销策略，即"有点甜"的品牌概念创意。"农夫山泉有点甜""大自然的搬运工"等经典的营销案例都出自钟睒睒之手，他也因此被业界称为"营销奇才"。

材料来源：https://www.chinairn.com/hyzx/20201217/150448776.shtml，有改动。

问题：从农夫山泉的案例可以看出，品牌名称应如何传递商品的特点和性质，应该尽量传递给消费者怎样的印象？

课堂延伸

扫码阅读：(1)《红牛商标战溯源：商标权的价值形成该如何认定》；(2)《"2021年十大消费趋势"解读②|"心价比"时代，如何击中消费者内心》。

二维码

项目十三　影响消费者行为的现代营销环境

学习目标

*职业知识目标：

1. 了解网络消费、网络消费者的含义；

2. 了解网络时代新型网络消费行为；

3. 掌握影响网络消费者行为的因素及相应的营销策略；

4. 了解服务市场的含义及消费者行为的特征；

5. 掌握服务失败的补救措施。

*职业能力目标：

1. 能够根据所学知识分析网络消费、服务市场、新媒体营销技术如何影响消费者的购买行为；

2. 能够根据网上购物的特点来制订适合消费者网上购物的营销策略；

3. 能够根据所学知识处理消费者的抱怨和投诉，制订服务失败补救措施。

学前思考

随着中国互联网经济的发展，低门槛、共享、提前消费等新的消费观念在大学生中流行。大学生在消费时应该注意什么？

思政案例

小贷公司不得向大学生发放互联网消费贷款

部分小额贷款公司以大学校园为目标，通过虚假宣传诱导大学生在互联网购物平台上过度借贷消费，导致部分大学生陷入高额贷款陷阱。中国银保监会等五部委联合印发《关于进一步规范大学生互联网消费贷款监督管理工作的通知》。文件明确规定小额贷款公司不得向大学生发放互联网消费贷款，未经监管部门批准设立的机构一律不得为大学生提供信贷服务。文件要求规范放贷机构及其外包合作机构的营销行为，要求放贷机构实质性审核识别大学生身份和真实贷款用途，不得针对大学生群体精准营销，不得采用虚假、引人误解或诱导性宣传等不正当方式诱导大学生超前消费、过度借贷。

材料来源：https://baijiahao.baidu.com/s? id = 1694520425162988750&wfr = spider&for =pc，有改动。

我国在校大学生总数超过了 4000 万，大学生群体被网贷机构视为目标客户群体之一。"为拍写真欠下万元贷款""为了买一部手机背上万元负债"……在贷款机构的精准营销下，大学生成为被"收割"的特定群体。《关于进一步规范大学生互联网消费贷款监督管理工作的通知》以大学生互联网消费贷款业务为重点，加强对在校大学生的教育、引导和帮扶力度，加大对违法犯罪行为打击力度，坚决遏制互联网平台精准"收割"大学生的现象，切实维护学生的合法权益。同时，文件要求组织各地部署开展大学生互联网消费贷款业务监督检查和排查整改工作。

思政学习园地

扫码阅读：《商务部：服务消费市场迅速增长 引领消费结构升级》。

二维码

理论精讲

任务一 消费者网上购物行为

近些年，网络消费迅猛发展，成为消费者行为研究的新领域。网络营销正步入高速发展的阶段，但网络营销与传统营销具有巨大区别，在网络营销环境下，消费者的消费观念、消费偏好、消费特征和消费行为都发生了巨大变化。

【教学互动 13-1】

互动问题：华经产业研究院数据显示，截至 2020 年 12 月，我国的网民总体规模已占全球网民的五分之一左右。"十三五"期间，我国网民规模从 6.88 亿增长至 9.89 亿，五年增长了 43.7%。截至 2020 年 12 月，我国网民规模为 9.89 亿，较 2020 年 3 月新增网民8540 万；互联网普及率达 70.4%，较 2020 年 3 月提升 5.9 个百分点。庞大的网民构成了中国蓬勃发展的消费市场，也为网络消费打下了坚实的用户基础。截至 2020 年 3 月，我国网络购物用户规模达 7.10 亿，2019 年交易规模达 10.63 万亿元，同比增长 16.5%。2020年初，受新型冠状病毒肺炎疫情影响，大部分网络应用的用户规模呈现较大幅度的增长。

根据你的观察，在疫情期间，有哪些行业增长迅速？为什么？

一、网络消费

（一）网络消费的含义

网络消费是指人们以互联网为工具满足实现其自身需要的过程。广义的网络消费是指直接或间接利用互联网进行的买卖商品或服务的行为，包括上网浏览新闻、搜索信息、玩网络游戏、网上购物、在线观影等多种消费形式。狭义的网络消费主要指网上购物，即浏览、搜索相关商品信息，并实现购买决策的过程。本项目中所讲的网络消费既涉及广义含义，也涉及狭义含义。

（二）网络消费者的含义与类型

1. 网络消费者的含义

网络消费者是指通过互联网在电子商务市场中进行消费和购物等活动的消费者个人或组织。在此，我们仅研究网络消费者个人。在网络经济背景下，企业只有全面了解和掌握消费者的消费观念、消费偏好、消费特征和消费行为，才能有的放矢地制订出正确的营销策略，充分利用网络资源营造出有利于自身发展的经营环境，在激烈的市场竞争中立于不败之地。

2. 网络消费者的类型

目前活跃在网络上的消费者大致可以分为六种类型：简单型、冲浪型、接入型、议价型、定期型和运动型。

（1）简单型网络消费者

简单型网络消费者需要方便、快捷的网上购物服务。他们每月只花不长的时间上网，但他们进行的网上交易却占了一半。商家须为这一类型的消费者提供真正的便利，让他们觉得在你的网站上购买商品将会节约更多的时间。

（2）冲浪型网络消费者

冲浪型网络消费者在网上花费的时间更多，访问网页的数量是其他类型的消费者的数倍。冲浪型网民对常更新、具有创新设计特征的网站很感兴趣。

（3）接入型网络消费者

接入型的消费者是刚触网的新手，占比大，他们很少购物，喜欢网上聊天。传统品牌企业应对这群人保持足够的重视，因为网络新手们更愿意相信生活中他们所熟悉的品牌。

（4）议价型网络消费者

议价型消费者有着一种趋向购买便宜商品的本能，喜欢讨价还价，并有强烈的愿望在交易中获胜。商家想让议价型消费者重复购买，必须满足他们的理性和非理性要求。

（5）定期型和运动型网络消费者

定期型网络消费者常常访问新闻和商务网站。运动型网络消费者喜欢运动和娱乐网站。

【教学互动 13-2】

互动问题：随着电商行业的蓬勃发展，截至 2021 年 12 月，我国网络购物用户的规模已达 8.42 亿，较 2020 年 12 月增长 5968 万，占全部网民的 81.6%。你是否是网络消费者中的一员？你是哪种类型的网络消费者？

（三）网络消费者的特征

1. 消费更主动

网络消费者的需求是积极主动的。消费者可以在网上主动、便捷地获取商品信息，还可以方便地进行分析、比较，以此降低消费风险，增加消费时的信心。因此，网络消费者更加主动。

2. 追求时尚和新颖

在网络消费者中，以年轻人居多，他们的特点是热情奔放、思想活跃、富于幻想、喜欢冒险。这些特点体现在消费心理上就是追求时尚和新颖，喜欢购买一些新的产品，尝试新的生活。

3. 注重自我和体现个性

大多数网络消费者的自我意识较强，他们强烈地追求独立自主，在各类活动中都会有意无意地表现出自己的与众不同。因此，在购买商品时，他们不仅仅追新逐异，而且要求体现他们的个性。在市场经济条件下，可选择的同类商品很多，而网络技术的发展为消费者提供了更多的选择。有的网络消费者不满足于现有的商品，希望能根据自己的需求定做个性商品，网络也为其需求的实现提供了便利。

4. 追求物美价廉

从消费的角度来说，价格不是决定消费者购买的唯一因素，但却是消费者购买商品时肯定要考虑的因素。网络消费者的一大追求就是从万千网络商品中选出物美价廉的商品。

5. 追求方便和快捷

现代化的生活节奏越来越快，消费者越来越珍惜时间。网络消费者以购物的方便性为目标，追求尽量节省时间和劳动成本。

6. 品牌忠诚度低

网络消费者的品牌忠诚度低，主要有以下几个原因：网络中充斥着太多的信息，竞争对手的广告随时都在影响着网络消费者；网络消费者之间有良好的互动，所以网络消费者很容易受到别人的影响；网络消费者以年轻人为主，比较缺乏耐心，如果搜索信息时链接、传输的速度比较慢，他们一般会马上离开这个站点。

【同步案例 13-1】

互联网消费新趋势：社区团购市场发展迅速

有关数据显示，目前我国有近 200 家社区团购平台企业，近九成的社区团购平台企业成立于 2014 年之后。

数据统计显示，2021 年 8 月，整个社区团购的日销量约为 8000 万件。其中，美团优选和多多买菜的规模相当，超过 2500 万件/日，各占比约 31%，处于第一梯队。

材料来源：http://www.xinhuanet.com/finance/2020-12/16/c_1126867773.htm，有改动。

问题：社区团购为何在我国蓬勃发展？它满足了消费者怎样的需求？

二、新型网络消费行为

网络技术的发展带来了信息沟通上的便利与快捷，一些新型的网络消费行为应运而生。

(一)速度型消费行为

速度型消费行为，指消费者以时间效率为准则，追求省时高效地获取商品的行动倾向。消费者处于快节奏的生活之中，均不愿意在购物方面再浪费过多的时间与精力，他们追求的是快捷与方便的网络消费。速度型消费行为主要有以下五个特征：追求快捷的购物方式；对企业及产品的变化极其敏感；注重捕捉信息；偏爱方便购买的商品；购买决策果断，不瞻前顾后。

(二)防范型消费行为

网络消费行为较传统的消费行为更具风险性。网络购物环境的虚拟化、网上信息的真伪、交易的可靠性、电子支付的安全性等迫使消费者不得不具有很强的防范意识，力求尽可能地降低各种风险给自己带来的损失。防范型消费行为表现出以下几个特征：注重对商品信息真伪的判断；注重商家信用；有声望的网站成为网上购物的首选；有更高的服务要求，如商品退换、及时送货、技术指导等。

(三)俱乐部型消费行为

在网络时代，为了得到更好的购买条件，想法相同的消费者会逐渐聚集到一起。因此，带着很强的群体关系的各类俱乐部型消费群开始诞生。俱乐部型消费行为具有以下三个特征：注重在行为上与群体的一致性；具有较强的群体依赖性；注重评估与群体有关的利益。

(四)主动型消费行为

主动型消费行为主要有以下四个特征：更加注重消费者的权益；注重支配与参与交易活动；注重信息的沟通与对称；注重商品知识的积累。

(五)个性化消费行为

网络消费者以年轻人居多，他们相对独立，内心深处都希望在消费活动中找到"自我"和"真我"，充分体现自己的个性。网络技术的发展为个性化消费行为提供了可能。

(六)冲动型消费行为

冲动型消费行为的特征为决策迅速，容易受价格、图片、促销信息等的影响，购买后往往出现后悔情绪。

三、影响网络消费行为的因素

影响网络消费行为的因素主要包括外在因素和内在因素。

(一) 外在因素

1. 社会经济文化因素

社会经济文化因素不仅是影响消费者一般消费行为的主要外在因素, 而且也是影响网络消费行为的主要外在因素。

2. 环境因素

(1) 网站设计

网站的页面风格、气氛会使网络消费者的情绪受到感染, 并进一步影响网络消费者的满意度、忠诚度、停留时间、购买次数等。如果消费者对网页都不感兴趣, 那么在网站停留的时间便会大打折扣, 也就谈不上购物了。

(2) 网络营销策略

网络时代的目标市场、网络消费者的心理与行为特征、网上的产品种类与之前有很大的差异, 企业不断创新的网络营销策略将直接影响网络消费行为。

(二) 内在因素

影响网络消费行为的内在因素包括个人因素和心理因素等。

1. 个人因素

网络消费行为受消费者个人特点的影响, 包括受教育程度和经济收入、性别等。

(1) 受教育程度和经济收入

受教育程度和经济收入水平具有正相关关系。统计数据表明, 大多数互联网消费者都接受过高等教育, 平均收入水平略高于总人口的平均收入水平。网络消费者的受教育程度越高, 在了解和掌握互联网知识方面的困难程度就越低, 也就越容易接受网络购物的观念和方式, 越是受过良好的教育, 网络购物的频率也就越高。

(2) 性别

在传统实体市场中, 男女性的购物行为存在着较大的不同, 这种不同也同样出现在网络消费市场中。男性网络消费者在购物时较理性, 在深思熟虑之后才做出购买决策; 女性网络消费者购物时较感性, 通常在浏览到自己喜欢的商品时便会果断地放入到购物车中。另外, 男性网络消费者的自主性较强, 倾向于亲自寻找关于商品价格、质量、性能等方面的信息, 然后做出判断。而女性网络消费者的依赖性较强, 她们在做出购物决策时往往比较在意其他人的意见。

2. 心理因素

虽然网上购物具有方便、快捷、节省时间等诸多优势, 但是目前消费者对网上消费仍然有一定程度的担忧, 这些担忧制约了网上消费者的消费行为。从目前的情况来看, 制约网络消费者行为的心理因素如下：

（1）对网上商店缺乏信任感

网络商店的设立较容易，因而也容易作假，消费者对此会心存疑虑。因此许多进行网络营销的企业仍会借助实体店面来提高信誉和知名度，但如果运营不当，反过来又会削弱网络营销的优势。

（2）对个人隐私和网上支付缺乏安全感

消费者担心在网上购物时，如果安全得不到有效保障，消费者的私人信息在传输过程中可能被截取或盗用。消费者还担心一旦网络被黑客攻破，个人的经济信息都有可能被窃取，造成巨大的经济损失。

（3）产品质量得不到保障

在传统消费中，消费者可以实实在在地感受产品的质量，当发现产品质量存在问题时，会拒绝成交，从而避免由于产品质量问题带来的失落感与不安感。而网上交易的商品大多是异地销售，当消费者发现商品有质量问题时，退货和保修都很麻烦，因此产生了抵御心理。

（4）对配送和售后服务缺乏信心

我国的物流配送体系还不够完善。低效的物流配送体系离消费者的实际要求还有较大差距，影响了网络营销的发展，消费者对配送和售后服务的质量缺乏信心。

四、网络消费营销策略

网络消费者的网络消费心理及消费行为的特征给企业的营销工作带来了新的挑战，要求商家一定要事前做好功课，转变营销观念，建立一套适合网络消费者需求的营销运作机制，这样才能获得成功。

（一）合理规划布局，重视网店设计

网店的规划布局没有统一的模式，要以适应消费者的消费心理和行为方式为布局原则，并结合经营特色、商品特点，追求实用、合理、美观。要重点考虑店铺的招牌、导航条、商品分类、商品展示、客服界面、店铺页尾、店铺背景、促销海报等。

（二）打造"爆款"

"爆款"一般指在商品销售中，供不应求、销售量大、人气高的商品。想成为爆款商品，首先应该有质量保证，还应具有性价比高、销量大、人气高、库存充足等特点，这样才可以带动整个网店的销量和人气。

【教学互动 13-3】

互动问题：虽然爆款产品会为企业带来极大的效益，但要知道，消费者有时不一定喜欢购买爆款产品，尤其是服饰类产品，想一想这是为什么。

（三）为消费者全方位省钱

价格是影响网络消费者购买的主要因素，消费者在网购时，不但要省时省力，而且要

少花钱。因此,商家不仅要通过价格吸引消费者,还需要制订为消费者省钱的各种策略。

(四) 提升消费者网购体验,提供个性化服务和定制化商品

随着网络购物的普及和发展,以及大数据处理和分析技术的成熟,数据库可以计算出每一个消费者的特征,形成"消费者画像"。在此基础上,网店可以采取全面的措施提高消费者的网购体验,并利用数据使购物体验更加个性化。

个性化推荐不仅能够提高消费者的网购体验,提高消费者的黏性,还能够促使浏览者转化成购买者,并简化其搜索信息的过程,也能够提高网店商品的交叉销售数量。

但要注意,个性化推荐可能降低消费者接触新商品的可能性,其选择范围也将变得更加狭窄,而且,个性化推荐具有智能化,很多消费者担心隐私遭到侵犯。

(五) 建立安全的交易环境,保障网购安全

消费者进行网络购物时必须考虑的问题是安全性和可靠性。消费者网购的安全感来自多方面,包括产品安全、支付安全、信誉安全、物流配送安全等。其中,支付安全对提升消费者的安全感十分重要。网络购物一般需要消费者先付款,然后商家发货,消费者等待收货。这使过去购物时的一手交钱一手交货的现场购买方式发生了变化,网络购物中的时空关系发生了变化,因而消费者有对钱物失去控制的不安感。因此,为降低网络消费者的这种不安感,企业在网络购物的各个环节必须加强安全控制措施,保证消费者购物过程中的财产安全、信息传输安全和个人隐私保护。

(六) 把流量转化为购买力

"网红+热门话题+明星同款"所具有的流量及明星效应,使粉丝形成了一个特殊、庞大的购买群体,并形成了众多衍生品。

网店除了要有能力提供符合粉丝审美和偏好的商品之外,还要提高粉丝的参与感和互动感,增加销售过程中的活跃度、黏性,要不断优化方法,不断引流和"吸粉",培养更加忠诚的粉丝。

(七) 提高服务质量和水平

网店经营者要充分利用网络沟通的优势,提高服务质量和水平。

(1) 在线即时交流要注重保持通道畅通,防止出现系统死机、掉线、无法登录等问题。

(2) 客服人员要随时应答消费者的询问,及时听取消费者的意见和建议,解决消费者的问题。

(3) 当消费者要求退换货时,客服人员要根据退换货流程,做好协调工作。

另外,网店经营者还可以通过新年贺卡、生日祝福卡的方式与消费者进行个性化、深层次的沟通。

【同步案例 13-2】

小米社区:一个激发参与、互动的品牌社区

在移动互联网时代,品牌社区是指以核心品牌的消费者为中心建立起来的非地理意义上的社会关系网络。在品牌社区中,消费者形成了一个群体,他们可以在该社区中进行有

效的沟通。品牌社区的存在改变了消费者与品牌企业之间的沟通形式,为消费者与企业之间的沟通架设了一条重要的桥梁。小米公司的小米社区就是一个典型。小米社区是小米用户进行交流的平台,用户可以针对小米产品进行交流。

小米公司会在社区发布新产品上市的消息,介绍新产品的特点和功能,而"米粉"则在社区中发布他们对产品的观感评价和使用评价。通过网络上的互动,小米公司的各种产品能够被更好地了解和认可,而且"米粉"之间也开展着线上和线下的互动,彼此之间进行社会交往,不仅丰富了彼此的生活,也因为坦诚的沟通与交流而提升了共同利益,改进了所购小米产品的使用效果。

材料来源:http://www.cmcc-dlut.cn/Cases/Detail/2260,有改动。

问题:网络购物虽然有强大的生命力,但就其本身特点和发展现状而言,相比实体店中的传统购物形式,也有需要改进的地方。小米社区化解了消费者在网络购物时的哪些心理障碍?

任务二　服务市场中的消费者行为

随着居民消费结构的升级加速,服务消费几乎占据了居民消费的半壁江山,医疗、教育、旅游、文娱等服务消费市场迅速发展。

一、服务消费

(一)服务的含义

服务是一种涉及某些无形性因素的活动,它不会造成所有权的更换。服务是指无形的并且不发生实物所有权转移的一种或一系列交易活动,消费者从中获得某种利益或满足感。服务与有形产品的区别就在于它的无形性。

(二)服务的特征

与有形的产品相比,服务具有以下几个方面的特点。

1. 不可感知性

不可感知性也称为服务的无形性,指服务的特质及组成元素是抽象的、无形的。从使用服务后的效益方面来看,享用服务的人很难察觉,或要等一段时间后才能感觉到效益存在。因此,消费者常常是在购买一个承诺,或者说消费者只能依赖企业的声誉来决定购买行为。在服务行业,企业的声誉显得尤为重要。

2. 不可分离性

有形产品是先生产,再销售,最后消费,而服务的生产过程与消费过程同时进行,两者在时间上不可分离。即它们的生产和消费是不可分割的活动,因而服务不能储存。

3. 不可储存性

服务的不可感知性和不可分离性使其无法被储存。服务是易逝性商品。餐馆里没有客人时，网吧的座位空闲时，都发生了机会损失。由于服务不能储存，如果没有使用的话，便将永远失去。

4. 差异性

服务的构成成分及其质量经常变化，很难统一界定。而且服务是由人提供的，接受服务的也是人，人类个性的差异使得对于服务的质量评价很难采用统一的标准。例如，同一个理发师在不同的时间给不同的消费者提供了相同的理发服务，由于其当时的精力或心理状态的不同，其效果可能就不一样。有形产品的生产可以控制，从而使不合格的产品不流向消费者，但是服务产品在消费时是员工直接面对消费者，是企业和消费者唯一的接触媒介，控制不良服务的发生就非常困难，而事后补救又于事无补，所以从管理角度进行的事先控制是必需的。

5. 缺乏所有权

服务是无形的而且不能储存，交易结束后服务就消失了，消费者没有实质性地拥有服务，只是获得了一种消费经历。

二、消费者购买服务的过程

(一) 购前阶段

1. 问题的出现

消费者对某类服务的购买源于消费者自己的生理或心理需要，消费者通常不知道存在着某些服务，他们需要购买这些服务，但是没有足够的信息，所以不怎么主动寻求。

2. 信息收集

消费者的服务信息收集渠道有自己以前的经验、亲朋好友的分享介绍、服务生产者、服务机构的推介等，主要是通过人际交流来获取所要购买的服务信息，而各种媒体广告则相对地不那么被消费者所重视。

3. 选择的评估

(1)限制性的选择

面对一种服务，消费者的注意力集中在为数不多的几种方案上，对于简单的不需要专门人员提供的服务，消费者的选择就是购买服务或不购买而自己动手。

(2)有条件的选择

在面对几种选择时，消费者受众多因素的影响，如新技术的普及、对风险的感觉、对服务品牌的忠诚度等。

(二) 消费阶段

服务产品具有生产和消费同时进行的特点，消费者购买服务的过程也就是其消费服务的过程。这一过程是消费者同服务提供人员及其设备相互作用的过程。影响消费阶段的主要因素有现场的秩序、服务的效率、沟通效率。

(三)购后评价阶段

让消费者满意是企业营销的最终目的,而消费者的满意则来自他们对服务质量的满意。服务的购后评价主要依据服务的经验特征、可信任特征。

1. 经验特征

指那些在购买前不可能了解或评估,但在购买后通过消费该服务才可能体会到的特征。

2. 可信任特征

有时,消费者购买和享用服务之后也很难做出评价,消费者只能相信服务人员的说法,并认为这种服务确实为自己带来了所期望的利益。

服务产品的购后评价是一个比较复杂的过程。它在消费者做出购买决策时就开始了,并延续至整个消费过程。

三、服务市场上的消费者行为

与有形产品的消费者行为相比,服务市场上的消费者行为的特点主要表现在以下几个方面:

(一)消费者主要通过人际交流来搜集信息

消费者收集服务信息的渠道有自己以前的经验、亲朋好友的分享介绍、服务生产者及服务机构的推介等,主要通过人际交流来获取所要购买的服务信息。

(二)消费者感知到的风险可能更大

服务的生产与销售同时进行,因而消费者在购买服务产品时感知到的风险可能更大。一是服务具有不可感知性和品质内容的差异性,只能靠经验验证,所能收集的相关信息比起有形产品的信息要少得多。二是服务质量具有不稳定的特性。这是由服务的无形性和易变性造成的,在专业性较强的服务中更容易出现这种情况。服务有时候十分复杂,消费者难以掌握其中的有关知识,更不具有足够的经验评估服务是否符合自己的期望,甚至在消费之后都无法进行评估。当然,服务的风险性也和消费者本人的期望有关。

【教学互动 13-4】

互动问题:请举例说明日常生活中存在的服务感知风险,并分析产生这种感知风险的原因。

(三)消费者有更高的品牌忠诚度

服务消费者对品牌有着更高的忠诚度的原因:一是放弃一个服务品牌而改换另一个服务品牌的成本往往较高。二是消费者对品牌的忠诚度与感觉到的风险程度成比。相对于购买实体商品,购买服务具有更大的风险,因而消费者对选定的品牌有更高的忠诚度,一般不会更换服务品牌。三是服务组织更加关注老消费者,这使得消费者更不舍得改换其他品牌，所以其品牌忠诚度更高。

(四) 对服务质量的评估是在服务过程中进行的

对服务企业来说，消费者对服务质量的评估是在服务过程中进行的。在服务过程中，消费者与服务人员发生接触。当消费者对服务的感知与期望相符或超出期望时，消费者就会认为服务质量很高，给出积极的评价，反之则给消极的评价。

【教学互动 13-5】

互动问题：请说出三个有发展前景的服务行业，并说明为什么认为它们有发展前景。你在购买服务时会关心哪些因素？

任务三　新媒体营销技术对消费者行为的影响

新媒体是以数字技术为基础、以网络为载体进行信息传播的媒介，与传统媒体存在很大的区别。新媒体的出现不仅使消费者的视线由传统媒体转向新媒体，更改变了消费者获取和传播信息的方式和习惯。同时，新媒体也让企业看到了蕴藏在其中的营销机会，并开始调整原有的营销策略，纷纷转战新媒体。

一、新媒体的概念和特征

(一) 新媒体的概念

目前，新媒体主要包括网络媒体、手机媒体、数字电视等形态。对于新媒体的概念，可以从广义和狭义两个方面进行理解。

广义的新媒体可以被看作在各种数字技术和网络技术支持下，以互联网、宽带局域网和无线通信网等为渠道，利用计算机、手机和数字电视等各种网络终端，向消费者提供信息和服务的传播形态，具有媒体形态数字化的特点。

狭义的新媒体可以被看作继报纸、广播、电台和楼宇广告等传统媒体后，随着媒体的发展与变化而形成的一种媒体形态，如互联网媒体、数字电视媒体、移动电视媒体、手机媒体等。

总的来说，新媒体既是信息科技与媒体产品紧密结合的产物，也是媒体传播市场发展的趋势和方向。

(二) 新媒体的特征

新媒体被形象地称为"第五媒体"，同报纸、杂志、广播、电视等传统大众传媒相比，具有自己独特的传播特性。从传播内容来看，新媒体既可以传播文字，也可以传播声音和图像；从传播过程来看，新媒体既可以通过流媒体的方式进行线性传播，也可以通过存储、读取的方式进行非线性传播。与传统媒体相比，新媒体主要具有以下特点。

1. 交互性

交互性是新媒体与传统媒体最大的区别。传统媒体严格遵循一对多的传播模式，它的传播方式是线性的。也就是说，媒体负责传播信息，消费者负责接收信息，交互性较差。但是，在新媒体环境下，信息的传输是双向或多向的，传播者与接收者之间能够进行信息的相互传递。信息的来源不只包括传播者，还包括接收者，信息传播的双方可以随时对信息进行反馈、评论、补充和互动，这样新媒体使每个人不仅有听的机会，而且有说的条件，呈现出前所未有的互动趋势。

2. 开放性

传统媒体在发布信息时必须获得授权或取得相关资质。在新媒体环境下，消费者可以随时随地地通过互联网进行信息的发布与传播，或者针对新闻发表个人的观点。

3. 即时性

传统媒体在发布信息时需要诸多审核及流转环节，这必然造成信息的滞后。而新媒体以网络技术、数字技术及移动通信技术为依托，通过社交网络将亿万消费者连接起来，使信息的获取和传播更加快速、便捷。消费者可以通过新媒体随时随地获取信息，了解社会热点，也可以直接通过手机等智能终端进行"现场直播"，做到随拍随发。

4. 丰富性

新媒体依托数字技术、信息技术和移动通信技术等形成了巨大的网络体系，不仅扩充了传播主体，还带来了海量的信息。每个人都可以使用各式各样的社交网络分享内容，信息的表现形式也更为丰富多样。新媒体能够集文字、图片、音频、视频等多种表现形式于一体，带给消费者更加震撼的视听享受。

5. 数字化

传统媒体在发布信息时，其形式和内容通常比较单一。而数字化的新媒体传播具有非线性特点，信息的发送和接收可以同步进行，也可以异步进行。如今，新媒体已几乎渗透到了人们生活与工作的各个方面。

6. 个性化

在传统大众传媒的环境下，受众往往是匿名的、广泛的群体，传统媒体对受众进行单向的"同质化传播"。其传播的内容试图涵盖所有受众，因而受众的个人需求并未得到有效满足。然而，在新媒体时代，一方面，新媒体可以基于消费者的使用习惯、偏好和特点等，专门为其提供能满足其各种个性化需求的服务，实现信息传播的个性化；另一方面，消费者也可以通过新媒体选择信息、搜索信息甚至定制信息，信息内容与消费者的个人喜好密切相关，具有个性化的特点。

二、新媒体营销概述

(一) 新媒体营销的概念

互联网和数字技术的发展催生了更符合消费者需求的新媒体。新媒体打破了各种媒介之间的壁垒，消除了信息传播者与接收者之间的界限，为个人和企业提供了更加广阔的互动空间。企业与个人之间互动空间的扩大，使得各种营销方式层出不穷，越来越多的个人和企业加入了新媒体营销的大军。

新媒体营销，指将传统营销理论应用在新媒体平台并促使营销手段不断发展的一种适合当前市场环境的营销模式。新媒体营销通过在新媒体平台上发布具有广泛影响力的内容来吸引消费者参与具体的营销活动。在进行营销时，营销人员应注重信息的渗透性，通过在新媒体平台发布的信息将企业或品牌的理念传递给消费者，达到树立企业良好的品牌形象、促进产品销售的目标。

新媒体营销并不是简单地通过新媒体平台来进行传统营销理论的实践，而是传统营销思维的升级和创新，更符合当前的互联网环境。

(二) 新媒体营销的特点

1. 成本低廉

成本低廉包括技术成本低廉、时间成本低廉等。与传统的电视广告、报刊广告相比，新媒体营销的固定成本较少，并且可以借助先进的多媒体技术手段全面发布营销信息，更好地进行宣传与推广。

2. 覆盖广泛

新媒体营销需要互联网环境的支持，其传播方式和传播渠道都具有多样化的特点。新媒体营销不受时间和空间的限制，能够覆盖全世界的目标消费人群，信息也能不受影响地进行扩散。

3. 定向精准

新媒体营销基于大数据、云计算等技术，能够精准地绘制产品的目标消费群体画像，发现消费者的潜在需求，从而有针对性地进行营销，制订出更加精准的营销策略，获得更好的营销效果。

4. 传播迅速

新媒体营销的传播速度快，主要是因为其在传播途径和自身特点上具有优势。从传播途径上说，新媒体营销更注重传播符合消费者需求的信息，消费者更加愿意主动传播，从而加快信息传播的速度。从自身特点上说，新媒体平台具有信息发布便捷、快速的优点，消费者可以随时随地地发布、接收信息。

5. 互动性强

新媒体信息的传播是双向的，消费者可以对营销信息进行传播、讨论和反馈，甚至还能参与营销的策划与改进，具有非常强的互动性，这也是新媒体营销如此火爆的原因之一。

三、新媒体时代的消费者行为

第一，消费者由主要从实体店购物转变为从网络店铺购物或通过新媒体获得信息后再购物。

第二，消费者从传统的被动接收广告信息到主动接收广告信息。

第三，个性消费的特点突出。消费者可以借助网络店铺提供的关键词搜索、条件过滤服务等寻求满足自身需求的产品。

第四，消费者的购物周期缩短，冲动消费的次数增多。

第五，消费者的购物地域变大了。商家利用新媒体推广自己的产品，不再受到地域的限制，通过快递等物流方式实现了异地交易。

第六，消费者居家的时间变长了。

四、新媒体营销的步骤

简而言之，新媒体营销就是利用移动互联网定位目标客户，通过抖音、快手、微信、微博、贴吧等新媒体平台进行产品宣传和推广。其主要步骤有目标消费者定位、选择营销方法、选择营销平台。

（一）目标消费者定位

1. 了解目标消费者

消费者属性是指消费者的不同分类属性，包括其性别、年龄、城市、职业等基本信息，不同属性的消费者在消费理念、生活习惯和心理需求上都不同。在制订营销计划前，企业应根据自身产品或品牌，分析消费者的属性，找准目标消费群体，开展具有针对性的营销活动，促进消费者的消费行为，增加产品或品牌的影响力。

2. 构建消费者画像

消费者画像是一种将消费者的属性、行为等信息以图像直观地展示出来，以方便营销人员进行消费者定位的有效工具，是对实际上的消费者特性的可视图表展示，能够将产品或品牌的主要受众和目标群体的特性通过数据、图表展示出来，以方便营销工作的开展。

3. 提供消费者服务

企业要根据对产品特点和消费者需求的分析，做好服务。首先，要充分了解企业所在行业的情况，了解企业产品的特点，再根据这些内容有针对性地进行定位，让目标消费者感到企业提供的产品与他们的需求是一致的，从而提高消费者的认同感。其次，要从目标消费者需求的角度出发，突出企业自身产品与竞争对手产品之间的差异，在消费者心中留下特别的印象，最终打造出自己的特色服务。

【同步案例 13-3】

《哪吒之魔童降世》可谓是 2019 年暑期档最热的院线片，在 7 月 26 日正式上映后，该片的豆瓣评分达到了 8.8 分，创造了国漫新纪录；7 月 27 日该电影的票房破 2 亿，打破动画电影首日的最高票房纪录，也创造了动画电影的最快破亿纪录。

作为一部华语片，尤其是华语原创动画电影，《哪吒之魔童降世》有很多值得推崇的地方。比如制作，能看出创作者花了特别多的心血，尤其是动作场面，这是动画工业化最看重的一点。而剧情方面也明显用了心思，在原作基础上做了很多新的修改和变化。影片在娱乐性上非常用心思，这也是影片能受欢迎的原因。作为一部大众向的娱乐电影，这部动画做到了有笑点、有泪点、有燃点，这基本上是成功的动画电影最需要的一些元素，而它都具备了。最重要的是，这还是一部本土原创的华语动画电影，这本身就是加分项。

材料来源：https://wenhui.whb.cn/third/baidu/201907/28/279691.html，有改动。

问题：《哪吒之魔童降世》的票房为什么这么高？它使用了什么新媒体营销方法？

(二) 选择营销方法

1. 口碑营销

口碑营销，指企业运用各种有效的手段，引发企业的目标消费者对其产品、服务及企业整体形象进行讨论，并激励消费者向其周边人群进行介绍，以影响其他消费者对产品、品牌的看法，甚至改变其他消费者的购买行为的市场营销方式。

2. 事件营销

事件营销，指企业通过策划、组织和利用具有新闻价值、社会影响力及名人效应的人物或事件，引起媒体、社会团体和目标消费者的兴趣，从而提高企业产品和服务的知名度、美誉度，树立良好的品牌形象，并最终促成产品成交的营销方式。

3. 饥饿营销

饥饿营销，指企业或商家通过一系列策略(如限时、限量)，营造一种"供不应求"的假象，使消费者产生紧迫感，进而促进产品销售或宣传品牌形象的营销手段。饥饿营销的核心是制造"供不应求"的假象，以提高消费者的购物欲望，刺激消费者快速做出购物决定。

4. IP 营销

互联网世界的"IP"可以理解为所有成名文创作品(文学、影视、动漫、游戏等)的统称。它能够仅凭自身的吸引力，挣脱单一平台的束缚，在多个平台上获得流量，它是一种"潜在资产"。只要具备知名度、话题的品牌和产品以及个人，都可以看作一个 IP。IP 营销则是指品牌通过打造独有的情感、情怀、趣味等品牌内容，持续输出价值，聚拢消费者，塑造粉丝认同的品牌 IP，以获得长期的消费者关注和支持的营销方式。

【资料 13-1】

《我是江小白》的动漫 IP 化

IP 折射了一部分世界观、人生观、价值观或哲学层面的含义，它最终要和人们产生文化与情感上的共鸣，它具有强大的穿透力与影响力。作为江小白动漫 IP 化的产品，《我是江小白》承担起了输出 IP 价值观的任务。江小白时刻传递着"简单轻松的生活态度"，这与品牌理念是相辅相成的。

材料来源：https://www.sohu.com/a/234355533_99963355，有改动。

5. 情感营销

情感营销，指企业在营销时从消费者的情感需求出发，引起消费者的共鸣，将情感寄托在营销之中，建立与消费者的情感连接。例如，在对产品进行命名时，可以借助耳熟能详的歌曲、诗词和名言等，将产品与其中的情感相结合，更容易引导消费者对产品形成良好的印象。

【教学互动 13-6】

2019 年 4 月初，微博账号"@士力架中国"在微博发布短视频，通过"鏖战百日，拼搏一时""努力""奋斗""加油""十年寒窗，一朝成名"等标语和"动词代词""奇变偶不变"等知识点，唤醒了人们关于备战高考的记忆，将大家拉回到那个上着课就饿了、做着题就想吃饭的情景中，再以"一饿就走神，饿货，来条士力架"解决饥饿问题。请问：其中运用了哪种营销方式？

6. 借势营销

借势营销，指将销售目的隐藏在营销活动中，将产品推广的过程融入消费者喜闻乐见的环境，使消费者在该环境中了解产品并接受产品的营销手段。例如，越来越多的企业开始重视在某个节气这天进行营销，因为节气是一种十分容易拉近距离的营销要素。

（三）选择营销平台

不同的新媒体平台针对的消费者不同，企业在进行新媒体营销前，应该先选择合适的营销平台，以达到更好的营销效果。下面介绍一些常见的新媒体平台，帮助营销人员进行选择。

1. 微信

微信是当下主流的即时通信软件，因为其操作简单、便捷的特点，积累了大量活跃用户，更是渗透到了人们生活和工作中的方方面面，这便为企业提供了点对点营销模式和多样化的营销形式，能够加强消费者与企业之间的联系。

微信营销分为个人、公众两类。微信个人营销是基于个人微信号所进行的营销，是一种点对点的营销，可以对目标消费者提供更持续、更精准的服务，并会形成一定程度的口碑传播效应。微信公众号营销是指基于微信公众号进行的营销，微信公众号包括订阅号、服务号、小程序和企业微信。微信公众号营销适用于包括个人、企业和机构在内的所有用户。

2. 微博

微博是一个可以分享简短实时信息的广播式社交媒体平台。微博的用户数量大，传播信息速度快，微博博主通过更新微博内容，发布粉丝感兴趣的话题，与粉丝保持良好的交流互动，可以培养出忠实的粉丝。如果微博博主拥有数量庞大的粉丝，则其发布的信息可以在短时间内传达给更多的人，甚至形成裂变式的"病毒推广效果"，因此不管是个人还是企业，都可以选择微博作为主要营销平台之一。

3. 视频平台

相较于语言、文字、图片等表达形式，视频更具有张力，可以更好地将营销人员想表达的主题展示出来，其应用广泛，可以用于推广产品、宣传活动、公关处理等。但是进行视频营销一般对设备有所要求，且需要营销人员掌握一定的视频剪辑技术，门槛相对较高。

4. 音频平台

通过声音将信息传递给用户的新媒体平台能够满足用户在碎片化时间接收信息的需

求。常见的音频类新媒体平台有喜马拉雅 FM、豆瓣 FM、企鹅 FM 等。与其他新媒体营销不同的是，音频营销可被用于多种场景之中，能够通过声音将品牌形象拟人化、个性化，提升消费者对品牌的认同感。

5. 直播平台

网络直播营销是目前十分流行的新媒体营销方式，可以与消费者进行实时互动。目前国内比较热门的网络直播平台有映客、虎牙、斗鱼和花椒等。与视频相比，直播更加直观，可以更好地与消费者进行互动，使营销更加容易。

6. 写作平台

在写作类新媒体平台上，消费者可以通过分享自己的经验、看法，吸引具有相同观点或兴趣爱好的人，积累粉丝，从而开展营销活动。当前主流的写作平台主要包括简书、今日头条、大鱼号、企鹅媒体平台、搜狐号、百家号、豆瓣等。

7. 问答平台

常见的问答类新媒体平台包括搜狗问问、百度知道、知乎、在行等。营销人员可以通过输出内容来获取粉丝，也可以利用内容在搜索引擎中获得较高的权重，进而获得较好的排名，取得精准的营销效果。由于问答平台的宗旨是传播知识和经验，因此不论是个人还是企业，都可以通过问答类新媒体平台获得良好的口碑，进而获得营销的效果。

8. 社区论坛

社区论坛中的活跃用户较多，适合营销引流、聚集人气，是活动或品牌推广的不错选择，百度贴吧、豆瓣等论坛都是较为常用的社区论坛。在利用社区论坛进行营销时，个人或企业可以成立群组，方便具有相似需求或爱好的人进行交流、沟通，如豆瓣的豆瓣小组等。

要点巩固

一、单选题

1. 网络购物时最主要的消费心理是(　　)。
A. 追求文化品位　　B. 追求时尚　　　　C. 追求物美价廉　　D. 追求情感满足
2. 在网络中，要成为热款或爆款商品首先应该要(　　)。
A. 价格低廉　　　　B. 设计独特　　　　C. 时尚新颖　　　　D. 质量保证
3. 无论是传统消费还是网络消费，(　　)都是影响消费者行为的一个基本因素。
A. 经济因素　　　　B. 文化因素　　　　C. 社会因素　　　　D. 情感因素
4. 由于服务产品的不可感知性，消费者在评价服务产品时主要依据的是(　　)。
A. 经验特征　　　　B. 物理特征　　　　C. 可信任特征　　　D. 可寻找特征
5. (　　)访问的网页多而丰富，对常更新、有创新设计特征的网站很感兴趣。
A 接入型网络消费者　　　　　　　　B. 冲浪型网络消费者
C. 议价型网络消费者　　　　　　　　D. 简单型网络消费者

二、多选题

1.根据麦肯锡咨询公司的划分标准,可以将网络消费者分为(　　)以及定期型和运动型网络消费者等几种类型。

A.简单型网络消费者　　　　　　B.冲浪型网络消费者

C.接入型网络消费者　　　　　　D.议价型网络消费者

2.以下说法正确的是(　　)。

A.服务类产品的消费者一般只能根据价格、服务设施和环境等少量依据来判断服务质量

B.服务类产品的消费者在购买服务时对服务品牌的选择余地很大

C.服务类产品的消费者在消费认知方面的风险比较小

D.服务类产品的消费者对服务品牌一般有较高的忠诚度

3.服务类产品的消费者获取服务信息的渠道主要有(　　)。

A.电视广告　　　B.人员推销　　　C.销售促进　　　D.亲友介绍

4.主动型消费行为的特征有(　　)。

A.注重信息的捕捉　　　　　　B.注重对交易活动的支配与参与

C.注重自我商品知识的积累与提高　　D.追求快捷的购物方式

5.影响服务消费阶段的主要因素包括(　　)。

A.现场管理的有序性　　　　　　B.服务流程的高效率

C.广告的渗透性　　　　　　　　D.沟通的有效性

三、简答题

1.网络消费者有哪些心理特征?

2.针对网络消费者的营销策略及技巧有哪些?

3.简述服务类产品的消费者与有形产品消费者的不同。

即学即用—能力提升

直播电商——救命稻草 OR 野蛮生长

近几年,直播带货成为电商平台及商家的重要流量入口。2020年,随着新型冠状病毒肺炎疫情暴发,直播带货更是成为诸多线上线下商家的"救命稻草"。一时间,各行各业的商家都涌入直播带货领域,开始追逐这个风口。一个个惊人的数据也让消费者感受到了直播旺盛的生命力。

表面来看直播带货一片繁荣,但实际上繁荣的背后也有阴影。在高速发展之下,售卖假货、虚假宣传、夸大宣传、售后服务差、数据流量造假等问题逐渐浮现出来,直播带货行业乱象丛生。

2020年3月30日,淘榜单发布的2020淘宝直播新经济报告显示,短短三个月,就有100多种职业转战淘宝直播间,无论个人还是商家都在大量入场。

国家市场监管总局的统计数据显示,2020年前三季度,全国12315平台共接收与"直

播"相关的投诉举报 2.19 万件,同比增长 479.60%,其中,直播带货占比近六成。"直播"相关投诉举报数量排名前五的企业,均为头部电商平台和短视频平台。

2020 年国家陆续出台了一些规范性文件,如《网络直播营销活动行为规范》《视频直播购物运营和服务基本规范》《关于加强网络直播营销活动监管的指导意见》等。这些规范的出台,足以向社会释放出一个信号——直播带货将进入监管期。

材料来源:https://baijiahao.baidu.com/s? id = 1688852699445090659&wfr = spider&for =pc,有改动。

问题:根据材料,分析直播带货迅猛发展的原因和存在的问题,并思考直播对传统电商产生了什么改变? 作为一名消费者,你如何看待直播带货? 直播带货给你在购物方面带来了哪些改变?

课堂延伸

扫码阅读《网络购物:服务类问题占比最高》;扫码观看视频《焦点访谈:让网络消费更安心》。

二维码

二维码

参考文献

[1] 郭红丽，袁道唯，等.客户体验管理：体验经济时代客户管理的新规则[M].北京：清华大学出版社，2010.

[2] [瑞典]贝蒂尔·霍特，尼可拉斯·布劳依斯，马库斯·范迪克.感官营销[M].朱国玮，译.上海，格致出版社，2014.

[3] 荣晓华，等.消费者行为学[M].大连：东北财经大学出版社，2019.

[4] 柴少宗，等.消费者行为学[M].北京：清华大学出版社，北京交通大学出版社，2019.

[5] 卢泰宏，周懿瑾.消费者行为学：中国消费者透视[M].北京：中国人民大学出版社，2015.

[6] 王月辉，杜向荣，冯艳.市场营销学[M].北京：北京理工大学出版社，2017.

[7] 卢泰宏.消费者行为学50年：演化与颠覆[J].外国经济与管理，2017(6)：23-38.

[8] 陈思进."数字营销"是否走到了尽头？[J].中国经济周刊，2016(29)：74-74.

[9] 宋星.数据赋能[M].北京：电子工业出版社，2021.

[10] [美]德尔·I.霍金斯，等.消费者行为学[M].符国群，等译.北京：机械工业出版社，2014.

[11] 刘丽娴.客制化与数字化——新型消费者[M].杭州：浙江大学出版社，2017.

[12] 谭运猛，等.移动互联网时代的O2O营销革命[M].北京：机械工业出版社，2014.

[13] [美]迈克尔·R.所罗门.消费心理学[M].北京：中国人民大学出版社，2013.

[14] 张竞，季红颖，李妍.消费行为学[M].哈尔滨：哈尔滨工业大学出版社，2014.

[15] 利昂·G.希夫曼，莱斯利·L.卡纽克.消费行为学[M].北京：中国人民大学出版社，2006.

[16] 牧之.消费者行为心理学[M].南昌：江西美术出版社，2017.

[17] 张易轩.消费者行为心理学[M].北京：中国商业出版社，2014.

[18] 朱惠文.现代消费者心理学[M].杭州：浙江大学出版社，2014.

[19] 王贺峰.消费者态度改变的影响因素与路径分析基于消费者饮料购买行为的实证研究[D]，长春：吉林大学，2008.

[20] 梁汝英，等.消费者行为学[M].重庆：重庆大学出版社，2004.

[21] 季远.略论消费者学习模式[J].北京工商大学学报(社会科学版)，1986(4)：53-58.

[22] 罗子明.消费者心理学[M].清华大学出版社，2002.

[23] 华光彦.消费者研究(二)——消费者心理初探[J].管理世界，1985(2)：246-257.

[24] 闻涛.营销下沉 消费者研究是关键[J].市场观察，2010(1)：92.

[25] 王畅.被遗忘的心理学经典——浅谈《鬼谷子》中的心理学思想[J].商，2016(1)：119-120.

[26] 王泽欢.心理学概念的教法[J].佛山大学佛山师专学报(社会科学版)，1989(1)：76-80+84.

[27] 黄希庭.心理学导论[M].北京：人民教育出版社，2007.

[28] 胡华成.游戏化营销：用游戏化思维做营销[M].北京：电子工业出版社，2019.

[29] 汇智书源.一本书轻松读懂消费者行为心理学[M].北京：中国铁道出版社，2018.

[30] 王生辉.消费者行为分析与实务[M].北京：中国人民大学出版社，2020.

［31］王汝志，等.消费者行为学［M］.长沙：湖南师范大学出版社，2020.

［32］王建军，等.消费者行为学［M］.成都：西南财经大学出版社，2016.

［33］王艳丽.我国居民的消费性别差异分析［J］.经济研究导刊，2014(23)：3-5.

［34］甘丽桦.浅析消费习俗对消费者心理与行为的影响及营销对策［J］.市场论坛，2014(8)：62-63.

图书在版编目(CIP)数据

消费者行为学 / 罗淑云,刁爱华,申珺凯主编. —
长沙:中南大学出版社,2022.8
ISBN 978-7-5487-4894-6

Ⅰ. ①消… Ⅱ. ①罗… ②刁… ③申… Ⅲ. ①消费者
行为论 Ⅳ. ①F713.55

中国版本图书馆 CIP 数据核字(2022)第 075514 号

消费者行为学
XIAOFEIZHE XINGWEIXUE

罗淑云 刁爱华 申珺凯 主编

□出 版 人	吴湘华	
□责任编辑	郑 伟	
□封面设计	李芳丽	
□责任印制	唐 曦	
□出版发行	中南大学出版社	
	社址:长沙市麓山南路	邮编:410083
	发行科电话:0731-88876770	传真:0731-88710482
□印 装	湖南蓝盾彩色印务有限公司	

□开 本	787 mm×1092 mm 1/16 □印张 16 □字数 393 千字	
□版 次	2022 年 8 月第 1 版 □印次 2022 年 8 月第 1 次印刷	
□书 号	ISBN 978-7-5487-4894-6	
□定 价	46.00 元	

图书出现印装问题,请与经销商调换